미국 주식 투자를 하고 싶은 사람은 이 한 권만 읽으면 된다. 미국 주식의 백과사전 같은 느낌이다. 초보자들에게는 HTS 사용 방법부터 알려줌과 동시에 왜 '미국'에 투자해야 하는지 설명하고, 미국 주요 주식과 ETF를 상세하게 설명한다. 중·고급자들은 각종 백테스트 결과를 통해 어떤 팩터들과 자산 배분 전략들이 미국 시장에서 잘 통했는지 배울 수 있다. 이 책의 백미는 핀비즈를 통해 유망한 미국 주식을 직접 발굴하는 법을 설명하는 부분이다. 고기를 떠먹여 주는 것뿐만이 아니라, 잡는 방법까지 알려주는 이런 책이 미국 주식 투자자에게 가장 필요하지 않을까?

_ 강환국, 《거인의 포트폴리오》 저자

애플, 스타벅스, 나이키, 디즈니, 코카콜라… 우리나라에도 있지만, 우리나라에서는 살 수 없는 미국 주식을 갖기 위한 쉽고 친절한 지침서. 증권사 선택부터 투자 멘탈과 마인드까지, 미국 주식 투자자들이 필승전략을 찾는 데 큰 도움이 되리라 확신한다.

_ 박성현, 《나는 주식 대신 달러를 산다》 저자

"스타벅스 출입증은 맥북", "안 봐도 넷플릭스"…. 누군가는 웃고 넘길 인터넷 속 밈들이지만, 자세히 들여다보면 모두 미국 나스닥에 상장된 기업들이다. 우리 삶과 밀착된 기업들의 분석은 물론 차마 어디에 물어보기 부끄러웠던 계좌 개설법, 차트 보는 법까지 알려주는 친절한 입문서다.

_ 김짠부, 재테크 유튜버(김짠부 재테크)

이 책을 읽고 3가지를 배웠다. 무엇을 사고, 언제 사고, 언제 팔아야 하는지를! 삵은 내가 아는 사람 중 가장 단순하고 쉽고 친절하게 주식을 알려주는 사람이다. 수익이 정체되었거나, 기준 없이 투자하고 있다면 일독을 권한다. 미국 주식을 하면서 책값을 잃지 않을 자신이 있다면 이 책을 읽지 않아도 좋다.

_ 허대리, 지식 창업 유튜버(N잡하는 허대리)

하루 10분 미국 주식, 월급보다 더 번다

하루 10분 미국 주식, 월급보다 더 번다

삵(이석근) 지음

RHK
알에이치코리아

시작하는 투자자에게

전 재산을 날릴 뻔했던 어떤 투자자 이야기

나는 주식을 시작한 지 6년 가까이 된 일반인 투자자다. 그리고 한때 퇴직금을 포함한 전 재산을 투자해 1/3 정도밖에 건지지 못했던 적이 있다. 나는 어쩌다가 전 재산을 날릴 뻔했을까? 본격적으로 책을 시작하기 전에, 이 이야기부터 해보려고 한다.

2016년 1월, 코스피가 1,800대에 진입했다는 뉴스를 보았다. 당시 북한의 4차 핵실험 같은 이슈로 전쟁이 일어날지도 모른다는 공포감이 국내에 만연했고, 시장도 이에 반응했는지 코스피가 매우 낮은 수준으로 형성되어 있었다. 주식에 대해서는 아무것도 몰랐지만, 어릴 적 남북 관계 문제로 전쟁 공포감이 높아질 때마다 코스피인지 코스닥인지 이름도 잘 모르는 숫자들이 무척 낮아졌다는 뉴스가 나왔다는 것이 떠올랐다. 그러면서 함께 떠올린 것은 언제나 전쟁은 일어나지 않았고, 주식시장이 이내 회복했다는 뉴스가 이어졌다는 사실이었다. 마침, 옆자리 과장님이 내게 자주 주식 이야기를 하던 터라 자연스레 '나도 주식 한번 해볼까?' 하는 생각이 들었다. 그렇게 나는 주식 투자의 세계로 뛰어들었다.

'초심자의 행운'이라는 것이 있다. 어떤 분야에 입문한 사람에게 기묘하게 운이 따르는 현상을 일컫는다. 내게도 초심자의 행운이 있었는지, 초반에는 나름 괜찮은 수익을 거둘 수 있었다. 앞에서 말했다시피 단순한 이유로 주식을 시작했고, 종목에 대해서는 아는 게 없던지라 '안전한 종목 추천'을 옆자리 과장님께 요청했다. 그렇게 추천받은 종목들은 이름만 대면 누구나 알만한 것들이었다. 이 방식이 몇 달간 이득을 안겨주는 사이, 더 큰 이익을 좇고 싶다는 생각이 들었다. 슬슬 주식 입문서 등을 읽으며 새로운 시도들도 조금씩 해보고 있었기에 때로는 잃기도, 때로는 벌기도 하며 투자자로 성장하는 과정이었다.

그러던 어느 날, 옆자리 과장님이 인생을 바꿀 기회라며 새로운 것을 들고 왔다. '우선 받기만 해라, 투자는 네 선택'이라며 신경 써준 과장님 덕분에 '유료 고급 정보'라는 걸 처음 접하게 되었다. 그런데 투자 멘토였던 그 과장님이 이 고급 정보가 추천하는 작전주에 전 재산을 '몰빵'하는 것 아닌가? 과학적이고 합리적인 투자를 지향하는 것처럼 보이던 투자 멘토의 변절(?)과 해당 작전주가 며칠간 승승장구하는 것을 본 덕에 나는 그만 스멀스멀 올라오는 탐욕에 자아를 잠식당하고 말았다(변명하자면, 고급 정보는 정말로 그럴듯해 보였다. 특별한 사람만 받을 수 있는 정보처럼 느껴졌다). 당시 가진 돈의 상당 부분을 투자하는 당일에도 해당 주식은 날아갔다. 이에 나는 자제력을 완전히 잃어버리고는 가지고 있던 주식까지 전량 매도하고 그 작전주로 갈아타는 과감한 결단을 내렸다.

그런데 갑자기 이 주식이 한없이 고꾸라지기 시작했다. 각종 악재를 변명 삼아 떨어지고 또 떨어졌다. 정보를 제공한 측에서는 일시적인 악재일 뿐이라며 투자자들을 달랬고, 달래지지는 않았지만 실낱같은 희망을 잡아보고자 '물타기(주가가 낮아지는 주식에 계속해서 추가 투자금을 납입하여 주식들의 평균 단가를 낮추는 것)'를 반복했다. 마침 이직까지 하게 되어 받은 퇴직금도 전부 다 물타기를 하는 데 써버렸다. 결과는 서두에 이미 공개되었듯, 물타기를 통해 기적적으로 평균 단가를 낮춘 덕에 투자 원금의 1/3 수준을 겨우 건지고 이 작전주를 '손절'하는 것으로 이 이야기는 끝난다.

이 일을 겪고 한동안 실의에 빠져 투자를 중단했다. 반성의 시간을 가지는 동안 '이 모든 게 나의 탐욕에서 비롯되었다.'라는 것을 깨달았다. 상식적으로 누가 생면부지의 남에게 '손쉽게 부자가 될 고급 정보'를 떠먹여 주겠는가? (물론 절대 '비싼 유료 정보니까 이건 다르다'라고 생각해서도 안 된다) 하지만 탐욕에 눈이 멀면, 상식적으로 생각하기 힘든 법이다. 돈을 크게 잃고, 탐욕에 대해 돌아보며 반성한 뒤에 낸 결론은 '나의 잘못이지, 주식의 잘못이 아니다.'라는 것이었다. 이후 정신을 제대로 차리고는 초심으로 돌아가 주식의 기초부터 공부하기 시작했고, 그 결과로 연평균 20% 수준의 수익을 올리는 투자를 3년 이상 지속하고 있으며, 5배 이상의 수익을 실현한 적도 2번이나 있다. 어떻게 전 재산을 날릴 뻔했던 내가 수익을 내는 투자자로 바뀔 수 있었을까?

다시 투자를 시작한 뒤로는 탐욕을 멀리하기 위해 감당할 수 있는 금액만큼만 투자하기로 마음을 먹었다. 그리고 투자 결정과 이에 대한 피드백을 적절히 받기 위해 아는 만큼만 투자하고, 원칙적으로 투자하기로 다짐했다. 예컨대, 특정 투자 지표나 원하는 조건에 맞는 주식들만 추려서 투자한다든지, 반드시 20종목씩 채워서 투자한다든지, 1년에 1번씩만 종목을 전량 교체한다든지 하는 식이었다. 이렇게 단순한 변화만으로도 만족할 만한 수익률을 달성할 수 있었다.

미국 주식을 시작하려는 '진짜 초보 투자자'를 위하여

그러던 2020년 3월, 코로나19 팬데믹의 여파로 코스피가 무려 1,400대를 다녀오는 상황이 발생했다. 당시 가지고 있던 계좌는 거의 -25% 수준의 수익률을 기록하고 있었다. 코로나19 이전에 한창 수익이 나던 상태를 생각해 보면 계좌가 거의 반토막이 난 느낌이었다. 그나마 당시에는 다 잃어도 감당할 수 있는 수준의 금액만 투자하고 있었기에 물타기할 수 있는 자금이 충분했다. 공포 가득한 시장 상황에 나는 원칙을 잃고 부화뇌동하여 또다시 물타기를 시도했다. 다행히도 코로나19로 인한 주식시장의 공황은 빠르게 회복되었다. 덕분에 원칙을 잃었던 물타기의 덕까지 보아 손실을 전혀 보지 않고 위기를 넘길 수 있었다.

하지만 이 시기에 얻은 가장 큰 교훈은 위기 상황에 원칙을 지킬 수 없는 투자 방식이라면 아직 한참 부족하다는 것이었다. 또 다른 교훈은 이런 위기에 국내 증시는 미국 증시에 비해 더 큰 충격을 받는다는 것이었다. 최소한 주식시장이 같은 폭으로 하락한다고 할지라도 위기의 때에 환율은 어김없이 올랐다. 이런 측면에서 미국 주식이 더 안전해 보이는 것 아닌가? 그리고 경제 위기가 오면 국내의 작은 기업들은 버티기 힘들 것 같다는 위기감에 휩싸였지만, 미국의 우량한 주식들에서는 이러한 위기감이 느껴지지 않았다. 실제로 미국 주식시장은 국내 주식시장보다 (비교적) 합리적인 시장이라 평가받는다. 기축통화인 달러화의 본고장이고, 세계 금융의 중심지인 월스트리트가 있다. 현재 시장의 성장성 또한 세계 최고다. 기본적으로 시장이 성장해야 주식으로 돈을 벌 수 있다. 이러한 이유들로 나는 미국 주식을 시작하게 되었다. 또한 미국 주식을 통해 코로나19 사태의 교훈으로 얻은 2가지 고민거리, 투자 자산이 주식으로만 구성되어 있을 때의 위험과 국내 주식만 들고 있을 때의 위험을 해결하기로 했다.

2020년 3월에 개인 투자자들이 주식시장에 대거 합류한 '동학개미 운동'이 지속되고 있다. 이러한 시류에 힘입어 시중에 주식 서적도 범람하고 있다. 하지만 주식을 처음 시작하는 사람이 '초보자에게 좋은 책'을 고르기는 정말 어렵다. 전문용어가 난무하는 것은 기본이고 난이도가 천차만별인 다양한 투자법을 한꺼번에 다루는 경우가 대부분이기 때문이다. 도대체 실전 투자를 위해 무엇부터 알아야 하는지도 알 수 없고, 각 지식을 머릿속에 명확하게 정리하기도 어렵다. 미국 주식에 투자하려는 상황이라면 더욱 가관이다. 아직 주식이 뭔지도 잘 모르는데 영어로 된 용어까지 알아야 하니 배는 힘들다.

주식 투자는 결코 만만하지 않다. 10년 이상 주식에 투자한 국내 개인 투자자 10명 중 4명은 원금조차 지키지 못했다. 심지어 1,000만 원 이상의 수익을 올린 투자자는 10명 중 1명에 불과했다. 남들이 한다는 이유로 투자하면서 그중 1명이 되기를 바라는 것은 욕심이다. 주식의 기본적인 속성도 모르면서 상위 10% 투자자가 되기는 어렵다.

앞에서 말했다시피 나는 실패와 위기, 성공을 모두 경험한 투자자다. 그럼에도 아직 주식 투자의 전부를 안다고 확언할 수 없다. 하물며 이제 막 주식 투자를 시작한 사람의 입장은 어떻겠는가? 그래서 준비했다. 서학개미운동의 물살을 탄 '진짜 입문자'를 위한 미국 주식 투자책. 나도 평범한 직장인 투자자이고, 자산 증식에 조금이나마 속도를 더해보고자 주식을 시작했다. 이 책을 집어 든 여러분도 같은 마음이리라 생각한다. 한때 지나친 욕심과 잘못된 투자법으로 큰돈을 날리기도 했던 만큼, 독자분들은 이런 시행착오를 겪지 않기를 바라는 마음에서 이 책을 썼다. 축구를 이제 막 시작한 사람에게는 리오넬 메시 같은 세계적인 축구 스타의 기술보다 동네 형에게 배우는 기술이 더 와닿는 법이다. 그런 의미에서 내가 설명하는 미국 주식 이야기는 분명 여러분에게 와닿을 것이라 확신한다.

본격적으로 미국 주식 투자법을 알아보기에 앞서 미국 주식과 국내 주식의 차이는 무엇인지부터 알아볼 것이다. 그리고 증권사 계좌 만드는 법부터 종목들을 분석하고 고르는 방법까지, 주식 투자에 필요한 모든 것을 6장에 걸쳐 최대한 알기 쉽게 설명했다. 이제 삼성전자 주식만 사 모으라는 이야기 대신, 애플이나 테슬라 같은 미국 주식을 이야기해 보자. 책의 마지막 페이지를 덮고 나면 여러분은 어느새 상위 10% 미국 주식 투자자가 되어 있을 것이다.

2021년 12월

삵(이석근)

★ 차례 ★

프롤로그 _ 시작하는 투자자에게   4

* 내게 맞는 투자법은 무엇인가   14

* 미국 주식 Q&A   19

1장	**왜 미국 주식인가**

미국 주식의 든든한 장점   25

미국 주식과 국내 주식의 차이   38

세계 1등 기업들이 모인 시장   46

미국 대장주들 살펴보기   50

● 주식 투자를 망치는 인간 심리 1   106

2장	**투자 전 준비물**

증권사 선택 가이드   111

주식 투자용 계좌 개설법   116

집에 앉아서 주식 투자하는 법   124

주식 차트, 이것만 볼 줄 알면 된다   136

실전 주식 차트 보는 법   142

● 주식 투자를 망치는 인간 심리 2   150

3장	**본격 미국 주식 거래**	

숲을 보는 투자 vs 나무를 보는 투자	155
숲을 보는 투자	158
나는 종목 볼 줄 몰라도 투자한다	170
나무를 보는 투자	175
'야후파이낸스닷컴'에서 기업 정보 살펴보기	193
가치주 투자: 이것만 알아도 수익률이 달라진다	202
성장주 투자: 위대한 기업 골라내기	219
배당주 투자: 꼬박꼬박 월급 대신 배당 받기	228
'핀비즈닷컴'에서 투자 지표로 기업 찾아보기	235
● 주식 투자를 망치는 인간 심리 3	248

4장 주식 거래의 기술

시장을 이긴다는 것 253

당신이 믿는 것은 사실인가, 백테스트 258

리스크를 대비하라, 헤지 264

오를 때 올라타고 내릴 때 빠지자, 모멘텀 투자 269

'핀비즈닷컴'에서 모멘텀 투자 종목 찾기 278

비중 조절의 마법, 리밸런싱과 자산 배분 281

아무 때나 사도 마음 편한 투자, 포트폴리오 만들기 288

올웨더 포트폴리오를 꾸려라 296

'포트폴리오비주얼라이저닷컴'으로 백테스트하기 303

● 주식 투자를 망치는 인간 심리 4 316

5장 종목 보기 귀찮으면 ETF

종목 분석 못하겠으면 ETF를 사자 321

ETF가 투자 만능 도구인 이유 340

'이티에프닷컴'에서 ETF 정보 찾아보기 390

● 주식 투자를 망치는 인간 심리 5 393

6장   사실, 제일 중요한 것은 멘탈과 마인드

나도 주식에 투자해도 될까   397

지금 들어가면 되나요   403

그냥 테슬라 사면 되겠죠   412

소신 투자자라면 공포에 사라   416

주식시장의 버블을 파악하는 법   423

'복리'라는 마법을 부리는 법   437

에필로그 _ 상위 10%의 투자자를 위하여   441

부록 1   삶이 제안하는 단계별 전략   445

부록 2   미국 주식 투자를 위한 기초 용어   452

참고문헌   461

내게 맞는 투자법은 무엇인가

　본격적으로 책을 시작하기에 앞서 여러분의 투자 성향을 알아보기 위한 주식 투자 적성 검사를 준비했다. 가벼운 마음으로 즐겨주시기를 바란다.

▌주식 투자 적성 검사

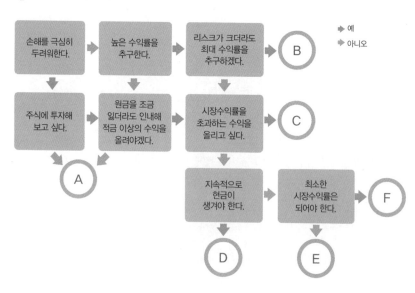

위의 검사를 완료했다면 자신의 성향을 확인해 보자.

A. 현금왕 스크루지: "현금이 왕이시다. 나는 절대 잃지 않는다."

B. 위대한 기업 탐방가: "나는 위대한 기업을 찾아다니는 하이에나."

C. 애널리스트형 투자자: "숫자와 근거를 제시하지 않으면 사지 않겠소."

D. 주주의 정석: "회사는 원래 돈을 벌어서 나에게 주는 존재요."

E. 무관의 제왕: "나는 1등은 해보지 못했지만, 웬만해서는 지지도 않지."

F. 투자계의 귀차니스트: "귀차니즘 is the best. 10년 뒤 계좌를 열어보겠소."

본인의 투자 성향을 파악했는가? 그렇다면 이제 각 성향에 따른 투자법을 추천하겠다.

투자 성향에 따른 추천 투자법

각 성향에 따른 추천 투자법을 소개하기 위해서 간단하게 주식들을 성격별로 분류할 필요가 있다. 이분법적인 분류의 한계는 있지만, 흔히 주식은 '가치주'와 '성장주'로 나뉜다. 기업의 주식이 회계 장부에 비해 낮은 가격에 거래된다면 가치 평가^{Valuation} 측면에서 저평가되었다고 보며, 이를 가치주라고 부른다. 그리고 가치주에 투자하는 행위를 '가치투자'라고 부른다. 주식의 가치를 평가할 때 주로 보는 지표들은 '가치'라는 뜻을 가진 영어 '밸류^{Value}'를 그대로 써서 '밸류 지표'라고 한다. 가치주를 평가할 때는 이러한 밸류 지표 차원에서 고평가니, 저평가니 이야기한다. 가치주인지 아닌지를 따질 때 가장 많이 보는 지표

하나를 꼽으라면 '주가수익비율PER, P/E Ratio'이 있다.

반면 기업이 투자한 자본 대비 많은 수익률을 거두어들이고 있다면 이는 성장Growth 측면에서 뛰어나다고 하여 '성장주'라고 부른다. 주식의 가치를 주로 성장 차원에서 볼 때는 기업의 질Quality을 평가한다고 하여 '퀄리티 지표'를 본다. 해당 주식이 성장주인지 아닌지를 따질 때 가장 많이 보는 퀄리티 지표를 하나 꼽으라면 수익성을 나타내는 '자기자본이익률ROE'이 있다.

어찌 되었든 가치주는 주식의 가격에 초점을, 성장주는 기업의 성장성과 질적인 측면에 초점을 맞춘다. 이분법의 한계를 보완하기 위해 다음과 같이 4종으로 분류하기도 한다.

▌**가치와 성장 수준에 따른 주식의 구분**

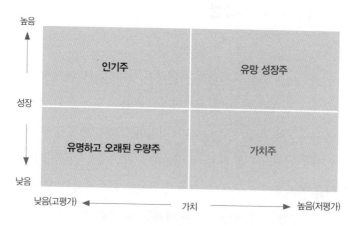

이 중, 발굴하면 가장 좋은 주식은 바로 '유망 성장주'다. '인기주'나 '유명하고 오래된 우량주'와 같이 이미 인기가 많은 주식에는 주주들

의 기대감이 충분히 반영되어 주가가 많이 올랐을 확률이 크기 때문이다.

4가지 종목 분류 외에도 배당에 초점을 맞추어 '배당주'라고 분류하는 것들도 있다. 기업은 영업활동을 통해 이익이 발생하면 이 이익을 주주들에게 나누어 주는데, 이것이 바로 '배당'이다. 그리고 이 배당을 주주가 만족할 정도로 (오랜 세월 동안 꾸준히 배당을 늘리면서) 잘 나누어 주는 기업의 주식을 '배당주'라고 따로 분류하여 부른다. 각 분류들의 자세한 기준은 뒤에서 다룰 것이므로 우선은 이러한 분류가 있다는 것만 알아두자. 이 정도의 기초 지식을 갖추었다면 이제 본인의 투자 성향에 적합한 투자 방법을 매칭할 수 있다.

A. 현금왕 스크루지: 주식에 투자하지 않는다. 예·적금으로 열심히 돈을 모은다.

B. 위대한 기업 탐방가: 성장주(유망 성장주)에 투자한다.

C. 애널리스트형 투자자: 가치주에 투자한다.

D. 주주의 정석: 배당주에 투자한다.

E. 무관의 제왕: 자산 배분 투자를 한다.^{작가의 Pick}

F. 투자계의 귀차니스트: 주가지수 ETF, 또는 인덱스펀드에 투자한다.

본인의 성향에 맞는 투자법을 확인했는가? 그런데 자산 배분이니 ETF니 모르는 용어가 나와서 당황했을 수도 있을 것 같다. 뒤에서 각 분류와 투자법을 더 구체적으로 설명할 것이니 걱정하지 마시라. 그리고 본인의 성향에 맞는 부분을 집중적으로 보면 책을 더 효과적으로 활용할 수 있을 것이다. 성장주, 가치주, 배당주에 관해서는 3장에서 설명해 놓았고, 자산 배분 투자는 4장에서 자세히 다뤘다. ETF는 3 장에서 간단하게 소개한 후 5장에서 따로 자세히 살펴볼 것이다. 다만 꼭 이 방법만을 고집할 필요는 없다. 사실 전략도, 종목 분류도 무 자르듯이 정확히 나뉘지는 않는다. 유망 성장주처럼 성장주이면서 동시에 가치주일 수도 있고, 배당주가 가치주일 수도 있는 것처럼 이런 각각의 분류를 뒤에서 차근차근 살펴나가며 공통분모도 찾아보자. 이 과정에서 본인에게 맞는 투자 철학과 방법을 만들 수 있다면 더 좋은 투자자가 되리라 생각한다.

참고로 나는 유형 E에 가장 가깝지만, C~F의 유형에 모두 걸치는 바람에 C부터 F까지 모든 방식의 투자를 병행하고 있다. B와는 다소 거리가 멀어서 성장주 투자는 맛보기로 하는 수준이다. 주식 투자를 열심히 하고 있으니 당연히 A에는 해당 사항이 없다는 것을 밝혀둔다.

미국 주식 Q&A

1. 미국 주식, 영어 못해도 할 수 있나요?

정답부터 말하자면 '그렇다'이다. 요즘 많은 수의 국내 증권사가 미국 주식 거래를 활발하게 지원하고 있기 때문이다. 대부분은 증권사가 제공하는 프로그램을 활용해 한글만 보면서 투자와 관련한 모든 작업을 할 수 있는 편이다. 유명한 기업들은 이름도 한글로 표기되곤 한다. 물론 영어를 잘하면 검색을 하거나 각종 자료를 볼 때 도움이 되겠지만, 구글 번역기나 네이버 파파고 등을 사용하면 영어를 전혀 못해도 자료를 살피는 데 큰 무리가 없다.

2. 수수료나 세금은 어떻게 떼어가나요?

미국 주식 거래에서 확인해야 할 세금은 '양도소득세'와 '배당소득세'다. 1장에서 국내 주식과 미국 주식의 차이점을 설명하며, 이에 대해 자세히 적어두었다.

3. 미국 주식이 더 위험하지 않나요?

그렇지 않다. 미국 주식시장은 세계에서 가장 규모가 크기 때문에 오히려 시장이 투명하고, 시장 참여자 또한 전 세계에 걸쳐 있기에 불

확실성이 가장 낮다. 상대적으로 더 안전한 시장이라고 할 수 있다. 자국 편향Home bias이라는 심리 용어가 있다. 국내의 것이 왠지 모르게 더 친숙하고 편하게 느껴지는 심리를 뜻하는데, 이것만 극복한다면 미국 주식이 더 어려울 일이 없다.

4. 환전이나 환율을 생각하면 더 복잡한 것 아닌가요?

물론 미국 주식 거래 시 '환율'을 고려해야 하는 것은 맞다. 그런데 주식시장에 위기가 올 때 일반적으로 환율은 급등하는 경향이 있다. 다시 말해, 위기의 시점에 국내 주식시장은 환율에 대한 리스크까지 고민해야 한다는 뜻이다. 반대로 위기의 시점에 미국 주식은 환율에 대해 고민할 필요가 없다. 즉, 위기에 대비할 때 오히려 고려할 요소가 하나 줄어드는 것이니 더 단순하다고 할 수 있다. 또한 이를 잘 활용하면 환차익을 통한 추가적인 이득도 볼 수 있다.

5. 주식이 처음인 사람은 어떤 종목에 투자하면 좋을까요?

이 책에서는 상장지수펀드(ETF)라는 것을 소개한다. 개별 종목을 고르는 것이 어려울 때 쉽게 투자할 수 있게 도와주는 상품이다. 정말 주식 투자가 처음이라면 ETF 매수로 시작하는 것을 추천하며, '잘 알고 있는' 기업의 개별 주식을 사는 것도 괜찮다.

6. 미국 주식 너무 오른 것 아닌가요?

많이 오른 것은 사실이다. 다만, 많이 올랐다는 것이 꼭 오를 만큼 다 올랐다는 뜻은 아니다. 반대로 생각하면 그만큼 오른 이유가 있다고 판단할 수도 있다. 이 부분은 1장에서 미국 주식의 오랜 역사와 흐름을 이해한 뒤, 6장을 참조하면 많은 도움이 될 것이다.

7. 미국 주식 안전하게 투자할 방법은 따로 없을까요?

따로 있다. 하지만 기대 수익률을 낮추어야 한다. 일반적으로 리스크를 많이 감수하는 만큼 높은 수익을 가져가는 경우가 많다(High risk, High return). 리스크가 낮은데 높은 수익을 가져갈 수 있는 것이 존재했다면 금세 소문이 나서 소문난 잔치에 먹을 것 없는 상황이 되었을 것이다. 즉, 4장에서 소개하는 자산 배분과 같은 포트폴리오를 통해 안전하게 투자할 수 있지만, 주식시장의 평균 수익률에는 못 미치는 경우가 많다.

8. 한국 주식보다 미국 주식이 더 나을까요?

사실 미국 주식이 더 낫다고 단정할 수는 없다. 이는 어떤 시장이 미래에도 계속해서 수익성이 더 좋을 것이냐는 말이 될 수도 있기에, 절대 답을 낼 수도 없는 부분이다. 최근 10년만 보았을 때는 미국 시장이 월등히 좋았으며, 20년을 보았을 때는 한국 주식 수익률이 더 높았다. 하지만 그 이상 장기적으로 보았을 때는 미국 주식의 수익률이 분명 더 높다. 게다가 미국 주식이라는 투자 수단을 얻는 것만으로도 취하는 이점이 상당하다(국내 주식 투자를 병행하는 것도 괜찮다). 더 글로벌한 시장에 투자할 수 있고, 세계를 선도하는 기업에 투자할 수 있으며, 다양한 옵션의 투자 방식을 채택할 수 있기 때문이다.

왜

미국 주식인가

1장

미국 주식의 든든한 장점

"저는 제가 태어난 날 복권에 당첨되었습니다.
기회가 많이 달랐을 다른 나라 대신 미국에 있었으니까요."
– 워런 버핏

　당신이 이 책을 집어 든 이유는 미국 주식에 투자하고 싶기 때문이거나, 미국 주식 투자에 관심이 있어서일 것이다. 개중에는 이미 국내 주식에 투자하고 있는 사람도 있을 것이다. 어떤 경우든 한국 사람이 미국 주식에 투자하려 한다면 이 질문에 답할 수 있어야 한다.

　"국내 주식과는 다른 미국 주식만의 장점이 있는가?"

　이 질문에 대답하려면 2가지 측면에서 접근해야 한다. 첫째, 국내 주식시장에는 어떤 위험 요인이 있는가. 둘째, 미국 주식시장에는 국내 주식시장의 위험을 상쇄할 만한 장점이 있는가. 우선 국내 주식시장의 위험 요인을 살피고 미국 주식시장의 장점을 알아보자.

국내 주식시장의 위험 요인

투자처로 대한민국의 주식시장을 선택하면 반드시 따르는 위험 요인들이 있다. 첫째, 원화로 주식을 거래한다는 위험이다. 국내 주식에 투자할 때, 우리는 달러가 아닌 원화로 거래한다. 즉, 주식 투자를 시작하기에 앞서서 자신도 모르게 투자 자산으로 원화를 선택한 셈이 된다. 이때 '원화 리스크'가 따른다.

환리스크換Risk 혹은 환위험는 예상하지 못한 환율 변동으로 보유하고 있는 자산의 가치가 손실되거나 환율 변동으로 인해 기업이 영업활동 면에서 손해를 볼 가능성을 뜻한다. 예컨대 원화 대비 미국 달러의 가치가 하락하면(환율이 하락할 경우) 수출로 같은 양의 달러를 벌어들여도 원화로 계산했을 때 수출액이 적어진다. 즉, 환율이 하락하면 수출 기업은 피해를 입는다.

문제는 이뿐만이 아니다. 거시적 측면에서 환율이 상승하면 국내 주가가 하락한다. 한국 경제에 좋지 않은 일이 생겼다고 판단한 외국인들이 국내 주식시장에서 탈출하려고 하기 때문이다.[1] 이처럼 국내 주식 투자는 환율이 하락하든 상승하든 환리스크를 내포하고 있다.

물론 환율의 상승과 하락이 모든 상황에 나쁘게 작용하는 것은 아니다. 일반적으로 환율 하락은 수출 기업에 부정적인 영향을, 수입 기업에 긍정적인 영향을 끼친다. 반면 환율 상승은 수출 기업에 긍정적

영향을, 수입 기업에 부정적 영향을 끼친다. 또 원화 가치가 높아질 때는 국내 주식 투자가 유리할 수도 있다.

둘째, 금융시장의 투명성에 대한 리스크가 있다. 다시 말해 '금융 윤리 의식의 부재로 인한 문제'라고 할 수 있다. 전 세계 주식시장의 시가총액° 순위에서 한국은 10위로 선진국 수준이다. 이에 반해 금융 이해력 점수는 OECD경제협력개발기구 평균보다 낮

Q 시가총액 주가에 총주식 수를 곱한 값(주식의 가격×주식 수). 주식시장에서 기업의 인기와 가치, 규모 등을 나타내는 지표이다. 참고로 주식 수량을 고려하지 않은 주식 가격 단독으로는 별다른 의미가 없다.

다. 엎친 데 덮친 격으로 금융 범죄에 대한 일벌백계도 잘 이루어지지 않는 형국이라 가뜩이나 금융 이해력도 낮은데 금융 신뢰도도 낮은 편이다.

미국은 금융 범죄를 강하게 처벌하기로 유명하다. 2000년대 초, 나스닥증권거래소 위원장을 역임한 버나드 메이도프가 금융 사기를 저질렀다는 사실이 밝혀져 큰 논란이 일었다. 메이도프는 이 일로 150년 형을 선고받았다. 또 다른 금융 범죄자 노먼 슈밋은 고수익 보장을 운운하는 투자 사기를 벌여 징역 330년 형을 선고받았으며, 뉴욕의 사업가 숄람 와이스는 2000년에 내셔널 헤리티지 생명보험을 상대로 4억 5,000만 달러 규모의 사기 행각을 벌여 징역 845년 형을 선고받았다. 계산대로라면 와이스는 2754년 11월 23일에 석방된다.

반면 국내에서도 금융 범죄가 많이 일어났으나, 실형 선고율이 낮은 편이고, 많은 경우 집행유예나 벌금형만이 선고되었다. 이것만 보아도 금융 범죄를 향한 국가의 인식이 무겁지 않음을 알 수 있다(매일같이 종목 추천 문자와 주식 리딩방 광고 문자가 쏟아진다. 제발 남들의 피, 땀, 눈물 훔쳐서 돈 벌려는 사람들이 모두 망했으면 좋겠다). 즉, 금융 윤리 의

식 부재로 인한 총체적 난국이라고 표현할 수 있겠다. WEF세계경제포럼에서 대한민국의 금융시장 성숙도가 높아지고 있다고 평가한 것은 위로가 될 만하지만 말이다.

셋째, 오너리스크Owner Risk가 크다. '재벌'이라는 단어는 대한민국에만 있다고 한다. 옥스퍼드사전에도 'chaebol'이라고 등재되어 있으며, 그 설명도 한국의 가족 소유의 대기업을 뜻한다고 쓰여 있다. 가족 소유라는 것 자체로 나쁘다고 할 수는 없으나, 기업이 재벌가를 위해 일하게 되면 부작용이 나타나기 십상이다. 각 그룹의 회장이 횡령이나 배임 건으로 감옥에 다녀오는 것을 뉴스에서 숱하게 보았으리라. 또한 오너패밀리가 갑질 논란에 휩싸인 ○○항공이나 ○○피자 같은 사건들도 알고 있지 않은가? 이처럼 경영진의 위법이나 부도덕한 행위 때문에 주가가 하락하여 주주가 고스란히 피해를 보는 경우가 많다. 이에 반해 미국 기업은 대부분 전문 경영인을 고용해 투명하게 회계를 관리하는 편이고, 앞서 말한 금융 범죄 처벌 수위도 높기 때문에 오너리스크가 현저히 낮다. 일례로 미국의 대표적 에너지 그룹인 엔론은 재무제표를 조작해 주가를 부양하다가 결국 파산 신청을 하기에 이르는데, CEO 제프리 스킬링은 이 범죄로 2006년에 징역 24년 4개월을 선고받았다. 오너리스크가 낮을 만하다.

넷째, 최근 성장성이 미국 주식보다 많이 낮다. 2010년 이후 국내 주식시장의 대표 지수라고 할 수 있는 '코스피지수KOSPI Index'●와 현재 미국 주식시장의 대표 지수라고 할 수 있는 'S&P500지수 Standard&Poor's 500 Index'●만 비교해 보아도 명확하게 알

🔍 코스피지수 '코스피'는 한국 거래소에 상장된 회사들의 유가증권이 유통되는 시장이다. 국내 대표 주식시장으로 '코스피지수'는 코스피에 상장한 모든 주가의 등락을 보여주는 지수다.

S&P500지수 스탠더드앤드푸어스가 선정한 미국의 대표 기업 500개의 주가를 보여주는 지수.

수 있다. S&P500지수는 2010년 1월 4일에 1,132.99포인트에서 2021년 10월 22일 4544.91포인트로 4배 상승했다. 이에 반해 코스피지수는 2010년 1월 4일에 1,696.14포인트에서 2021년 10월 22일 3,006.16포인트까지 1.8배 상승했다. 기술주들이 주를 이룬 나스닥지수는 2010년 1월 4일 2,308.42포인트에서 2021년 10월 22일 15,090.20포인트까지 무려 6.5배나 상승했다. 2021년 초반, 지수가 특정 범위 안에서만 횡보한다는 뜻으로 '박스권에 갇혀 있다' 하여 '박스피'로 불리던 코스피가 연일 신고가를 경신하다가 3,000포인트를 돌파했다. 이는 매우 고무적이지만, 이후 현재까지 다시 박스권을 그리며 횡보 추세를 보이고 있다. 미국 주식은 국내에 비해 최근 10년 수준에서는 월등히 높은 수익률을 보이고 있다.

국내 주식시장의 위험 요인

1. 환리스크
2. 금융 윤리 의식의 부재
3. 오너리스크
4. 미국 주식시장에 못 미치는 성장성

믿고 보는 미국 주식시장

이제 다음 질문을 할 차례다. 국내 주식시장에 위험 요소가 많다면 미국 주식시장은 그렇지 않을까? 혹은 그런 위험 요소들을 상쇄할 만큼의 장점이 있을까? 정답부터 말하자면, 충분히 많다(미국 시장이라고 위험 요소가 없다는 뜻은 절대 아니고 앞서 설명한 국내 시장의 위험 요소를 상쇄할 만한 장점이 많다는 뜻이다).

첫 번째 장점으로 '달러화'를 꼽을 수 있다. 미국 주식을 거래하기 위해서는 먼저 원화를 달러로 환전해야 한다. 달러화는 국제 단위 금융거래의 기본이 되는 '기축통화'다. 기축통화를 이해하기 위해서는 지루하겠지만 짧게라도 그 역사를 훑어봐야 한다.

제2차세계대전 종전 직전, 세계 경제 혼란기에 금융 질서를 바로 세우기 위한 회의인 '브레턴우즈 협정'이 열렸다. 이때 세계는 패권국이 된 미국의 달러를 기축통화로 한 '금본위제'를 채택했다. 35달러당 금 1온스로 가치를 고정하고, 세계 각국은 달러화에 대한 자국 화폐의 가치를 고정했다. 금본위제에서 달러는 기축통화이기도 하며 금과 교환을 할 수 있기에 가치가 있는 자산이었다. 하지만 이 브레턴우즈 체제에도 결정적인 문제점이 있었고, 결국 1971년 '닉슨쇼크'* 이후 금과

달러의 교환은 중단되었다. 그리고 1973년 세계 경
Q 닉슨쇼크 닉슨 대통령이 달
러와 금의 교환 정지를 포함한 신
경제 정책을 발표하여 세계 경제
가 영향을 받은 사건.
제는 변동환율제를 택하게 되었다. 사실상 금본위제
는 몰락했지만, 달러는 그 자체로 과거의 금과 같은
위상을 갖게 되었다.

그런데 금의 보유량은 한정된 데 반해, 달러는 사실상 종이에 불과하기에 무한히 발행할 수 있다. 이로써 미국은 무한히 신용을 팽창시킬 수 있는 국가가 되었다. 돈이 가치 있는 이유는 바로 이 '신용' 때문이다. 쉽게 말해 '달러화는 어떤 물건과도 교환할 수 있으며 어느 나라에서나 사용할 수 있다.'라는 생각이 바로 달러화를 향한 '신용'인

것이다.

그렇다면 달러화가 기축통화인 것에는 어떤 장점이 있을까? '기축통화가 아닌 화폐가 가진 리스크'가 없다는 점이 장점이다. 우리나라는 기축통화인 달러가 필요하다. 그래서 일정량의 달러를 항상 보유하고 있어야 한다. 'IMF 사태'로 알려진 대한민국의 경제 위기가 바로 이 외환*이 부족해서 발생한 '외환 위기'에서 온 것이다. 기축통화를 사용하는 미국은 외환 위기를 걱정하지 않아도 된다. 원화를 자산으로 가지고 있는 우리 입장에서는 미국 주식에 투자하면 동시에 달러에도 투자하게 되는 셈이니 추가 이점을 얻을 수 있다. 달러 투자의 이점은 앞서 말한 '기축통화로서의 안정성'이다. 즉, 미국 주식에 투자 시 달러라는 안전자산에 분산 투자하는 효과를 볼 수 있다. 경제 위기들을 생각해 보면 1997년 한국 IMF 외환 위기 때나 서브프라임 모기지가 촉발한 2008년 세계 금융 위기* 때나 모두 환율이 현저히 올라갔다. 이때 달러를 보유하고 있었다면 환차익을 크게 볼 수도 있었으니 다른 자산의 가치가 하락하는 위기를 상쇄할 수 있었을 것이다.

미국 주식의 두 번째 장점은 미국에 좋은 기업이 많다는 것이다. 너무 추상적인 소리 아니냐고? 구체적으로 설명하자면 미국에는 오랜 기간 꾸준히 수익을 내온 우량한 기업이 많다. 4차 산업혁명을 선도하는 대표적인 IT 기업들도 대부분 미국에 있다(실리콘밸리를 떠올리면 된다). 이래도 와닿지 않는다면 회사

Q 외환 '외화'보다 넓은 개념으로 외국 화폐의 가치를 가진 수표, 어음, 예금, 채권 등도 모두 포함한다.

2008년 세계 금융 위기 '서브프라임 모기지사태', '리먼사태'라고도 불린다. 미국에서 신용이 낮은 (서브프라임Sub-prime) 사람에게도 주택담보대출(모기지mortgage)을 무분별하게 남발했다. 집값이 오르고 있으니 집을 팔아서 나중에 빚을 갚으면 된다는 믿음의 연쇄작용이 주택 가격에 버블을 만들었다. 끝내 이 버블이 터지면서 집값이 폭락하고, 집을 팔아 빚을 갚으려고 했던 사람들은 파산했다. 이에 대표적인 투자은행인 베어스턴스, 리먼브라더스까지 파산하며 미국 경제가 크게 흔들리고, 연쇄적으로 세계 경제가 흔들리게 된 사건이다.

원 A 씨의 일상을 들여다보자.

　　A 씨는 나이키 **NKE** 신발을 신고 집을 나선다. 아침에 맥도날드 **MCD** 에서 햄버거를 시켜 코카콜라 **KO** 와 함께 먹고, 애플 **AAPL** 의 아이폰으로 구글 **GOOG** 의 유튜브를 보면서 출근한다. 회사에 들어와 엔비디아 **NVDA** 의 그래픽카드를 장착한 컴퓨터를 켜면 마이크로소프트 **MSFT** 의 윈도10이 실행된다. 잠깐 페이스북 **FB** 에 접속하여 델 **DELL** 의 27인치 모니터로 지인들의 피드를 본다. 점심 식사는 비자 **V** 카드로 결제하고, 동료들과 스타벅스 **SBUX** 에서 커피를 한 잔 마신다. 오후에는 거래처와의 미팅을 위해 줌 **ZM** 으로 비대면 화상회의를 한다. 3M **MMM** 의 포스트잇에 메모를 남기고 잠시 영상 작업을 하기 위해 어도비 **ADBE** 의 포토샵, 프리미어를 켠다. 퇴근길에는 동료가 테슬라 **TSLA** 전기자동차로 중간 지점까지 데려다준다. 집에 도착해서는 도미노피자 **DPZ** 에서 피자를 한 판 시켜 먹고, 넷플릭스 **NFLX** 에 접속해 누워서 〈오징어 게임〉을 본다. 샤워를 마친 후에는 존슨앤드존슨 **JNJ** 보디로션을 바르고 잠자리에 든다.

　　이미 눈치챘겠지만, A 씨의 하루 일과 속에 총 18개의 미국 주식이 등장했다. 기업명 옆에 있는 알파벳은 미국 주식명을 간단히 표기한 것으로 '티커^Ticker'라고 부른다. 대부분 이미 아는 제품과 회사였으리라 생각한다. 주식에 투자해 좋은 성적을 거두려면 당연히 좋은 기업에 투자해야 한다. 단순하게 볼 때 좋은 기업이란 고객들이 좋아하는 제품을 잘 만드는 기업이다. 애플은 근 2년 사이에만 2.5배, 테슬라는 2020년에서 2021년, 1년 사이에 8배 이상의 주가 상승을 보였다. 애플과 테슬라는 모두 제품의 든든한 지지층을 가진 기업이다.

셋째, 미국 주식시장에는 좋은 배당 문화가 정립되어 있다. 미국에는 긴 시간을 거쳐 성장한 기업이 많고, 이런 기업들은 대부분 주주 친화적인 배당 정책을 시행하고 있다. 자본주의가 오랜 기간 발달해 왔으므로 '우리가 이윤을 남기는 것은 주주들 덕이니 주주들에게 계속해서 이윤을 나누겠다.'라고 생각하는 것이다. 심지어 25년 이상 꾸준하게 배당을 늘려온 기업(배당 귀족Dividend Aristocrats)이 88개에 달한다. 50년 이상 배당금을 늘려온 기업(배당왕Dividend king) 도 16개나 된다. 이 얼마나 신뢰가 가는 기업들인가? 게다가 대부분의 미국 기업이 분기마다 배당하고 있다. 대부분 연간 배당을 하는 국내 기업과 비교했을 때 현금흐름 차원에서도 이점이 있다.

넷째, 시장이 크다. '시장이 크다'라는 말은 '유동성이 크다'라는 뜻이며 이는 곧 '큰 규모의 자금이 왔다 갔다 하며 활발하게 거래가 이루어진다'라는 뜻이다. 전 세계가 미국 주식시장을 들여다보며 투자하기 때문에 국내에서 흔히 볼 수 있는 테마주나 작전주●가 득세하기 어렵다. 작전주는 일반적으로 시가총액이 작은 소형주들이 대부분이다. 세력이 가진 금액으로 주가를 쥐락펴락할 수 있어야 하기 때문이다. 즉, 시장이 크면 특정 개인이나 단체가 부조리하게 영향을 미칠 수 없다는 장점이 생긴다.

🔍 작전주 증권 브로커, 큰손, 대주주 등이 공모하여 특정 주식을 매입함으로써 주가를 폭등시켜 이익을 챙기는 행위를 '작전'이라 하고, '작전주'는 이러한 작전의 대상이 되는 주식을 말한다.

다섯째, 투자 정보를 얻기 좋고 역사적 데이터가 풍부하다. 무엇보다 금융 중심지인 월스트리트가 있으니 미국 시장에 관한 수많은 증권분석 자료가 나온다. 우리가 익히 알고 있는 워런 버핏 같은 투자의 현인도 매년 발간하는 연차 보고서의 주주 서한을 통해 어떻게 투자하고 있는지를 알려주는 판이다. 그뿐 아니라 주식 분석을 도와주는 서비스나 프로그램이 다양해 대중도 전문가처럼 주식을 분석해 볼 수 있다. 오랜 역사를 가진 시장인 만큼 역사적 데이터도 풍부하다. 긴 시간에 걸쳐 축적된 데이터를 살펴보면 훨씬 편한 마음으로 투자를 즐길 수 있지 않을까?

▌100년 이상 지속 상승해 온 미국 주식시장

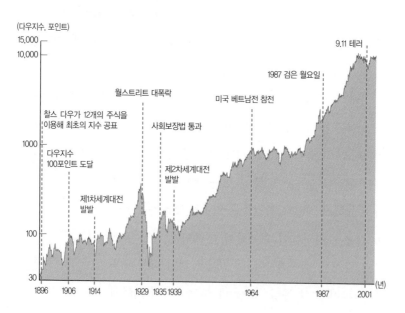

데이터로 보는 미국 주식의 든든함

앞서 미국 주식시장은 역사가 긴 만큼 살펴볼 데이터가 많다고 했다. 그렇다면 투자자는 왜 데이터를 보면 마음을 편히 먹을 수 있을까? 미국 주식시장은 (거의) 계속해서 성장해 왔다. 수십 년간 누적된 미국 주식시장의 데이터를 보면 이를 인정할 수밖에 없다.

다음 장의 표에서 일간 수익률을 보면 오늘 미국 주식에 투자해 내일 수익을 올릴 확률은 절반을 조금 넘는 53%다. 우선 환영할 만한 소식이다. 월 단위로 보면 어떨까? 수익 확률은 62.3%로 상승한다. 분기 단위로 보면 67.6%, 연 단위로 보면 71.8%의 확률로 수익을 낸다. 주식을 사서 1년만 버티면 70% 이상의 확률로 수익을 올린다는 이야기다. 이 정도로는 불안하지 않으냐고? 당연히 그럴 것이다. 이 정도 데이터만 본다면 미국 주식시장이나 국내 주식시장이나 별반 다르지 않다. 하지만 두 번째 표를 보시라.

▍미국 주식의 기간별 수익 비율과 손실 비율(1926~2010년)[2]

(단위 : %)

기간	수익	손실
일간	53.0	47.0
월간	62.3	37.7
분기	67.6	32.4
연간	71.8	28.2

▍미국 주식의 보유 기간별 수익 비율과 손실 비율(1926~2010년)[3]

(단위 : %)

기간(모두 월간 단위로 비교)	수익	손실
1년 보유	72.9	27.1
5년 보유	86.9	13.1
10년 보유	94.0	6.0
20년 보유	100.0	0.0
25년 보유	100.0	0.0

두 번째 표에 따르면, 아무 때나 주식에 투자하고도 5년만 버틸 수 있다면 웬만큼 상황이 안 좋은 경우가 아니고서는 86.9%의 확률로 수익을 낸다. 10년은 어떨까? 수익을 낼 확률이 무려 94%로 웬만해서는 손실을 보지 않았다. 심지어 20년 동안 주식을 보유한다면, 수익을 낼 확률은 무려 100%였다. 20년의 기다림은 반드시 승리한다는 것이다.

이는 국내 주식시장의 역사에 비해 아주 긴 기간인 1926~2010년까지를 토대로 한 데이터고, 주식을 25년간 보유한 경우만 해도 무려 721회를 비교했다. 그리고 매회 플러스 수익률을 보였다. 이쯤 되면 20년을 들고 갈 자산으로 이렇게 안전한 자산이 있나 신기할 정도다. 책의 후반부에서도 시장의 저점과 고점을 평가할 팁을 설명하겠지만, 고점에서 전 재산을 올인하는 투자만 하지 않는다면 미국 주식은 5년 단위로만 보아도 웬만하면 손실을 볼 일이 없는 자산임에 틀림없다.

미국 주식과 국내 주식의 차이

"왜 전 세계를 상대로 저가 주식을 찾으려고 하지 않는가?
우리는 이미 40년간 그렇게 해 왔다. 이제 전 세계가 우리의 시장이다!"
– 존 템플턴

'주식 투자'라는 점에서 보면 미국 주식이나 한국 주식이나 근본적인 차이는 없다. 그러나 제도적인 측면에서는 다소 차이가 있다. 주식을 거래할 때 내야 하는 세금이 다르고, 거래 시스템도 다르며, 장이 열리는 시간대도 다르다. 이번에는 주식 투자에 뛰어들기에 앞서 알아야 할 미국 주식시장과 국내 주식시장의 차이를 설명하려고 한다.

거래세 대신 양도소득세

국내 주식은 거래 시 증권사에서 가져가는 수수료를 배제하고 보면 매수했던 주식을 매도할 때 0.23%의 거래세가 발생한다. 즉, 주식을 얼마에 샀든 팔 때 가격이 1만 원이라면 23원의 세금이 붙는다.

부동산을 사고팔 때 양도소득세를 낸다는 말을 들어본 적 있는가? 주식시장에서도 마찬가지로 주식을 팔게 되면 거래세와는 별도로 양도소득세가 발생한다. 다만 국내에서는 대주주* 요건을 충족하지 않는 경우 양도소득세가 발생하지 않는다. 대주주가 될 분이라면 이 책을 집어 들지는 않았을 것 같으니 이 정도 설명이면 되지 않나 싶다.

Q 대주주 특정 주식을 10억 원어치 이상 들고 있는 사람. 이 경우 10억 원을 넘어선 차익의 최대 33%를 세금으로 내야 한다.

마지막으로 국내 주식을 매수해 배당금을 받으면 배당소득세가 발생한다. 배당금을 2,000만 원 이하로 취득했을 경우 15.4%(주민세 포함)가 부과되고, 2,000만 원을 초과하면 연금, 사업, 근로소득과 합산하여 종합소득세를 납부해야 한다. 배당소득세가 2,000만 원을 초과하려면 배당수익률을 넉넉하게 5%로 잡아도 4억 원을 투자해야 하니 이 부분도 입문자의 영역은 아니라고 생각한다.

반면 미국 주식은 거래세가 거의 발생하지 않는다(매도거래세^SEC Fee 등이 존재하지만, 0.00221% 이런 식으로 미미하므로 일단 넘어가겠다). 대신 매매 수익에 한해 대주주가 아닐지라도 양도소득세를 부과한다. 위안인 것은 매매차익이 250만 원을 초과한 수익분에만 22%의 양도소득세를 내면 된다는 사실이다. 즉, 250만 원까지가 공제 한도라는 이야기다. 게다가 손실 금액도 합산되기 때문에 전략을 잘 세우면 절세도 가능하다. 손실을 본 주식과 수익을 본 주식을 같이 처분하여 총매매차익을 줄이면 된다. 예를 들어 테슬라 주식으로 500만 원 수익 중이고 애플 주식으로 250만 원 손실 중일 때, 두 종목을 모두 매도하면 총

250만 원 수익이 되므로 세금을 전혀 내지 않는다. 배당소득세는 국내와 유사하게 15%를 떼어간다. 배당 수익이 2,000만 원을 초과하면 종합소득 과세 대상이 된다.

직장인이 거래하기에 좋은 시간

이는 굉장히 현실적인 장점이다. 미국 주식시장은 한국 시간으로 밤에 열린다. 이는 업무 시간에 다른 일을 하기 어려운 직장인들에게 희소식이다. 바로 이런 이유로 직장인은 한국 주식보다 미국 주식에 투자하는 편이 유리하다. 미국은 한국과 달라서 3월 둘째 주 일요일부터 11월 첫째 주 일요일까지는 서머 타임Summer Time을 적용한다. 쉽게 말해 여름에는 거래 시간이 다르다. 서머 타임에는 한국 시간으로 22:30~5:00에 장이 열린다. 그 외에는 23:30~6:00 사이에 장이 열리니 서머 타임에는 덜 졸린 상태에서 거래할 수 있다. 열대야에 잠 못 이루는 밤, 미국 주식 거래로 몸을 식혀보자.

가격제한폭 없는 거래 시스템

국내 주식시장은 주가가 비정상적으로 급등락하는 경우를 막기 위한 일종의 완충 장치인 '가격제한폭 제도'를 두고 있다. 일일 주가의 변동 상한선을 +30%, 하한선을 −30%로 고정하는 것이다.

이에 반해 **미국 주식시장은 상·하한가가 없다.** 앞서 미국 주식시장의 장점 중 하나로 '시장의 크기'를 들었다. 미국은 주식시장이 매우 크다. 국내 시장처럼 큰손들이 작전을 짜서 소형주의 주가를 들었다 놨다 할 만한 수준이 아니다. 어느 정도 자체적으로 변동성이 조절되기에 미국 주식시장에서는 가격제한폭을 두지 않는다. 전문가들도 자체 정화 기능을 믿는 것이다. 그리고 가격제한폭을 적용하면 오히려 일시적인 가격 왜곡 상태를 다음 날까지 연장하는 역효과만 있을 뿐이라는 것이 전문가들의 입장이다.

단일가(동시호가) 매매의 부재

미국 주식시장에는 '단일가 매매'*가 없다. 국내 주식시장에서는 장 시작 전 8:30~9:00, 장 마감 직전 15:20~15:30이 일반적인 동시호가 시간대로 알려진 단일가 매매 시간대다. 시장은 이때 접수된 모든 매수, 매도 주문 내역을 한꺼번에 모아 결정된 가격인 '단일가'로 체결을 완료한다. 또 우리나라 주식시장에서는 정식

🔍 **단일가 매매** 과거에는 동시호가 매매로 불리었는데, 현재 동시호가 제도는 상한가, 하한가와 같은 예외적인 상황에서만 적용되고 일반적인 상황에서는 단일가 매매 제도가 적용된다.

장 마감 후인 16:00~18:00까지 단일가로만 거래되는 '시간외거래' 제도를 두고 있다. 이는 대량 매수, 매도 물량으로 인한 가격 왜곡을 장 시작 전후에 막기 위해서인데, 미국 주식시장은 가격제한폭과 유사한 논리로 이런 제도를 따로 두지 않는다.

그 대신 미국에서는 이와 유사하게 '프리마켓Pre-Market'과 '애프터마

켓$^{After-Market}$'이라는 제도를 시행하고 있다. 서머타임 적용 시 프리마켓은 한국시간으로 20:00~22:30에, 애프터마켓은 5:00~6:00에 열린다. 서머타임 미적용 시에 프리마켓은 21:00~23:30, 애프터마켓은 06:00~07:00에 열린다. 하지만 국내 주식시장처럼 거래는 단일가가 아니라 정규장과 같은 방식으로 이루어진다. 또한 국내는 장전 거래 주문이 체결되지 않으면 정규장에서 취소가 되지만, 미국은 프리마켓에서의 주문이 정규장에서 유효하다. 반면, 애프터마켓에서 체결되지 않은 주문은 다음날 정규장에서 취소되니 이 차이를 알고 있어야 한다.

수급 데이터 미제공

국내 주식시장에서는 시황을 다룰 때 항상 그날 수급의 주체, 즉 '개인이', '기관이', '외국인이' 얼마를 사고팔았는지를 이야기한다. 하지만 미국 주식시장에서는 수급 데이터 자체를 제공하지 않는다. 우리가 외국인이라서 데이터를 볼 수 없는 것이 아니라, 미국 주식시장 자체가 그렇다. 혹자는 '수급 현황도 모르고 투자를 한다고?' 하며 의문을 가질지도 모르겠다. 대신 미국증권거래위원회^{SEC}에서는 운용 자산 규모가 1억 달러를 넘는 헤지펀드$^{Hedge\ Fund●}$나 기관 투자자들에게 매 분기 의무적으로 보유지분의 변동 사항을 정리해 '13F'라는 이름의 보고서로 제출하도록 규정하고 있다. 이는 무슨 뜻일까? 미국같이 성숙한 주식시장에서 단

● 헤지펀드 소수의 투자자를 비공개로 모아 절대 수익을 추구하는 펀드사.

기적인 수급 현황은 투자하는 데 중요하게 고려할 사항이 아니라는 뜻 아닐까? 한편으로 생각해 볼 만한 주제다.

한국은 '코드', 미국은 '티커'

주식 표기 방식도 다르다. 국내에서 삼성전자의 주식은 '005930'이라는 코드로 코스피에 상장되어 있다. 그러면 애플의 주식은 어떤 형식으로 상장되어 있을까?

▌한국 주식시장에서의 주식 상장 형태

© 2021 Naver.com

애플은 나스닥에 상장되어 있으며 'AAPL'이라는 티커로 표시된다. 숫자는 없다. 티커는 주식명을 편리하게 나타내기 위해 쓰이며 실제로 미국 주식을 이야기할 때는 기업의 이름보다 주로 티커를 사용한다.

▌미국 주식시장에서의 주식 상장 형태

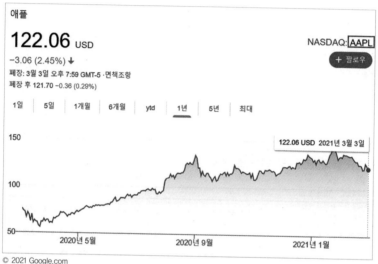

© 2021 Google.com

상승과 하락, 녹색과 빨간색

마지막 차이점은 주가의 등락을 표시하는 색상이 다르다는 것이다. 우리나라에서는 흔히 '상승장' 하면 '불장'이라고도 부르며 빨간색으로 표시한다. 반면 '파란색으로 물들었다'라고 표현하는 계좌는 손실로 가득한 계좌로, 파란색은 주가의 하락을 나타낸다. 하지만 미국에서는 다르다. 주가가 하락하는 경우를 빨간색으로 나타내고, 상승을 녹색으로 표시한다. 야후파이낸스*나 인베스팅닷컴* 같은 주식 정보 사이트에서 차트를 보면 처음에는 당황할 수도 있다 (국내 증권사 프로그램은 국내 주식과 혼동을 줄이기 위해 국내 방식을 그대로 사용하고 있으니 참고하시라).

Q 야후파이낸스 finance. yahoo.com
인베스팅닷컴 kr.investing.com

세계 1등 기업들이 모인 시장

"주식 투자에서 볼 수 있는 가장 큰 손해는
훌륭한 회사를 너무 일찍 파는 것에서 비롯된다."
– 필립 피셔

미국 주식시장을 대표하는 개별 종목들을 살피기에 앞서서 미국 주식시장이 어떻게 조직되고 움직이는지를 알아야 한다.

먼저 국내 주식시장 구조를 살펴보자. 국내 주식은 모두 '한국거래소'에서 거래된다. 국내에는 대표적으로 코스피, 코스닥, 이 2개의 시장이 존재한다. 흔히 알다시피 '삼성전자', 'SK하이닉스', 'NAVER' 같은 국민 우량주는 주로 코스피에, '셀트리온헬스케어'나 '카카오게임즈', 'CJ ENM' 같은 주식은 코스닥에 상장해 있다. 명확한 기준이 있는 것은 아니지만 바이오, 게임, 엔터, 테크 기업 등이 주로 코스닥에 상장된 편이다. 국내 주식시장은 이 정도만 알면 된다.

미국 주식시장의 구조

이제 미국 주식시장이 어떻게 생겼는지 알아보자. 미국 최초의 증권거래소는 미국 금융의 중심지인 월스트리트에서 탄생한 '뉴욕증권거래소NYSE'로, 현재 세계에서 시가총액이 가장 큰 미국의 대표 증권거래소다. 다음으론 미국의 나스닥이 있다. 나스닥은 본래 장외주식시장over-the-counter, OTC으로 출발했는데 지금은 시가총액 기준 세계 2위의 증권거래소가 되었다. 장외주식시장이 대표 증권거래소가 된 격이라고 볼 수 있다. 참고로 나스닥의 시가총액 상위 10종목은 다음과 같다.

▌ **나스닥 시가총액 상위 10위 기업(2021년 10월 기준)**

(단위 : 달러)

순위	종목명	시가총액
1	애플AAPL	2.43T$
2	마이크로소프트MSFT	2.31T$
3	알파벳CGOOG	1.90$
4	알파벳AGOOGL	1.83T$
5	아마존닷컴AMZN	1.64T$
6	메타(페이스북)FB	926B$
7	테슬라TSLA	876B$
8	엔비디아NVDA	565B$
9	ASML홀딩스ASML	324B$
10	어도비ADBE	305B$

이름만 봐도 어마어마한 기업뿐이다. 최근 2년간 폭발적인 주가 상

승률로 단연코 가장 핫했던 테슬라뿐 아니라 더는 설명이 필요 없는 애플, 마이크로소프트, 구글(알파벳), 아마존, 페이스북이 여기에 다 있다.

그럼 우리가 주로 접하는 국내의 코스피지수, 코스닥지수에 대응될 만한 지수에는 어떤 것이 있을까?

미국 주식시장의 대표 지수들

미국 주식시장에서 가장 역사가 오래된 지수는 '다우존스산업평균지수Dow Jones Industrial Average'이다. 줄여서 '다우지수'라고도 부른다. 미국의 다우존스사가 미국 주식시장에 상장된 우량주 30개의 가격으로 산출한, 전통적으로 미국 주식시장을 대표해 온 지수이다. 종목 수가 워낙 적고 산출 방식이 시가총액 가중법*이 아니라는 한계가 있지만, 이 지수가 가진 영향력은 여전히 크다.

🔍 **시가총액 가중법** 지수를 산출할 때 시가총액이 높은 종목에 더 큰 가중치를 부여하는 것. 따라서 시가총액이 낮은 회사가 지수에 미치는 영향이 적다.

현재 미국 주식시장의 가장 대표적인 지수는 'S&P500지수'이다. 뉴욕증권거래소나 나스닥 상장 기업 중 시가총액 기준 상위 500위까지의 대형 우량주를 선별해 시가총액 가중법으로 지수를 산출한다. 다양한 업종과 섹터를 포함하므로 S&P500지수를 보면 미국 주식시장 전체의 흐름을 파악할 수 있다.

다음은 '나스닥종합주가지수NASDAQ Composite'다. 나스닥에 상장된 모든 종목의 가격으로 산출하고, 간단하게 '나스닥지수'라고도 불린다.

앞의 표에서 등장한 대표적인 글로벌 IT 기업들이 이 지수를 이끌어가고 있다. 또 나스닥에 상장한 100개의 우량 기업 주가로 산출한 '나스닥100지수'도 있다. 이 지수 역시 널리 사용되고 있다.

▌미국 주식시장의 구조

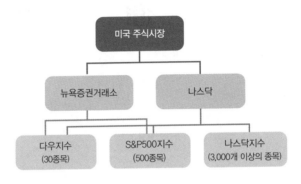

이 밖에도 '러셀지수Russell Index'라는 것이 있다. 미국 주식시장에는 1만여 개의 기업이 상장되어 있는데 시가총액 상위 1,000개 대기업의 주가로 지수를 산정한 것이 '러셀1000지수'이고, 그 1,000개의 뒤를 이은 2,000개 중소기업의 주가로 지수를 산정한 '러셀2000지수'가 있다. 그리고 이를 합친 3,000개 기업의 주가로 지수를 산정한 '러셀3000지수'가 있다. 이 중 러셀2000지수는 대형주 외 중소형주들의 추이를 살피는 데 주로 사용되는데, 앞서 등장한 S&P500지수, 다우지수, 나스닥지수 그리고 러셀1000지수의 추이와 상당한 차이가 있다.

미국 대장주들 살펴보기

자, 이제 '대장주'를 본격적으로 살펴볼 차례다. 우선 대장주의 정의부터 짚고 넘어가자. 애초에 '대장주'는 정식 용어가 아니라 명확한 정의는 없는 듯하다. 흔히 대장주라 하면, 특정 분야의 1등 기업이나 해당 분야를 대표하는 주식을 일컫는다. 때로는 해당 분야에서 최근 수익률이 가장 높은, 소위 '가장 핫한 기업'을 대장주라고 부르기도 한다 (이를 주도주라고도 부른다). 본 책에서는 대장주를 '섹터를 대표하는 시가총액 최상위권 주식들'로 정의하겠다. 섹터별 1등 기업과 순위권 내 기업 중 누구나 알 만한, 혹은 역사가 깊은 기업들을 간단하게 소개하고자 한다.

'글로벌산업분류기준GICS'이라는 것이 있다. 이는 1999년에 스탠더드앤드푸어스S&P와 모건스탠리캐피털인터내셔널MSCI이 효율적인 투자 도구를 제공하기 위해 개발한 (세계적으로 통용되는) 산업 분류 표준이다.[4] GICS는 글로벌 금융시장에서 주요 산업의 현재 상태를 정확하게 반영하고 있으며, 125개국 글로벌 주식자금의 약 95%가 GICS 산업분류 방식을 따르고 있다.

GICS는 모든 주식을 11개 섹터로 분류한다(각 섹터의 산업 그룹과 하위산업은 아래 그림 참고). 11개 섹터에는 에너지Energy, 자재Materials, 산업Industrials, 자유 소비재Consumer Discretionary, 필수 소비재Consumer Staples, 헬스케어Health Care, 금융Financials, 정보기술IT, 통신서비스Communication Services, 유틸리티Utilities, 부동산Real Estate이 있다. 이 섹터의 순서대로 미국의 대장주들을 알아보자. 기업 분석에 대한 그래프와 차트는 방법론이 동일하므로 각 섹터의 첫 번째 종목에만 표시했다. 주식의 흐름을 살피는 최소한의 방법으로 알아두면 유용할 것이다.

❚ GICS 분류 한눈에 보기

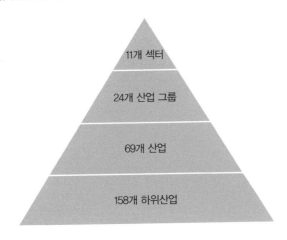

11개 섹터

24개 산업 그룹

69개 산업

158개 하위산업

에너지: 석유, 가스

● **엑슨모빌** Exxon Mobil Corporation, NYSE: XOM

1. 회사 소개

미국의 석유 회사로, 석유 및 천연가스 시추와 판매에 주력하고 있다. 1870년 '석유왕'이라 불리는 존 데이비슨 록펠러가 설립한 스탠더드오일의 후신이다. 스탠더드오일은 1911년 반독점법 위반으로 저지스탠더드오일(엑슨), 캘리포니아스탠더드오일(지금의 '셰브런'), 뉴욕스탠더드오일(모빌) 등 34개의 독립 회사로 해체되었다. 엑슨과 모빌은 석유산업 시장에서 경쟁하다가 1999년 엑슨이 835억 달러라는 당시까지의 석유산업 내 최고 인수 비용을 들여 모빌을 흡수 합병했다. 이 결과 엑슨모빌은 매출액 기준 세계 최대 석유 회사가 되었으며 현재에 이르렀다. 본사는 텍사스주 어빙에 있다. 엑슨모빌의 상품은 전 세계에 '엑슨', '모빌', '에소'라는 이름으로 유통되고 있다.

2. 특징

뉴욕증권거래소에 상장, S&P500지수에 포함되어 있다. 에너지 섹터 내 시가총액 1위 기업으로 한때 미국 주식시장 전체 시가총액 1위였지만, 셰일가스 개발로 촉발된 저유가 기조에 밀려 순위가 많이 내려갔다. 게다가 1928년 다우지수에 편입된 이후 2020년, 92년 만에 다우지수에서 퇴출당했다. 과거 미국의 30개 대표 기업 중 하나라는 명예를 잃고 이제는 S&P500지수에 편입되어 미국의 500개 대표 기업 중 하나로 남게 된 것이다. 대표적으로 배당이 꾸준히 성장하는 주식이었으나 2020년, 38년 만에 배당금이 동결되었다. 현재 배당수익률은 5.51%로 높은 편이다.

엑슨모빌의 10년간 매출을 살펴보면, 매출(파란색)과 순이익(노란색)이 감소추세에 있음을 알 수 있다. 순이익률 역시 5~10% 수준을 유지하다가 2020년 순이익 적자를 기록했다. 매출이 줄어드는 만큼 주가도 10년간 하락추세를 보여, 주가는 기업의 실적을 따라간다는 것을 보여준다.

▌ **XOM의 연단위 매출액과 순이익/순이익률 추이**

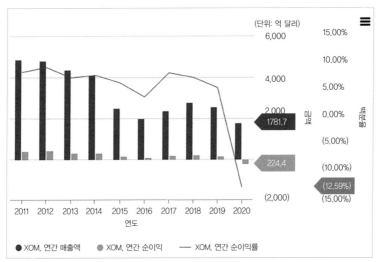

© 2021 stockrow.com

┃ XOM의 10년간 주가 흐름

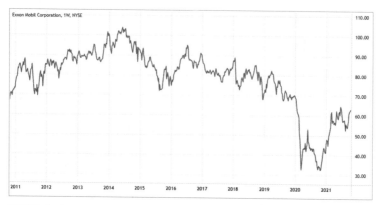

© 2021 Tradingview.com

● **셰브런**Chevron Corporation, NYSE: `CVX`

1. 회사 소개

셰브런은 1879년에 설립되었다. 캘리포니아주 샌러몬에 본사를 두고 전 세계 180여 개 국가에서 석유 및 가스 탐사, 정제 및 운송, 화학 제품 생산 및 판매, 전력 생산 등에 관여하고 있다. 세계 6대 슈퍼 메이저 석유 회사 중 하나로 칼텍스, 텍사코를 소유하고 있다. 주요 사업 영역은 북미 서부 해안, 미국 걸프 해안, 동남아시아, 한국 및 호주이다.

2. 특징

뉴욕증권거래소에 상장, 다우지수와 S&P500지수에 포함되어 있다. 에너지 섹터 내 시가총액 2위 기업이고 2020년 미 원유, 가스 생산업체인 노블에너지를 인수했다. 34년간 배당을 늘려 왔으며 현재도 4.75%로 배당수익률이 높은 편이다.

54

셰브런은 10년간 전체적으로 매출이 줄어들었고, 매출이 줄어든 만큼 주가는 횡보 추이를 보였다. 주가 상승으로 인한 시세 차익보다는 배당수익을 노리는 투자처로 적절해 보인다.

에너지 섹터는 인플레이션 시기에 강하다. 평소에는 배당수익을 노리는 투자처로 적절하지만, 인플레이션 대비를 위한 포트폴리오 구성 요소로도 적합하다. 다만, 일반적으로 이 섹터는 변동성이 큰 것에 유의해야 한다.

자재: 화학 물질, 자재, 금속, 종이 등

● 린데PLC^{Linde PLC, NYSE:} LIN

1. 회사 소개

미국, 독일, 아일랜드계의 다국적 화학 회사다. 시장 점유율과 매출 기준 세계에서 가장 큰 산업용 가스 회사이기도 하다. 린데PLC는 1879년에 설립된 독일의 린데AG와 1907년에 '린데에어프로덕츠컴퍼니'라는 이름으로 시작한 미국의 프렉스에어가 합병해 설립되었다. 린데PLC는 산소, 질소, 아르곤, 희귀가스, 이산화탄소, 헬륨, 수소, 전자가스, 특수 가스 및 아세틸렌을 포함한 공정 가스의 제조 및 유통을 주요 사업으로 하고 있다. 린데는 산업용 가스 생산·유통이 사업의 주를 이루고, 플랜트 사업도 큰 비중으로 진행 중이다. 플랜트 사업은 린데엔지니어링에서 수행하며, 린데엔지니어링이 전체 매출의 38%를 차지한다.

수소경제 관련 글로벌 CEO 협의체인 '수소위원회'의 회원으로서, 수소차가 전기차와 경쟁할 것이라 예상하고 풍력발전으로 물에서 수소를 생산하는 공장에 투자했다. 삼성전자, 현대차, 효성 등 국내의 주요 대기업과도 많이 협업하는 회사다.

2. 특징

뉴욕증권거래소에 상장, S&P500지수에 포함되어 있다. 자재 섹터 내 시가총액 1위 기업이다. 1990년대부터 지금까지 주가가 꾸준히 우상향 했고, 배당도 29년째 계속 늘려가는 중이다. 산업용 가스 생산 1위 업체로서 수소경제와 관련된 모든 사업과 연관되어 있다.

매출이 최근 증가세로 접어들었다. 2018년부터는 매출과 이익이 크

▌ LIN의 연단위 매출액과 순이익/순이익률 추이

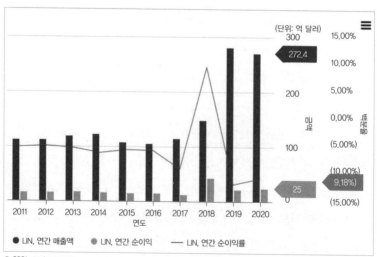

© 2021 stockrow.com

▌ LIN의 10년간 주가 흐름

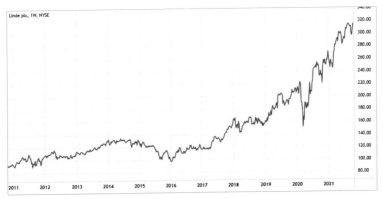

© 2021 Tradingview.com

게 증가했으며, 2018년에는 특히 이익률도 높았다. 주가는 꾸준히 상승 추세이며, 매출 증가세와 더불어 2018년부터는 상당히 가파르게 오르고 있다.

● **다우** Dow Inc., NYSE: `DOW`

    듀폰 DuPont de Nemours, Inc., NYSE: `DD`

    코르테바 Corteva Inc., NYSE: `CTVA`

1. 회사 소개

다우의 전신인 다우케미컬은 미국의 화학 관련 기업으로 1999년 화학약품 제조회사인 유니언카바이드를 930억 달러에 인수하여 세계 최대 화학업체가 되었다. 2008년에는 특수 화학제품 제조업체인 롬앤드하스를 188억 달러에 인수했다. 다우의 또 다른 전신인 듀폰은 1802년 7월 델라웨어주 윌밍턴에서 화약 공장으로서 설립되었다. 20세기에 듀폰은 네오프렌, 나일론 같은 수많은 폴리머를 개발했고, 냉매 산업을 위한(현재는 오존층 파괴의 주범으로 불리는) 프레온가스의 일종인 염화플루오린화탄소^{CFC}를 개발하여 큰 매출을 올렸다. 2017년 8월 31일 다우케미컬과 합병하여 다우듀폰^{DowDuPont}이 탄생했다.

다우듀폰은 합병 18개월 만에 사업 부문별 독립된 상장회사로 분리하기로 했다. 범용 화학 물질 생산에 중점을 둔 '다우', 농업용 화학 물질 회사인 '코르테바', 특별 화학물질 회사인 '듀폰', 이렇게 3개 회사로 분리되었다. 듀폰은 2017년 9월 1일, 다우는 2019년 4월 1일, 코르테바는 2019년 6월 3일 상장했다.

2. 특징

모두 뉴욕증권거래소에 상장, S&P500지수에 포함되어 있고 다우만 다우지수에 포함되어 있다. 세 곳의 시가총액을 모두 합치면 자재 섹터 5위 수준이다. 시가총액 기준으로 다우, 듀폰, 코르테바 순이다. 다우는 배당수익률이 4.79%로 높고, 듀폰과 코르테바는 미국 주식의 평균 수준에 비해 주가수익비율$^{PER, P/E Ratio}$●이나 주가순자산비율$^{PBR, P/B Ratio}$●이 낮은 편이다.

🔍 주가수익비율 주가와 기업의 이익 비율. 숫자가 낮을수록 주가가 저평가된 것이다.

주가순자산비율 주가와 기업의 자산 비율. 숫자가 낮을수록 주가가 저평가된 것이다.

자재 섹터는 투자자가 아닌 이상 시가총액 상위 기업들도 생소하게 느껴지는 기업으로 구성되어 있다. 자재 섹터의 성적은 S&P500지수와 높은 상관성을 가지며 수익률도 유사한 추이를 보였다. 시가총액 상위 기업에서 가치 평가 관점으로 저평가 주식을 찾기에 좋은 섹터다.

산업: 항공우주, 건설, 제조, 군수

● **허니웰인터내셔널**Honeywell International Inc., NYSE: `HON`

1. 회사 소개

1985년 미국 델라웨어주에서 법인으로 설립된 허니웰인터내셔널은 항공우주, 건물 제어, 산업 제어 사업체다. 1999년 항공, 자동차, 엔지니어링 사업을 수행하던 더 큰 기업 얼라이드시그널에 인수 합병되었으나, 기업 인지도 차원에서 이름을 '허니웰인터내셔널'로 유지했다.

2. 특징

뉴욕증권거래소에 상장, 다우지수와 S&P500지수에 포함되어 있다. 1999~2008년까지 다우지수에 편입되어 있었으나 이후 제외되었고, 2020년에 재편입되었다. 산업 섹터 내 시가총액 최상위권을 다투는 회사로(현재 3위) 세계 금융 위기 이후 지금까지 꾸준하고 높은 수준의 주가 상승을 보이고 있다. 항공기 제조업체 중 시가총액 1위를 기록하고 있으며 항공 관련 매출 비중이 가장 커 항공 관련 제조업이라고 볼 수 있다.

허니웰은 현재 항공우주, 건물 기술, 공정·재료 기술, 생산성·안정선 솔루션, 4개 사업을 주로 수행하고 있다. 최근 10년 매출은 다소 정체된 상태이고 이익률은 증가 추세에 있어 2020년에는 15% 수준에 달하는 높은 이익률을 보였다. 이익도 증가 추세에 있었으나 2019, 2020년에는 다소 하락했다. 배당수익률은 1.71%의 무난한 수준으로, 배당은 11년째 늘리고 있다.

▌ HON의 연단위 매출액과 순이익/순이익률 추이

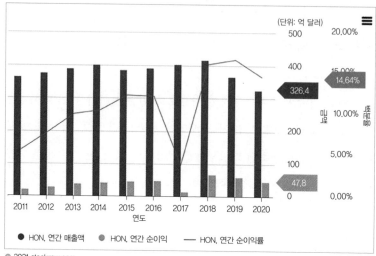

▌ HON의 10년간 주가 흐름

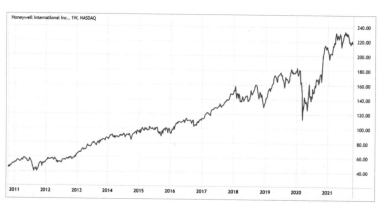

● **보잉컴퍼니** The Boeing Company, NYSE: **BA**

1. 회사 소개

1916년 윌리엄 보잉이 워싱턴주 시애틀에 창립한 세계 최대 항공기 제작 회사이자 방위산업체다. 보잉은 크게 2개 회사로 나뉜다. 보잉종합방위시스템은 군사와 우주 관련 일을 맡고 있으며, 보잉상업항공은 민간 항공기를 제작하고 있다. 세계를 대표하는 항공기 제작사인 만큼 사업도 매우 다양한데, 상업용 항공기, 미사일, 우주선까지 항공우주에 관련된 것이라면 대부분 사업을 진행 중이다.

2. 특징

뉴욕증권거래소에 상장, 다우지수와 S&P500지수에 포함되어 있다. 산업 섹터 대표적인 대장주이나, 2019년부터 적자를 기록해 주가가 많이 떨어져 현재는 시가총액 기준 산업 섹터 내 5번째로 큰 회사다. 코로나19 발생 이후 정부와 금융기관에 자금 지원을 요청하는 등 상황이 좋지 않은 편이다.

매출이 2019년부터 급감하여 감소 추세이며, 현재까지도 적자를 기록 중인 상황이다. 2019년부터 연간 매출이 줄고 이익이 적자로 돌아서자 코로나 때 급락한 주가는 고점 회복이 요원해 보인다. 주가는 이익을 따라간다는 것을 잘 보여주는 상황이다.

● **3M** 3M Company, NYSE: **MMM**

1. 회사 소개

1902년에 공동창업자 5명이 함께 투자하여 창립했다. 창립 초반에는 사포를 생산해 판매했다. 1930년대에 이르러서는 스카치테이프 등 지금도 널리 사용되는 수많은 제품을 개발, 생산했으며 1977년 3M의 대표 상품인 '포스트잇'을 출시했다. 포스트잇은 전 직원이 업무 시간의 15%에 해당하는 시간을 아이디어 구상에 자유로이 사용할 수 있게끔 한 '15% 규칙'이라는 3M의 독특한 사내 규칙 덕에 개발된 제품으로 알려져 있다. 국내에는 두산그룹과 미국 3M의 합작회사인 '한국 3M'이 있다.

2. 특징

뉴욕증권거래소에 상장, 다우지수와 S&P500지수에 포함되어 있다. 포스트잇, 스카치테이프 등 친숙한 사무용품을 개발, 생산하고 있다. 대표적인 배당주로 59년 동안 배당을 늘려온 배당왕이다. 현재도 3.27%의 배당을 지급하고 있다. 여전히 높은 매출과 이익 수준을 꾸준하게 유지하고 있다.

● **제너럴일렉트릭**General Electric Company, NYSE: `GE`

1. 회사 소개

1878년 에디슨이 설립한 전기 조명 회사 에디슨제너럴일렉트릭을 모체로 성장한 글로벌 인프라 기업이다. 전력, 항공, 헬스케어, 운송 등의 분야에서 사업을 하고 있다. 뉴욕의 주 사무소는 지붕의 'GE' 로고 때문에 'GE빌딩'으로도 알려져 있는 '30록펠러플라자'에 있다.

2. 특징

뉴욕증권거래소에 상장, S&P500지수에 포함되어 있다. 1990년대 미국 주식시장의 대표주로서 시가총액 1위의 위엄을 오랫동안 떨쳤고, 전설적인 CEO 잭 웰치가 이끌던 시절 호황을 누렸다. 2000년 허니웰 인터내셔널과의 합병을 시도했으나 항공우주산업에서의 독점을 우려한 유럽연합EU의 반대에 부딪혀 성사되지 않았다.

호황기 이후로는 현재까지 매출과 주가 모두 하락 추세를 벗어나지 못하고 있다. 그래도 현재 섹터 내 시가총액 6위에 위치하고 있다.

산업 섹터에는 과거의 영광을 가진 소위 '나때는' 기업들이 시가총액 상위에 대거 포진해 있다. 섹터 성적은 S&P500지수와의 상관성이 매우 높아 유사한 흐름을 보이고 있지만, 다소 낮은 수익률을 나타냈다. 이 섹터의 시가총액 상위 기업은 대부분 성장세가 저조하지만, 매출과 이익이 증가하고 있는 저평가 주식을 찾을 수도 있는 섹터다.

자유 소비재(경기순환주): 유통, 스포츠웨어, 자동차

● **아마존닷컴**Amazon.com Inc., NASDAQ: `AMZN`

1. 회사 소개

1994년 7월에 제프 베이조스가 설립한 세계 최대 온라인 쇼핑 중개 회사로 워싱턴주 시애틀에 본사를 두고 있다. 1995년 7월 온라인 서점으로 사업을 본격 시작했지만 1997년부터 VHS, DVD, 음악 CD,

MP3, 컴퓨터 소프트웨어, 비디오게임, 전자제품, 장난감 등으로 제품 라인을 다양화했다. 이후 파괴적 혁신을 보이며 온라인 상거래 기업이자 아마존웹서비스^AWS로 대표되는 클라우드 컴퓨팅 플랫폼 기업으로 발전했다. 2019년에는 세계 최고 가치를 가진 브랜드로 선정되었다.

2. 특징

나스닥에 상장, S&P500지수에 포함되어 있다. 자유 소비재 섹터 내 시가총액 1위 기업이며 'FAANG^Facebook, Amazon, Apple, Netflix, Google' 또는 'MAGA^Microsoft, Amazon, Google, Apple'로 대표되는 나스닥 주도주에서 빠지지 않는 대장주다. 1997년 상장 이후 주가가 2,000배 이상, 10년 내 주가가 17배 이상, 5년 내 주가가 4배 이상 상승하여 유망성장주에서 온라인 상거래 주식의 대명사가 되었다. 현재도 매출, 순이익, 순이익률

▌ AMZN의 연단위 매출액과 순이익/순이익률 추이

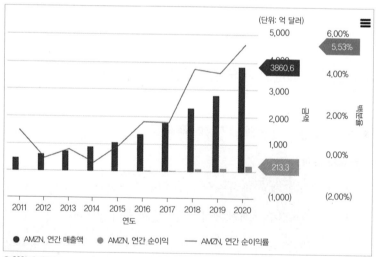

© 2021 stockrow.com

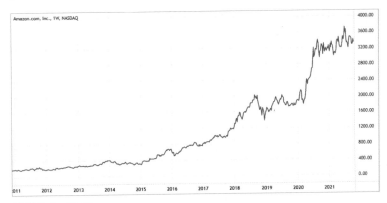

© 2021 Tradingview.com

모두 상승 추세에 있다.

● **테슬라** Tesla, Inc., NASDAQ: **TSLA**

1. 회사 소개

캘리포니아주 팰로앨토에 기반을 둔 미국의 전기차 회사다. 2003년 마틴 에버허드가 CEO로, 마크 타페닝이 CFO로 창업했다. 회사 이름은 발명가이자 전기공학자인 니콜라 테슬라의 이름을 따서 지었다. 2004년에는 페이팔의 CEO이던 일론 머스크가 투자자로 참여, 2007년에는 일론 머스크가 자신을 CEO로 임명했다. 2009년 첫 번째 자동차 모델인 '로드스터' 생산 이후 꾸준히 발전해 현재 대표적인 전기차 생산 기업으로 자리매김했다. 자율주행의 최고 단계인 운전자 없는 자동 주행을 목표로 하고 있다.

2. 특징

2010년 6월 나스닥에 상장해 2020년에 S&P500지수에 편입되었다. 세계 전기차 시장 점유율 1위(2020년 6월 기준, 26.7%), 자유 소비재 섹터 내 시가총액 2위 기업이다. 2020년 1월부터 2021년 1월까지 1년 동안 무려 주가가 8배 이상 상승했고, 여전히 CEO 일론 머스크를 향한 기대감 등으로 미국 내 가장 핫한 주식이다. 2021년 2월에는 암호 화폐인 비트코인에 15억 달러를 투자해 화제가 되었다. 현재도 폭발적인 매출 성장률을 보이고 있으며, 2020년 들어 처음으로 연간 순이익이 흑자로 돌아섰다.

● **나이키**|Nike, Inc., NYSE: `NKE`

1. 회사 소개

운동화, 의류, 가방 등 스포츠 관련 용품을 제작 판매하는 다국적 기업이다. '블루리본스포츠'라는 이름으로 필 나이트가 처음 설립했고, 1978년 상호를 공식적으로 '나이키'로 바꾸었다. 밑창에 홈이 있는 운동화를 발명한 것을 시작으로 압축 공기를 주입하는 에어쿠셔닝 기술을 최초로 설계했다. 이를 통해 '글로벌 1위 스포츠 브랜드'라는 명성을 얻게 되었다.

2. 특징

뉴욕증권거래소에 상장, 다우지수와 S&P500지수에 포함되어 있다. 세계 최고의 신발 회사로 자유 소비재 시가총액 6위, 내구재 및 의류 Consumer Durables&Apparel 산업군 내 시가총액 1위를 차지하고 있다. 최근 10년 동안 2020년 연례보고서 기준으로 처음으로 매출 상승이 멈 췄지만, 이내 2021년 분기 기준 매출 상승을 이어갔 다. 배당도 10년간 3.6배 성장할 정도로 높아 배당성 장주*로 볼 수 있다. 국내에서도 어딜 가든 나이키 매장이나 제품을 쉽게 찾을 수 있듯 매력적인 주식 이다.

> 🔍 **배당성장주** 일반적으로 배당주는 배당수익률이 높은 주식을 일컫는데, 배당수익률과 별개로 배당을 늘려가는 주식은 배당성장주라 부른다.

● 스타벅스 Starbucks Corporation, NASDAQ: `SBUX`

1. 회사 소개

최초의 스타벅스 매장은 1971년 워싱턴주 시애틀에 개점했다. 이때 는 원두를 판매하는 소매점이었다. 1982년, 소매 운영 및 마케팅 이사 로 스타벅스에 합류한 하워드 슐츠는 이탈리아 에스프레소 바에서 영 감을 받아 1985년 '일조르날레'라는 커피 바 체인점을 만들어 독립했 고, 1987년에 스타벅스를 인수했다. 이후 일조르날레의 브랜드를 모두 스타벅스로 바꾸어 커피 전문점으로 새롭게 탄생시켰다. 현재 스타벅 스는 세계에서 가장 큰 다국적 커피 전문점이 되었다.

2. 특징

나스닥에 상장, S&P500지수에 포함되어 있다. 세계 최대 커피 전문 점으로 음식점 산업군 내 시가총액 2위를 차지하고 있다. 음식점 산업 분류 내에서 시가총액을 기준으로 맥도널드와 쌍벽을 이룬다. 자유 소 비재 섹터에서는 시가총액 기준 9위를 차지하고 있다. 10년간 배당 성 장을 해왔으며, 현재는 주가가 많이 상승해 배당률은 1.57%다. 최근 10

년간 꾸준히 매출과 이익이 상승 중이다. 코로나19 여파로 잠시 주춤했으나 다시 상승 추세를 이어갔다(내게도 100% 수준의 수익을 선사했다!). 최근 10년간 배당이 무려 14배 상승한 배당성장주다.

● **맥도널드**McDonald's Corporation, NYSE: MCD

1. 회사 소개

미국에 본사를 둔 세계적인 패스트푸드 체인점이다. 세계에서 제일 유명한 프랜차이즈 음식점이며, 햄버거 체인점으로는 가장 규모가 크다. 1940년 리처드 맥도널드, 모리스 맥도널드 형제가 캘리포니아주 샌버너디노에서 본인들의 이름에서 따온 'McDonald's Famous Barbecue'라는 상호로 창업했다. 이후 전설적인 경영자로 알려진 레이 크록이 맥도널드를 프랜차이즈 사업으로 키웠다. 현재 120개국 3만 7,000여 개의 매장에서 매일 6,900만 명의 고객에게 제품과 서비스를 제공하고 있다.

2. 특징

뉴욕증권거래소에 상장, 다우지수와 S&P500지수에 포함되어 있다. 음식점 산업군 내 시가총액 1위를 차지하고 있다. 자유 소비재 섹터에서는 시가총액 7위를 차지하고 있다. 45년간 배당을 늘려 온 배당 귀족으로 배당률도 2.16%로 준수하다. 대표적인 배당주로 취급된다. 매출은 감소 추세에 있으나, 이익률이 성장 추세에 있고 주가도 상승 추세에 놓여 있다.

● **홈디포**The Home Depot, Inc., NYSE: **HD**

1. 회사 소개

건축자재 및 인테리어 도구를 판매하는 회사로 1978년에 설립되었다. 조지아주 애틀랜타에 본사를 두고 있다. 1981년에 나스닥에 상장해 상장 당일 투자금 409만 달러를 기록했다. 미국 전역에 90개 이상의 유통센터와 2,000개 이상의 매장을 가지고 있다.

2. 특징

뉴욕증권거래소에 상장, 다우지수와 S&P500지수에 포함되어 있다. 아마존에 다음가는 최대 규모의 소매업 회사로 소매업 산업군 내 시가총액 2위를 차지하고 있다. 자유 소비재 섹터에서는 시가총액 4위다. 현재 매출과 이익, 이익률 모두 상승 추세에 놓여 있고, 주가도 상승 추세. 최근 10년간 배당 성장도 6.3배나 하여 준수한 배당과 주가 상승까지 노려볼 만한 주식이다. 현재 배당수익률은 1.8%다.

자유 소비재 섹터는 경기 사이클과 관계가 깊어 '경기순환주'라고도 불린다. 자동차와 같은 업종은 경기가 좋을 때만 잘 팔리기 때문이다. 일상적으로 접할 수 있는 친숙한 기업이 많이 포진해 있다. 최근 10년간 S&P500지수의 수익률을 능가하는 성적을 보인 섹터이다. 일상 속에서 특정 기업의 상품이나 서비스가 인기를 누리는 것을 포착하여 투자 기회를 찾기에 안성맞춤인 섹터다. 게다가 성장성이 좋은 주식을 찾아내기에도 좋다.

필수 소비재(경기방어주): 식품, 음료, 담배 등

● **월마트** Walmart Inc., NYSE: `WMT`

1. 회사 소개

아칸소주 벤턴빌에 본사를 둔 다국적 소매 기업이다. 1962년 샘 월턴이 아칸소주에 잡화점을 세운 것으로 시작해 아칸소주와 미주리주 일대에서 점포를 늘렸다. 1969년 10월 31일 법인을 설립했고 1972년 뉴욕증권거래소에 상장했다. 월마트 매장은 미국 50개 주 전역에 퍼져 있다. 미국 대형 할인 매장의 대명사이며 동시에 전 세계에서 매출 규모가 가장 큰 대형 할인 매장이다.

2. 특징

뉴욕증권거래소에 상장, 다우지수와 S&P500지수에 포함되어 있다. 세계 최대의 대형 할인 매장으로 필수 소비재 섹터 내 시가총액 1위를 차지하고 있다. 매출은 상승폭은 크지 않지만 상승 추세에 있고 주가는 상당한 상승 추세에 있다. 45년간 배당을 늘려온 배당 귀족으로 배당수익률은 1.48%다. 라이벌인 코스트코 `COST` 역시 해당 섹터의 대장주로 월마트의 뒤를 바짝 쫓고 있다.

▌WMT의 연단위 매출액과 순이익/순이익률 추이

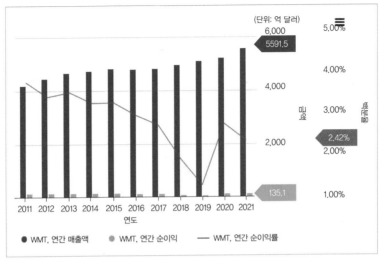

▌WMT의 10년간 주가 흐름

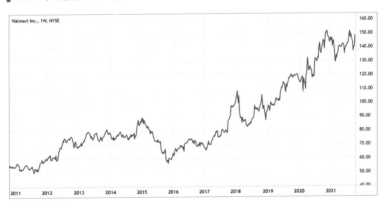

● **프록터앤드갬블**The Procter&Gamble Company, P&G, NYSE: `PG`

1. 회사 소개

1837년 윌리엄 프록터와 제임스 갬블이 설립했다. 오하이오주 신시내티에 본사를 둔 미국의 다국적 소비재 기업으로 편의상 'P&G'라고 부른다. 비누, 샴푸, 세제, 칫솔, 치약, 기저귀 등 다양한 종류의 소비재를 생산하고 판매한다.

2. 특징

뉴욕증권거래소에 상장, 다우지수와 S&P500지수에 포함되어 있다. 세계 최대의 가정용품 회사로 필수 소비재 섹터 내 시가총액 2위, 가정용품 및 개인용품Household&Personal Products 산업군 내 시가총액 1위를 차지하고 있다. 59년간 배당을 늘려온 배당왕이며 배당수익률도 2.47%로 준수해 배당주로서 매력이 있다. 주가도 꾸준하게 상승하고 있다.

● **코카콜라**The Coca-Cola Company, NYSE: `KO`

1. 회사 소개

1886년 미국의 연방군이자 생화학자였던 존 스티스 펨버톤이 코카콜라를 발명했다. 코카콜라 탄생 이전, 그는 코카 잎 진액과 와인을 섞은 '빈 마리아니'라는 음료가 인기를 끄는 것에 영감을 얻어 코카인과 알코올을 혼합한 약물인 코카에틸렌과 프랑스 와인을 조합해 '프랑스 와인 코카'를 만들었다. 그는 프랑스 와인 코카를 만병통치약이라고 마케팅했고, 이는 공전의 히트를 쳤다.

미국에 금주운동이 퍼지고, 음주를 금지하는 법까지 통과되자 펨버톤은 프랑스 와인 코카의 무알코올 버전인 코카콜라를 개발했다. 이는 의약품으로 시작해 약국에서 큰 인기를 얻으며 팔려나갔다. '코카콜라'라는 이름은 음료 성분인 '코카 잎'과 '콜라너트'에서 나왔다. 현재 코카콜라는 200개 이상의 국가에서 매일 18억 병 이상 판매되고 있다.

2. 특징

뉴욕증권거래소에 상장, 다우지수와 S&P500지수에 포함되어 있으며, 음식, 음료 및 담배^{Food, Beverage&Tobacco} 산업군 내 시가총액 1위를 차지하고 있다. 필수 소비재 섹터 내 시가총액 3위다. 57년간 배당을 늘려온 배당왕으로 대표적인 배당주인 데다 코카콜라의 제조 공법이 베일에 싸인 덕에 독자적인 지위를 구축하고 있다. 매출은 감소 추세지만 이익률의 상승 덕에 주가도 상승 추세를 유지하고 있다. 배당 수익률이 3.09%로 높기 때문에 배당주로서 매력적이다. 라이벌 펩시PEP도 코카콜라의 뒤를 바짝 쫓으며 큰 영역을 차지하고 있다.

필수 소비재 섹터는 경기순환을 타지 않는 생필품과 같은 소비재를 취급하는 기업들이 주를 이룬다. 시가총액 상위 기업에서 대형 할인마트나 친숙한 생필품 회사들을 볼 수 있다. 경기가 안 좋을 때 방어 자산으로 선호되는 섹터이기에 다른 섹터에 비해 S&P500지수와 상관성이 매우 낮으며, 수익률도 S&P500지수에 비해 많이 떨어진다. 생필품이나 식음료와 같은 분야에서 절대적인 지위를 구축한, 절대 망하지 않을 것 같은 기업을 선택해 불황을 방어하며 안정적인 배당 수익을 노리기에 적절한 섹터라고 할 수 있다.

헬스케어: 제약, 바이오, 의료기기

● 존슨앤드존슨 Johnson&Johnson, NYSE: JNJ

1. 회사 소개

존슨앤드존슨은 의료기기와 제약 및 소비재 제품을 제조, 판매하는 다국적 기업으로 1886년에 설립되었다. 회사 이름에서 유추해 볼 수 있듯 로버트 우드 존슨을 필두로 존슨가 형제들이 함께 세웠다. 이들은 수술에 쓰이는 붕대를 제조하여 큰 성공을 거두었고, 이후 다양한 의약품을 개발해 크게 성장했다. 오늘날 제약과 생활용품을 제조하는 세계적인 기업으로 자리 잡았다. 타이레놀과 반창고, 영유아 용품과 아큐브 콘택트렌즈 등 친숙한 제품들을 생산 및 판매하고 있다.

2. 특징

뉴욕증권거래소에 상장, 다우지수와 S&P500지수에 포함되어 있다. 최근에 코로나 치료제인 '얀센'으로도 국내에 이름을 알렸다. 헬스케어 섹터 내 시가총액 1위 기업으로 59년간 배당을 늘려온 배당왕이다. 매출과 주가도 성장하는 편이고, 배당수익률은 2.59%로 배당주로서 매력적이다.

JNJ의 연단위 매출액과 순이익/순이익률 추이

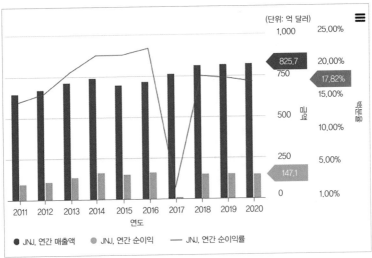

© 2021 stockrow.com

JNJ의 10년간 주가 흐름

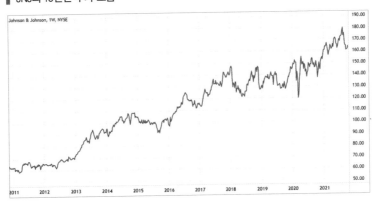

© 2021 Tradingview.com

● 유나이티드헬스그룹 UnitedHealth Group Incorporated, NYSE: UNH

1. 회사 소개

유나이티드헬스그룹은 의료 및 건강보험을 서비스하는 기업이다. 1974년 미네소타주 미네톤카에 본사를 둔 비상장 기업인 '차터메드'가 설립되었다. 1977년에는 회사를 재편하기 위해 '유나이티드헬스케어'가 설립되어 차터메드의 모회사가 되었다. 이후 다양한 회사를 인수 합병하며 1998년 '유나이티드헬스그룹'으로 브랜드를 변경했다.

2. 특징

뉴욕증권거래소에 상장, 다우지수와 S&P500지수에 포함되어 있다. 세계에서 가장 큰 보험 회사로 헬스케어 섹터 내 시가총액 2위를 차지하고 있다. 최근 5년간 연간 순이익 성장률이 20% 이상으로 매우 높고, 매출도 큰 폭으로 성장 중이다. 12년간 배당이 성장했으며, 10년간 배당은 12배 증가했다. 배당수익률은 1.29%로 시세 차익과 배당을 모두 노릴 수 있는 매력적인 주식이다.

● 머크앤드컴퍼니 Merck&Co., Inc., NYSE: MRK

1. 회사 소개

미국과 캐나다와 그 외로 나뉘어 있는 다국적 제약 회사다(미국과 캐나다 밖에서는 'EMD'로 미국과 캐나다에서는 'MSD'로 주로 쓰인다). 1668년 머크 가문이 설립한 독일 회사 'E. 머크'에서 시작되었다. 1887년에는 독일 태생의 오랜 직원 시어도어 위커가 본사를 대표하여 미국으로 갔고, 1891년 E. 머크로부터 20만 달러의 자본금을 받아 맨해튼에 본사를 둔 머크 미국 지사를 설립했다. 그 해 E. 머크 수장의 아들 조지 머크는 뉴욕으로 넘어와 위커가 운영하던 사업에 합류했다.

머크는 제1차세계대전 중 미국 정부에 의해 몰수되었고, 이후 1917년 독일 모회사와는 별도의 미국 회사로 남게 되었다. 미국식품의약국 FDA의 승인을 받고 당뇨병, 암 치료제 등을 생산 판매하는 대표적인 제약 회사이다. 키트루다나 가다실이 대표 제품이다.

2. 특징

뉴욕증권거래소에 상장, 다우지수와 S&P500지수에 포함되어 있다. 헬스케어 섹터에서 시가총액 9위에 위치한다. 최근 먹는 코로나 치료제 '몰누피라비르'를 개발하며 화제를 모았다. 매출과 이익은 안정적인 수준을 보이고 있다. 배당은 10년째 성장 중이며, 배당수익률이 3.2%로 높다. 높은 배당과 성장에 따른 시세 차익을 덤으로 노릴 수 있는 주식이다.

● 화이자 Pfizer Inc., NYSE: PFE

1. 회사 소개

화이자는 맨해튼에 본사를 둔 다국적 제약 회사다. 독일 출신인 샤를 화이자와 그의 사촌 샤를 에르하르트가 1849년 뉴욕에서 화이자를 설립했다. 광범위한 분야의 의약품 및 백신을 개발하고 생산한다.

2. 특징

뉴욕증권거래소에 상장, S&P500지수에 포함되어 있다. 국내에서는 코로나19 백신으로 많이 알려진 기업으로, 헬스케어 섹터 내 시가총액 3위를 기록하고 있다. 배당수익률이 무려 3.61%로 높다. 12년 동안 꾸준히 배당을 늘려온 배당주로서 매력적이다. 2019, 2020년 매출은 부진했으나 2021년은 현재까지 매출 실적이 매우 좋아졌고 미래 순이익 전망이 높은 상태다.

헬스케어 섹터 시가총액 상위 그룹에는 코로나19 백신 덕에 익숙해진 이름들이 많이 보인다. 그만큼 우리의 건강을 책임져줄 만한 뛰어난 기업들이 있다는 뜻이다. 헬스케어주는 일반적으로 기술주가 부진할 때 잘나가는 경향이 있으며, 기술주가 잘나갈 때 부진하는 경향이 있다. 이 섹터는 S&P500지수에 비해 다소 변동성이 작고 안정적인 경향이 있는데, 최근 10년간은 수익률도 S&P500지수보다 높았다. 안정적이면서 준수한 수익률과 배당, 여러 마리 토끼를 동시에 잡고자 할 때 좋은 섹터이다.

금융: 은행, 증권, 보험사

● **버크셔해서웨이 A** Berkshire Hathaway Inc. Class A, NYSE: `BRK-A`
버크셔해서웨이 B Berkshire Hathaway Inc. Class B, NYSE: `BRK-B`

1. 회사 소개

버크셔해서웨이는 네브래스카주 오마하에 본사를 둔 다국적 대기업 지주회사*다. 1839년에 설립된 '밸리폴스컴퍼니'라는 섬유 제조회

사에 뿌리를 두고 있다. 이후 밸리폴스컴퍼니는 버
크셔코튼매뉴팩처링과 합병되었고 1955년 해서웨이
매뉴팩처링과 다시 합병되어 '버크셔해서웨이'가 되
었다.

초반에는 섬유 사업을 유지했지만 1967년에는 보험 산업 및 기타 투
자로 사업을 확장했다. 1970년대 후반, 버크셔해서웨이는 현재 보험 운
영의 핵심을 이루고 있는 가이코의 지분을 인수했다. 1985년에는 버크
셔해서웨이의 역사적 핵심 사업인 직물 사업을 접었다.

버크셔해서웨이의 대표로 잘 알려진 워런 버핏은 아이러니하게도
버크셔해서웨이를 인수한 것이 그의 투자 역사 중 가장 큰 실수라고
주장했다.

2. 특징

뉴욕증권거래소에 상장, S&P500지수에 포함되어 있다. 워런 버핏
은 본인의 투자를 따라 하려면 버크셔해서웨이에 투자하라고 말한 바
있다. 금융 섹터 내 시가총액 1위 기업으로 전설적인 투자자의 회사답
게 꾸준한 주가 상승을 보이고 있다. 10년간 대략 4배의 주가 상승을
보였으며, 매출과 이익도 증가 추세다. 버크셔해서웨이의 클래스 A 주
식은 주당 가격이 매우 높아(약 5.1억 원) 투자자가 접근하기 어려워 저
렴한 클래스 B 주식을 따로 발행했다. 클래스 A 주식은 주당 1개의 의
결권을, 클래스 B는 1/10,000개의 의결권을 갖는다. 일반 투자자라면
BRK-B로 투자하면 된다.

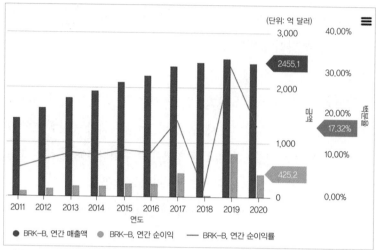

© 2021 stockrow.com

■ BRK-B의 10년간 주가 흐름

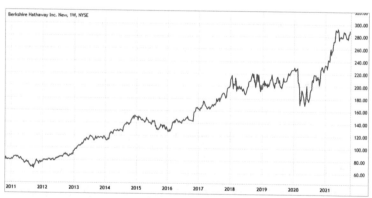

© 2021 Tradingview.com

● **비자**^{Visa Inc., NYSE:} **V**

1. 회사 소개

'비자 카드'로 널리 알려진 비자는 캘리포니아주 포스터시티에 본사를 둔 다국적 금융기업이다. 전 세계에서 '비자' 브랜드로 신용카드, 직불카드, 선불카드를 통해 전자자금이체를 편리하게 만드는 서비스를 하고 있다. 비자는 미국의 은행 뱅크오브아메리카에서 '뱅크아메리카드'라는 신용카드 프로그램으로 1958년 9월에 서비스를 시작했다가 이후 1976년 '비자'로 이름을 변경했다. 높은 신용카드 수수료 때문에 기업들과 분쟁을 겪기도 했다.

2. 특징

뉴욕증권거래소에 상장, 다우지수와 S&P500지수에 포함되어 있다. 금융 섹터 내 시가총액 4위 기업으로, 재무 건전성이 뛰어나며, 꾸준한 매출과 이익 성장을 보이고 있다. 주가도 10년간 대략 10배 성장하여 엄청난 성적을 보였다. 배당도 13년 성장 추세에 있다. 성장성과 이익률이 높아 시세 차익을 노리는 투자처로 적절하다. 라이벌 격인 마스터카드^{MA}도 해당 섹터에서 큰 비중을 차지하고 있다.

● **JP모건체이스**^{JPMorgan Chase&Co., NYSE:} **JPM**

1. 회사 소개

뉴욕에 본사를 둔 다국적 투자은행이자 금융 서비스 지주회사다. 1996년 이후 체이스맨해튼뱅크, J.P. 모건, 뱅크원, 베어스턴스 및 워싱턴뮤추얼을 포함하여 여러 미국 대형 은행 회사가 결합한 결과이다.

2000년 체이스맨해튼코퍼레이션이 J.P. 모건과 합병하면서 지금의 JP 모건체이스가 되었다.

2. 특징

뉴욕증권거래소에 상장, 다우지수와 S&P500지수에 포함되어 있다. 세계에서 가장 큰 규모의 은행으로 금융 섹터 내 시가총액 3위, 은행 Banks 산업군 내 시가총액 1위를 차지하고 있다. 재무 건전성이 뛰어난 기업으로 꾸준하고 안정적인 매출을 보이고 있으며 이익과 이익률이 증가 추세에 있다. 배당수익률도 2.1%로 준수하다. 뱅크오브아메리카 BAC나 웰스파고 WFC, 시티그룹 C 등이 은행주로서 J.P. 모건의 뒤를 잇고 있다.

● **페이팔** PayPal Holdings, Inc., NASDAQ: PYPL

1. 회사 소개

1998년 피터 틸, 루크 노섹, 맥스 레브친이 휴대용 장치를 위한 보안 소프트웨어 개발 회사로 '콘피니티'를 설립했으나 성공하지 못해 전자 지갑으로 비즈니스모델을 변경했다.

최초의 페이팔 전자결제 시스템은 1999년에 출시되었다. 2000년 3월 콘피니티는 일론 머스크가 설립한 온라인 은행 회사인 엑스닷컴에 합병되었고, 이후 온라인 송금 시스템 사업을 정리하고 전자결제 시스템에 집중했다. 2000년에는 일론 머스크가 CEO직에서 해임되었고, 피터 틸이 그 자리를 차지했다.

2002년에는 페이팔로 기업공개를 하고 주당 13달러로 나스닥에 상장했으며 6,100만 달러 이상의 투자금을 모았다. 이후 이베이에 인수되어 2014년까지 자회사로 있다가 2014년에 별도의 기업으로 분할되기 시작하여 2015년에 분할을 마쳤다.

2. 특징

나스닥에 상장, S&P500지수에 포함되어 있다. 미국 내 가장 대표적인 온라인 전자결제 시스템을 서비스하고 있다. '페이팔 마피아'*의 시발점이다. 2015년 분리 상장된 이후 현재까지 6.5배 정도의 엄청난 주가 성장을 보였다. 최근 5년간 매출, 이익, 이익률 모두 증가하고 있으며 매출의 증대가 상당히 가파른 편이다. 최근 ROE나 이익률이 모두 20%가 넘는 높은 수익성을 나타내고 있어 전형적인 성장주의 면모를 보이고 있다.

> **Q** 페이팔 마피아 페이팔의 창업자 피터 틸과 테슬라의 CEO 일론 머스크 등 미국 내 영향력이 큰 CEO들을 대거 배출했다고 하여 이런 별명이 붙었다.

● 골드만삭스 The Goldman Sachs Group, Inc., NYSE: GS

1. 회사 소개

1869년에 설립된 골드만삭스는 월스트리트에 본사를 두고 있는 대표적인 미국계 다국적 투자은행이다. 마커스 골드만이 설립했다. 골드만삭스는 서브프라임모기지사태 때 모기지 담보 증권을 공매도함으로써 이득을 얻기도 했으나, 2008년에는 위기에 봉착했던 것으로 알려져 있다. 이후 갖가지 논란에 시달리며 현재는 라이벌인 모건스탠리 MS 보다 명성을 잃었다는 평도 있다. 미국 재무장관을 여럿 배출한 곳으로도 유명하다.

2. 특징

뉴욕증권거래소에 상장, 다우지수와 S&P500지수에 포함되어 있다. 미국에서 가장 대표적인 투자은행으로 현재는 금융 섹터 시가총액 17위이자 복합 금융Diversified Financials 산업군 내 시가총액 3위다(금융섹터의 10위권 내외는 시가총액 차이가 작아 조금의 주가 변동으로도 순위가 금세 바뀐다). 재무가 건전하고 매출과 이익이 꾸준히 준수하며 2020년에는 매출이 큰 폭으로 상승했다. 2021년도 현재까지 큰 매출 성장을 보이고 있다. 2020년 3월 코로나 저점 이후로 현재까지 3배에 가까운 주가 상승을 보였다. 배당수익률도 1.93%로 준수하다.

금융섹터는 경기 회복 시기에 강점을 보이며, 최근 5년간은 S&P500지수와 유사한 수익률을 보였다. 2007~8 세계 금융 위기는 금융회사와 감독기관의 도덕적 해이에 원인이 있는 만큼 이 시기에는 금융 섹터가 고점 대비 거의 −80% 하락을 보이기도 했다. 그럼에도 세계 최대 은행 등이 있어 안정적인 배당 수익과 적절한 시세 차익을 노릴 만한 투자처도 많은 섹터이다.

정보기술(기술주): 하드웨어 기기, 반도체, 소프트웨어

● **애플**Apple Inc., NASDAQ: `AAPL`

1. 회사 소개

1976년 4월, 스티브 잡스와 스티브 워즈니악이 개인용 컴퓨터인 '애플 I'을 개발하여 판매하기 위해 설립했다. 1977년 1월에 '애플컴퓨터'로 법인화했으며 애플 I 및 애플 II를 포함한 컴퓨터 판매량이 빠르게 증가했다. 1984년 매킨토시를 출시하여 혁신을 선보였다. 하지만 1985년 제품의 높은 판매가와 애플리케이션의 제한성 등으로 사내 분쟁이 일어 워즈니악은 회사를 떠났고, 잡스는 동료 몇 명을 데리고 넥스트를 설립했다.

이후 애플은 마이크로소프트와 인텔과의 경쟁에서 어려움을 겪었다. 1997년 애플이 넥스트를 인수하면서 잡스가 복귀했다. 'Think Different다르게 생각하라'라는 캠페인을 시작하며 애플은 다시 전성기를 맞았다. 아이맥, 아이팟, 아이폰 등을 출시했고 스티브 잡스 사후인 지금도 전성기를 누리고 있다.

2. 특징

나스닥에 상장, 다우지수와 S&P500지수에 포함되어 있다. IT 섹터 내 시가총액 1위이며, 대표적인 기술주이자 성장주다. 또한 미국 주식 전체 시가총액 1위 기업이다. 전설적인 CEO 스티브 잡스가 운영한 회사로 국내에도 아이폰, 맥북 사용자를 대거 보유하고 있다. 2021년 세계에서 가장 가치 있는 브랜드 2위에 선정됐다. 매출과 이익도 여전히 성장 추세이며, ROE는 10년간 한차례도 빠짐없이 30%를 상회했다. 가치투자로 유명한 워런 버핏도 다량 보유했던 주식으로, 최근 10년간 주가가 10배 이상 폭발적으로 성장했다.

▌AAPL의 연단위 매출액과 순이익/순이익률 추이

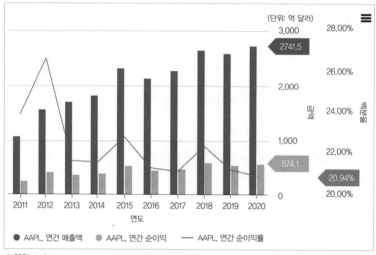

© 2021 stockrow.com

▌AAPL의 10년간 주가 흐름

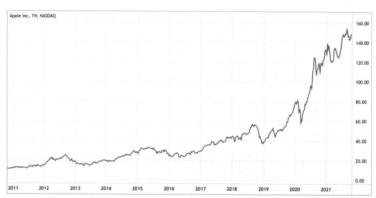

© 2021 Tradingview.com

● 마이크로소프트 Microsoft Corporation, NASDAQ: MSFT

1. 회사 소개

소꿉친구 빌 게이츠와 폴 앨런이 1975년 4월 4일에 빌 게이츠를 CEO로 하여 마이크로소프트를 설립했다. 'MS-도스'라는 운영체제를 개발해 회사를 널리 알렸으며, 이후 1985년 그래픽을 확장해 마이크로소프트 윈도를 출시했다. 1990년에는 마이크로소프트 워드, 엑셀과 같은 오피스 제품군을 도입했다. 이후 윈도95, 윈도XP, 윈도7 등을 출시하며 OS 시장의 최고 기업으로 군림했다. 가정용 게임기인 X박스도 출시했으며, 현재는 윈도10과 클라우드 서비스 애저도 널리 사용되고 있다.

2. 특징

나스닥에 상장, 다우지수와 S&P500지수에 포함되어 있다. IT 섹터 내 시가총액 2위, 미국 주식 전체 시가총액 기준으로도 애플과 나란히 1, 2위를 차지하고 있다. '윈도'라는 독보적인 사업 영역이 있으며 기업의 성장성도 높다. 매출과 이익도 아직도 큰 성장 추세에 있다. 빌 게이츠는 워런 버핏의 친구로도 유명한데, 무슨 까닭인지 워런 버핏의 주식 보유량 상위 10종목에서 마이크로소프트는 찾아볼 수 없다(애플은 있다). 최근 10년 매출과 이익 모두 상승 추세에 놓여 있으며, 주가도 최근 10년간 10배 이상 상승했다.

● **엔비디아**^{Nvidia Corporation, NASDAQ:} `NVDA`

1. 회사 소개

실리콘밸리 샌타클래라에 위치한 다국적 기술기업이다. 엔비디아는 LSI로직의 이사이자 어드밴스드마이크로디바이스`AMD`의 마이크로프로세서 설계자였던 젠슨 황과 선마이크로시스템스 출신의 전기공학자인 크리스 말라카우스키와 선마이크로시스템스의 그래픽 칩 설계자였던 커티스 프리엠이 1993년 4월 5일에 설립했다. 이들은 차세대 연산은 가속화와 그래픽 기반으로 발전하리라 믿었고, 특히 비디오게임에 이러한 연산이 많이 필요한 것에 집중했다.

엔비디아를 대표하는 '지포스'는 1999년 출시된 이후 지금까지도 가장 널리 사용되는 그래픽카드로 자리매김했다. 이후 빅데이터 시대를 넘어 인공지능 시대까지 도래하자 그래픽카드를 통한 연산이 (특히 병렬 처리 기능에서) 주목받으면서 세계 최고의 반도체 회사로 성장하게 되었다.

2. 특징

나스닥에 상장, S&P500지수에 포함되어 있다. IT 섹터 내 시가총액 3위이자 반도체 및 반도체 장비 산업군 내 시가총액 1위 기업이다. AMD, 인텔, 퀄컴과 경쟁하고 있으며, GPU의 대명사 격인 기업으로 자리 잡았다. 4차 산업혁명과 인공지능 시대를 여는 것에 GPU가 핵심 요소 중 하나였다고 할 수 있다. 암호화폐 채굴 덕에 그래픽 카드 제품 가격도 크게 상승했다. 매출, 이익, 이익률 모두 상승 추세에 놓여있다. 최근 10년간 주가가 60배 수준으로 폭발적으로 성장했다.

● **어도비**Adobe Inc., NASDAQ: `ADBE`

1. 회사 소개

캘리포니아주 새너제이에 본사를 두고 있는 다국적 컴퓨터 소프트웨어 회사다. 이 회사는 존 워녹의 차고에서 시작되었는데, 회사의 이름은 로스앨터스 워녹의 집 뒤에 있는 '어도비 개울'에서 유래했다. 1982년 스티브 잡스가 이 회사를 인수하려 했으나, 19% 지분을 투자하며 마무리되었다. 당시 어도비의 주력 제품은 전문 인쇄 소프트웨어인 '포스트스크립트'였다.

이후 최초의 디지털 폰트인 '타이프1', 매킨토시용 벡터 디자인 프로그램인 '일러스트레이터', 그래픽 편집 프로그램인 '포토샵' 등을 개발했다. 그뿐 아니라 PDF를 도입했고, 이를 편집하는 '애크러뱃'도 개발했다. 이후로는 동영상 편집 프로그램 '프리미어프로' 등을 개발하면서 세계 최대의 그래픽 관련 소프트웨어 회사로 자리매김했다.

2. 특징

나스닥에 상장, S&P500지수에 포함되어 있다. IT 섹터 시가총액 기준 6위로, 소프트웨어 업체로서는 마이크로소프트의 뒤를 잇는 규모의 기업이다. 포토샵과 프리미어프로와 같이 온라인 미디어 산업에서 빼놓을 수 없는 각종 소프트웨어를 생산, 판매하고 있다. 구독제와 같은 비즈니스모델 강화에 힘입어 최근 5년간 매출과 이익이 폭발적으로 증가했고, 근 10년간 주가가 23배 이상, 5년간 주가가 6배 이상 상승했다.

● **인텔**Intel Corporation, NASDAQ: `INTC`

1. 회사 소개

모놀리식 집적회로를 개발하여 반도체 시장을 개척, '실리콘밸리의 시장'이라 불리는 로버트 노이스와 고든 무어가 1968년 7월 18일 설립했다. 실리콘밸리 샌타클래라에 본사를 두고 있는 다국적 기술 기업으로 레노버, 휴렛팩커드[HP], 델과 같은 컴퓨터 시스템 제조업체에 CPU를 제공하고 있다. 그 외에도 플래시메모리나 머더보드 칩 세트 등 다양한 컴퓨터 장치를 개발 보급하고 있다. AMD라는 걸출한 경쟁자가 있지만, 여전히 CPU 분야의 일인자로 군림하고 있다.

2. 특징

나스닥에 상장, 다우지수와 S&P500지수에 포함되어 있다. IT 섹터 시가총액 순위는 12위지만, 반도체 및 반도체 장비Semiconductors &Semiconductor Equipment 산업 분야 내 시가총액 2위 기업으로, 전 세계에서 인텔의 CPU가 가장 많이 사용되고 있다. 닷컴버블* 때 버블이 너무 많이 끼었던지라 아직도 그 시절의 고점을 경신하지 못하고 있다. 10년간 주가는 2배 정도 성장하여 성장성은 높지 않지만, 배당수익률은 2.81%로 준수하여 배당주 관점에서 투자할만하다.

🔍 닷컴버블 인터넷 관련 분야가 성장하던 시기(1995~2000년)에 있었던 버블 경제 현상이다. 버블이 꺼지고 수많은 기업이 도산하며 세계 경제에 큰 영향을 끼쳤다.

최근 10년간 그 어떤 섹터와도 비교되지 않을 만큼 폭발적인 수익률을 보인 것이 정보기술 섹터다. S&P500지수가 5년간 2배 성장하는 동안 IT 섹터는 3배 이상 성장했고, 10년을 보면 S&P500지수는 3.5배,

IT 섹터는 6배 가까이 성장했다. 모든 섹터 중에 시가총액 비중도 가장 크다. 현재 가장 핫한 섹터로, 미래 성장성을 보고 높은 수익률을 추구하는 투자자에게 기회가 많다.

통신서비스: 통신사업

● **알파벳**Alphabet Inc., NASDAQ: `GOOGL, GOOG`

1. 회사 소개

구글의 주식은 '알파벳'이라는 이름으로 상장되었다. 구글은 1996년 1월 래리 페이지와 세르게이 브린이 스탠퍼드대학교에서 박사과정을 밟을 때 시작되었다. 초창기에는 구글의 검색 엔진 코드를 많이 작성한 '제3의 설립자'인 스콧 하산이 참여했지만, 구글이 공식적인 회사로 출범하기 전에 떠났다.

구글은 각 웹사이트의 중요성과 사이트 간의 관련성 점수를 매겨 사용자가 원하는 정보를 검색하면 관련 사이트를 쉽게 연결해 주는 검색 엔진으로 시작했다. 1997년 9월 15일 도메인 이름을 'www.google.com'으로 등록하였으며, 1998년 9월 4일에 회사가 설립되었다. 이후 많은 투자자를 유치하다가 투자자들의 요구에 응해 2001년에 구글의 회장 겸 CEO로 에릭 슈밋이 고용되었다.

2004년 8월 19일에는 기업공개가 이루어졌다. 2005년에는 안드로이드를 인수했고, 2006년에는 동영상 공유 사이트인 유튜브를 인수했다. 이 2건의 인수야말로 지금까지 신의 한 수로 여겨지고 있다. 현재 안드로이드는 모바일 업계 점유율 1위를 차지하고 있고, 유튜브는 동영상 공유 사이트의 대명사가 되었으며, 구글은 현재 업계 최강자로 군림하고 있다.

2. 특징

나스닥에 상장, S&P500지수에 포함되어 있다. 통신서비스 섹터 내 압도적인 시가총액 1위 기업으로 '검색 엔진의 대명사', 세계 스마트폰 OS의 절반을 차지하고 있는 '안드로이드 OS를 만드는 기업', '유튜브의 모회사'라는 엄청난 장점이 있다.

특히 플랫폼 사업 면에서는 넘볼 수 없을 정도의 독자적인 지위를 구축하고 있다. 버크셔해서웨이처럼 주식의 종류가 나뉘어 있는데, 총 3종으로 클래스 A 주식인 GOOGL은 1주당 의결권 1표를 갖는 주식이며, 클래스 C 주식인 GOOG는 의결권이 없다. 클래스 B는 비상장 주식이다. 최근 10년 사이 매출은 폭발적인 증가 추세를 보이고 있으며, 주가는 9배 정도의 성장을 보였다. 5년 사이에도 3.5배 이상의 주가 성장을 보였다.

▎GOOGL의 연단위 매출액과 순이익/순이익률 추이

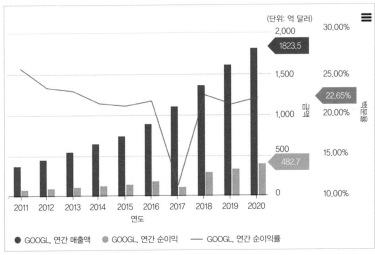

© 2021 stockrow.com

▎GOOGL의 10년간 주가 흐름

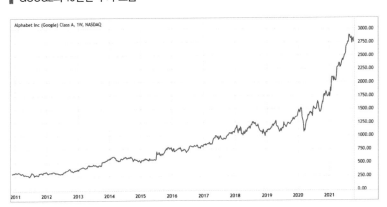

© 2021 Tradingview.com

● **메타**Meta Platforms Inc., NASDAQ: `FB`

1. 회사 소개

메타(페이스북)는 마크 저커버그가 2003년 하버드대학교 재학 당시 구축한 웹사이트 '페이스매시'에서 시작되었다. 2004년 중반에는 MP3 공유 프로그램 회사인 냅스터의 공동 설립자이자 기업가인 숀 파커가 페이스북의 사장이 되었고, 회사를 캘리포니아주 팰로앨토로 옮겼다. 그리고 페이팔의 창업자인 피터 틸로부터 첫 번째 투자를 받게 된다.

2005년 '더페이스북'의 '더'를 뺀 '페이스북'으로 '페이스북닷컴'을 시작한다. 2006년부터 모든 사람에게 공개된 페이스북은 세계로 나아가며 대표적인 소셜 미디어로 성장한다. 2012년에는 사진 기반의 소셜 미디어인 인스타그램을 인수 합병했고, 2012년 5월 17일 시가총액 1,040억 달러라는 역대급 수치를 달성하며 나스닥에 상장했다. 2021년 10월, 사명을 '메타'로 변경했다.

2. 특징

나스닥에 상장, S&P500지수에 포함되어 있다. 구글의 뒤를 이어 통신서비스 섹터 내 시가총액 3위로, 상장 이후 지금까지 계속해서 성장하고 있는 대표적인 IT 기업이다. 현재 가장 활발히 사용되는 소셜 미디어인 페이스북, 인스타그램을 서비스하고 있고, 인공지능기술 등 차세대 기술을 선도하고 있다. 상장 이후 지금까지 폭발적인 매출 성장과 이익 성장을 보였으며, 대략 11배의 주가 상승을 보였다.

1. 회사 소개

월트디즈니는 1923년 10월 16일에 월트 디즈니와 로이 디즈니가 '디즈니브라더스카툰스튜디오'라는 이름으로 설립했다. 이후 '월트디즈니스튜디오'와 '월트디즈니프로덕션'이라는 이름으로 운영하다가 1986년 공식적으로 기업명을 '월트디즈니컴퍼니'로 변경했다.

이 회사는 미국 애니메이션 업계의 리더로 자리매김했고, 이후 영화, TV 프로그램, 테마파크 등으로 사업을 다각화했다. 픽사, 마블스튜디오, 루카스필름, 20세기스튜디오 등 콘텐츠 관련 굵직한 회사들을 소유하고 있다. 대표적인 캐릭터로는 미키마우스가 있으며, 현재는 구독형 비디오 스트리밍 플랫폼인 디즈니플러스도 운영하고 있다.

2. 특징

뉴욕증권거래소에 상장, 다우지수와 S&P500지수에 포함되어 있다. 페이스북의 뒤를 이어 통신서비스 섹터 내 시가총액 4위 기업이며, 전 세계를 대표하는 애니메이션 회사다. 현재는 마블 영화나 〈스타워즈〉 시리즈까지도 디즈니가 제작하고 있다. 오래된 회사임에도 계속해서 사업을 확장하며 성장하는 중이다. 매출과 이익은 성장 추세를 보이다가 코로나 시국으로 인해 매출 감소와 적자를 동시에 맞았다. 최근 주가도 주춤하는 중이다.

● **넷플릭스**^{Netflix, NASDAQ:} **NFLX**

1. 회사 소개

마크 랜돌프와 리드 헤이스팅스가 1997년 8월 29일 캘리포니아주의 스코츠밸리에서 설립했다. 현재는 캘리포니아주 로스가토스에 본사를 둔 세계적인 미디어 콘텐츠 플랫폼 기업으로 자리매김했다.

넷플릭스의 초기 비즈니스모델은 DVD 판매 및 우편 대여였다. 이후 DVD 대여 사업에 집중하며 규모를 키워나가 2000년에는 30만 명의 구독자를 달성했다. 닷컴버블 때 위기를 겪기도 했으나, 2002년에 성공적으로 기업공개를 했다.

2007년에는 스트리밍 서비스로 사업을 확대했다. 2010년에는 캐나다 등 국제적으로 사업을 확장했으며, 2012년부터 영화와 TV 시리즈의 프로듀서 및 배급사로 적극 활동, 2013년에는 콘텐츠 제작업계로 진출하여 첫 번째 오리지널 시리즈인 〈하우스 오브 카드〉를 공개해 히트를 쳤다. 현재 다양한 오리지널 콘텐츠를 선보이고 있으며, 전 세계에서 가장 많은 구독자를 보유한 콘텐츠 스트리밍 플랫폼이다. 2021년에는 한국에서 제작한 〈오징어 게임〉이 전 세계 넷플릭스 1위 콘텐츠가 되어 화제를 모았다.

2. 특징

나스닥에 상장, S&P500지수에 포함되어 있다. 통신서비스 섹터 내에서 구글, 페이스북, 디즈니의 뒤를 이어 시가총액 5위를 차지했다. 온라인 스트리밍 업체 중 독보적인 존재감을 가진 엔터, 미디어 기업이다. 최근 10년간 매출, 이익, 이익률 모두 크게 증가했으며, 주가가 39배가량 상승했다. 상장 이후로는 현재까지 주가가 600배 이상 상승했다.

● 버라이즌커뮤니케이션스 Verizon Communications Inc., NYSE: VZ

1. 회사 소개

버라이즌은 2000년 6월 30일 벨애틀랜틱이 통신회사인 제너럴텔레폰앤드일렉트로닉스코퍼레이션GTE과 합병하며 탄생했다. 1984년 미국과 캐나다 전역에 전화 서비스를 제공하던 벨텔레폰컴퍼니와 AT&T T가 이끄는 회사였던 '벨시스템'이 해체한 이후, 7개의 지역벨운영회사 RBOCs 중 하나로 벨애틀랜틱이 설립되었다. GTE와 합병하기 전에 총 23개 국가에서 유선 음성 및 데이터 서비스와 무선 서비스를 운영하던 시장 선도 업체였다.

이후 버라이즌은 40개 주에서 6,300만 개의 전화선을 관리하는 미국 최대의 지역 전화 회사가 되었다. 또한 2,500만 명의 휴대전화 고객을 물려받게 되었다. 이후 보다폰과 합작 투자하여 버라이즌와이어리스를 설립하여 무선 사업을 펼쳤고, 인터넷 서비스도 출시했다. 버라이즌와이어리스는 현재 미국에서 규모 2위의 무선 통신 서비스 제공 업체다. 통신 회사로서의 매출은 AT&T의 뒤를 이어 두 번째다.

2. 특징

뉴욕증권거래소에 상장, 다우지수와 S&P500지수에 포함되어 있다. 현재 통신 서비스Telecom Services기업으로는 시가총액이 가장 크다. 성장성은 별로 없지만 꾸준한 매출과 이익을 보이고 있다. 15년간 배당을 늘려왔으며 4.74%의 높은 배당률의 배당주라고 할 수 있다. 이 외에도 버라이즌과 자웅을 겨루는 AT&T도 대표적인 배당주로 여겨지니 참고하기 바란다.

과거 통신서비스 섹터의 경우에는 버라이즌과 같은 통신회사들이 주를 이루었다. 그러나 현재는 구글이나 페이스북, 넷플릭스와 같은 기업들이 시가총액 상위에 포진하면서 섹터 경향 자체가 달라졌다. 통신서비스 섹터에는 이 외에도 중국의 구글이라고 불리는 바이두 **BIDU**, 세계에서 가장 큰 케이블 텔레비전과 방송 회사인 컴캐스트 **CMCSA**, 대표적인 게임회사인 블리자드 **ATVI**와 일렉트로닉아츠 **EA** 등이 있다. 오래된 통신회사는 배당수익을 노리는 등의 안정적인 투자처로 적절하며, 소셜 미디어와 같은 온라인 서비스 중심 회사와 게임회사 등은 기술주와 유사하게 미래 성장성을 보고 높은 수익률을 추구하며 투자하기에도 적절하다.

유틸리티: 전기, 수도

● **넥스트에라에너지** NextEra Energy Inc., NYSE: **NEE**

1. 회사 소개

넥스트에라에너지의 전신인 플로리다파워앤드라이트컴퍼니 FPL는 1925년에 설립되었다. 지주회사인 FPL그룹은 FPL이 사업을 다각화하기 시작한 후 1984년에 설립되었다.

2010년 3월, FPL그룹은 '넥스트에라에너지'로 사명을 변경했고, 이

때 주식의 티커도 'FPL'에서 'NEE'로 변경되었다. 에너지 부문별로 전신인 FPL과 '넥스트에라에너지리소스^{NEER}', 2019년에 인수한 걸프파워컴퍼니^{GPC}로 나뉜다. 신재생에너지 회사로 NEER은 풍력발전, FPL은 천연가스를 이용한 발전을 주로 하고 있다.

2. 특징

뉴욕증권거래소에 상장, S&P500지수에 포함되어 있다. 유틸리티 섹터 내 시가총액 1위 기업으로, 오일 기반 발전을 종료하고 신재생에너지로 사업을 전환한 뒤 지금까지도 큰 상승세를 이어가고 있다. 매출의 성장성은 크지 않고, 배당수익률은 1.82%로 준수하며 10년간 6배 정도의 높은 주가 상승을 기록했다.

▌ NEE의 연단위 매출액과 순이익/순이익률 추이

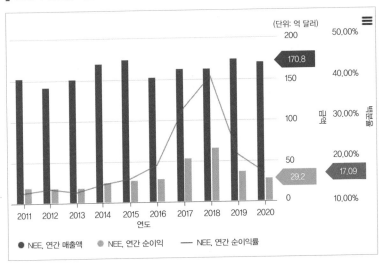

© 2021 stockrow.com

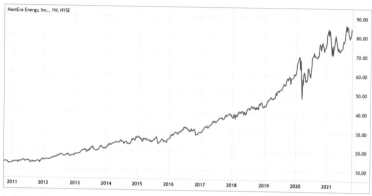

NextEra Energy, Inc., 1W, NYSE

© 2021 Tradingview.com

● **듀크에너지** Duke Energy Corporation, NYSE: `DUK`

1. 회사 소개

노스캐롤라이나주 샬럿에 본사를 둔 미국 전력 지주회사다. 6개 주
의 770만 소매 고객에게 전기를 공급하는 미국 최대 전력 지주회사 중
하나이기도 하다. 비슷한 매출 비중으로 천연가스, 핵연료, 석탄·오일
을 통한 전력 생산이 주 비즈니스모델이다. 탄소 배출량 감소를 위해
천연가스 비중을 늘려가고 있다.

2. 특징

뉴욕증권거래소에 상장, S&P500지수에 포함되어 있다. 유틸리티
섹터 내 시가총액 2위를 차지하고 있지만, 매출이나 이익의 성장성은
별로 없는 편이다. 14년간 배당을 늘려왔으며, 배당수익률이 3.8%로
높은 편이다. 배당주로 매력적이다.

유틸리티 섹터는 다른 섹터에 비해 시가총액은 낮은 편이나 친환경 키워드와 관련 있어 미래가 기대되며, 경제 불황 시 방어적인 투자 자산의 역할을 기대할 수 있다. S&P500지수와 상관성이 가장 낮으며, 경기 호황기에는 상대적으로 수익률이 저조하다. 불황에 대한 방어 목적으로 안정적인 배당을 주는 기업 위주로 투자하기에 적절한 섹터다.

부동산: 부동산 임대사업

● **아메리칸타워**American Tower Corporation, NYSE: `AMT`

1. 회사 소개

아메리칸타워는 미국의 부동산 투자신탁회사이자 세계 여러 나라의 무선 및 방송 통신 인프라를 소유한 운영사이며 매사추세츠주 보스턴에 본사를 두고 있다. 1995년 아메리칸라디오시스템스의 계열사로 설립되어 1998년 아메리칸라디오시스템스가 방송사 CBS와 합병하여 아메리칸타워로 분사 작업을 완료했다. 이후 AT&T롱라인스의 마이크로파 중계 탑을 대규모로 구입하기 시작했고, 지금은 없어진 AT&T커뮤니케이션스로부터 통신 지점들을 매입하여 현재는 미국 대륙 전역에 있는 이런 타워 구조의 대부분을 소유하고 있다. 2005년에는 스펙트라사이트커뮤니케이션스까지 인수하고 이후로도 계속해서 타워 기업들을 인수해 나가며 수많은 무선 타워와 방송 타워 등을 소유해 입지를 더욱 확고히 하게 되었다.

2. 특징

뉴욕증권거래소에 상장, S&P500지수에 포함되어 있다. 부동산 섹터 내 시가총액 1위 기업이다. 대지를 매입해 통신용 타워를 건설하면 이 타워에 임차인이 비용을 내고 안테나와 장비를 설치하는 단순하면 서도 강력한 비즈니스모델을 가지고 있다(부동산 임대업과 같다). 최근 11년간 배당도 꾸준히 늘려 왔으며 배당수익률은 1.84%로 준수하다. 최근 10년간 매출, 이익이 상승 추세에 있고, 5년간은 이익률도 상승 추세이다. 5년간 주가가 2.5배, 10년간 주가는 5배 정도 상승하였다. 시세 차익과 배당을 동시에 노릴만한 주식이다.

▌ **AMT의 연단위 매출액과 순이익/순이익률 추이**

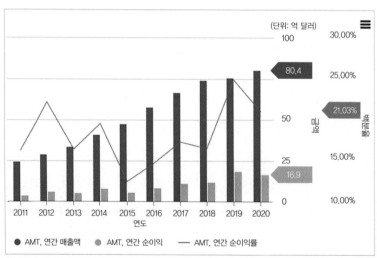

▌ AMT의 10년간 주가 흐름

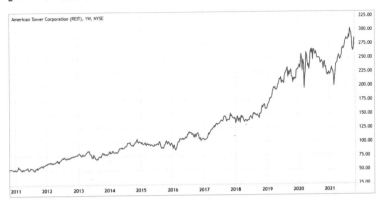

American Tower Corporation (REIT), 1W, NYSE

© 2021 Tradingview.com

● **리얼티인컴**Realty Income Corporation, NYSE: **O**

1. 회사 소개

리얼티인컴은 '트리플넷리스Tripel Net Leases, NNN Leases'●가 적용되는 미

국, 푸에르토리코 및 영국에서 단일 임차인의 개별

건물로 이루어진 상업용 부동산에 투자하는 부동산

투자신탁Real Estate Investment Trusts, REITs 회사다.

🔍 **트리플넷리스** 임대료 외에 부동산세, 보험료, 유지관리비, 이 3가지를 임차인이 부담한다는 뜻으로, 서술된 순서대로 하나씩 늘어날 때마다 싱글넷Single Net, 더블넷Double Net, 트리플넷이 된다.

캘리포니아주 샌디에이고에 본사를 두고 있다. 미

국 전역에 7,000여 개의 매장을 운영하고 있는 대표

적인 약국 월그린이나, 세븐일레븐과 같은 편의점 등 소매점에 부동산

을 임대하는 것을 주 비즈니스모델로 하는, 현금흐름이 강력한 리츠

회사다.

2. 특징

뉴욕증권거래소에 상장, S&P500지수에 포함되어 있다. 분기가 아닌 매월 배당금을 지급하는 몇 안 되는 리츠주로 27년간 배당 성장을 해온 배당 귀족주다. 1994년 상장한 이후로 111번이나 배당을 늘려왔다. 매출과 이익도 지속적으로 성장 중이며, 주가는 상장 이래 8.6배, 10년간 2배를 조금 넘는 수준으로 성장했다. 배당수익률이 3.94%로 높아 대표적인 배당주로 취급된다. 월마다 받는 월배당과 시세 차익을 동시에 노릴 수 있는 아주 매력적인 배당주다.

2016년, 원래 금융 섹터에 속해있던 부동산(리츠)주는 하나의 대분류로 개편되어 자리 잡았다. 부동산 섹터도 S&P500지수와의 상관성이 11개의 섹터 중에서 상대적으로는 낮은 편이다. 세계 금융 위기가 은행과 부동산 버블의 합작이었던 탓에 이전까지는 수익률이 좋았으나, 금융 위기 당시에는 -70%에 가까운 하락을 맞았다. 이후로 다시 수익률이 괜찮아졌으나 최근 5년은 수익률이 부진한 모습이다. 5년간의 섹터 수익률은 필수 소비재, 유틸리티가 가장 낮고 그다음이 부동산 섹터다. 부동산 임대수익을 대신하여 리츠주를 통해 안정적인 배당수익을 추구하기에 적절한 섹터다.

'stockrow'로 주식의 10년 치 데이터 쉽게 확인하는 방법

1. https://stockrow.com/ 접속

2. 최상단 검색창에서 티커 이름을 검색한다.

3. 상단메뉴 'Key Stats'의 좌측 'Capital Structure & Ratios'에서 대장주에서 주로 살펴본 배당수익률Dividend Yield을 쉽게 확인할 수 있다.

4. 우측 화면에서는 주가 차트와 각종 주가 지표를 볼 수 있다.

5. 'Assets v. Liabilities' 아래쪽에서 매출Sales, 이익Earnings, 배당Dividends의 3년, 5년, 10년 단위의 연평균 성장률Compound Annual Growth Rate, CAGR(연복리 수익률이라고도 불리며, 누적된 수익률을 매년 일정한 성장률을 지속한다고 가정하여 기하평균으로 환산한 수치)을 확인할 수 있다.

6. 상단메뉴 'Snapshots'의 Summary에서는 섹터별 대장주 첫 항목에서 보인 10년 치의 매출, 이익, 이익률 그래프를 'Revenue and Net income'에서 볼 수 있다.

7. Key Stats 화면의 각종 주가 지표나 Snapshots 메뉴의 'Income', 'Balance Sheet', 'Cash Flow'에서의 각종 그래프는 이 책 3장, '나무를 보는 투자'와도 긴밀하게 연결된다. 3장을 보고 나면 stockrow를 더욱 잘 활용할 수 있을 것이다.

믿고 싶은 대로 믿는다,
확증편향

'확증편향Confirmation Bias'은 주식 투자를 망치는 대표적인 인간의 심리다. 쉽게 말해 사람은 믿고 싶은 대로 믿는다는 뜻이다. 그리고 일단 믿기로 하면, 마음을 잘 바꾸지 않는다. 특정 정보가 내가 믿는 견해와 같다면 취하지만 내가 믿지 않는 것이라면 흘려보내는 것이다. 이렇게 되면 계속해서 본인이 믿는 정보만 취하기에 그 믿음이 더욱 확고해지는 결과를 얻는다. 하지만 그 믿음이 사실과 다르다면? 그렇다. 많은 투자자가 그렇게 돈을 잃는다.

예를 들어보자. 철수는 A라는 주식의 가격이 오를 것이라고 철석같이 믿고 있다. 그리고 이 믿음을 뒷받침하는 근거를 수집했다(사실 철수는 A의 주가가 오를 것이라고 먼저 믿고 이 믿음을 뒷받침하는 근거를 수집했을 확률이 높다). 철수가 수집한 근거들은 통계나 각종 수치를 제시하기도 하고, 논리도 아주 타당해 보인다. 하지만 철수는 A의 주가가 오를 것이라는 근거를 제시하는 기사나 분석 자료들만 볼 뿐, 주가가 떨어질 것이라는 분석에는 귀를 기울이지 않는다.

어느 날 A의 주가가 폭락했다. 한 자료에서는 일시적 조정일 뿐이니 매수 기회라고 한다. 철수는 A 주식을 계속 매수한다. 반대편에서는 여전히 A 주식은 고평가되었다고 경고한다. 하지만 철수의 눈에 그 기사는 들어오지 않는다. A의 주가는 끝을 모르고 떨어지고 이제는 모든 분석이 비관적이다. 수익률이 −80%를 기록하자 철수는 더 버티지 못하고 주식을 팔아 치운다. 결국 자신의 믿음이 틀렸다고 판단한 것이다.

그런데 어찌 된 일인지 주식을 판 다음 날부터 A 주식은 연일 상한가를 기록하며 날아가기 시작했다. 어디서 많이 들어본 이야기 같지 않은가? 당신의 이야기인가? 참고로 나도 비슷한 상황을 많이 경험했다. 이렇듯 사람은 한 번 믿기로 결정한 것을 계속해서 믿으려고 하는 경향이 있다. 본인이 내린 판단을 부정하기란 이처럼 어렵다.

투자의 대가들일수록 본인의 판단이 잘못되었음을 쉽게 인정한다. 항상 반대 의견에도 귀를 기울이고, 본인의 판단이 옳을 것이라는 우월감에서 벗어나야 한다. 투자의 대가들도 자주 틀리는데 하물며 평범한 개인 투자자의 판단이 항상 맞겠는가?

투자 전

준비물

2장

증권사
선택 가이드

"주식 투자에 뛰어들려면 기꺼이 위험을 감수하겠다는 정신적 준비운동이 필요하다.
확실한 수익을 보장해 주는 주식시장은 세상 어느 곳에도 없다."
– 앙드레 코스톨라니

주식을 사고팔기 위해서는 증권 계좌가 필요하다. 증권 계좌는 증권
사를 통해 개설할 수 있는데, 여기서 문제가 생긴다. 도대체 무엇을 기
준으로 증권사를 선택해야 하는가? 이 선택에 가로막혀 투자를 지레
포기한 사람도 많다. 이제 이 문제를 간단히 해결해 보자.

증권사, 단순하게 선택하라

증권사는 단순하게 선택하면 된다. 이용자가 많고 거래수수료와 환
전수수료가 낮으면 된다. 많은 사람이 이용하는 증권사를 선택하면

좋은 이유는 간단하다. 해당 프로그램을 사용하다가 막히는 부분이 있어도 비슷한 고민을 했던 사람들이 많으므로 인터넷 검색 등으로 문제를 간단히 해결할 수 있으며, 주변에서 답을 얻기도 쉽기 때문이다.

　고객의 거래수수료가 곧 회사의 매출이 되기 때문에 증권사는 고객을 유치하려고 애를 쓴다. 그 일환으로 다양한 이벤트를 많이 여는데, 예를 들어 '1년간 거래수수료 할인'이라든지, '환율 우대' 같은 이벤트다. 실제로 많은 사람이 사용하는 증권사들은 고객 유치 경쟁이 치열하다. 이런 이유로 유명 증권사들은 수수료나 환율 면에서 큰 차이가 없다. 솔직히 말하면 아무 곳이나 선택해도 대세에 지장이 없는 수준이다. 하지만 거래 금액이 클 때는 돈을 상당히 아낄 수 있으니 이런 요소들을 꼭 체크해 보기 바란다.

　거래수수료와 환전수수료를 간단히 확인한 후에는 각 증권사의 거래 프로그램, 즉 홈트레이딩시스템Home Trading System, HTS이나 모바일트레이딩시스템Mobile Trading System, MTS이 얼마나 좋은지, 혹은 어떤 특별한 기능을 제공하는지 등을 참고할 수 있다. 하지만 주식 초보자일 때는 어떤 프로그램이든 별다른 기능이 필요하지 않다고 생각한다. 그러므로 금전적인 부분만 고려해서 증권사를 선택해도 무방하다.

증권사별 수수료를 비교해 보자

　실제로 증권사별 거래수수료가 어떻게 다른지를 정리해 보았다. 이 목록 외 BNK투자증권, KTB투자증권, 부국증권, 케이프투자증권은

▌증권사별 미국 주식 거래수수료(2021년 10월 기준)

증권사	매매수수료
DB금융투자	0.20%
KB증권	0.25%
NH투자증권	0.25%
교보증권	0.30%
대신증권	0.25%
메리츠증권	0.25%
미레에셋대우	0.25%
삼성증권	0.25%
신영증권	0.20%
신한금융투자	0.25%
유안타증권	0.30%
유진투자증권	0.25%
이베스트투자증권	0.25%
크레온	0.20%
키움증권	0.25%
하나금융투자	0.25%
하이투자증권	0.25%
한국투자증권	0.20%
한화투자증권	0.25%
현대차증권	0.25%

미국 주식 거래를 지원하지 않는다(책을 쓰는 기간에만 여러 증권사가 미국 주식 서비스를 개시한 만큼 앞으로도 추가될 것으로 보인다).

표에 정리한 회사들은 HTS과 MTS 모두 매매 조건이 동일했다(이 외 '전산거래비용ECN Fee'과 '매도거래세'라는 것이 추가로 발생하는데, 이에 따라 몇 증권사에서는 '매도 시 최소수수료 USD 0.01'와 같은 조건이 붙기도 한다. 하지만 적은 금액이라 표에서는 생략했다). 녹색으로 표기한 것이 최저, 빨간색으로 표기한 것이 최고 거래수수료다.

이것만 보고 증권사를 선택하기에는 이르다. 증권사는 신규 회원을 모집하기 위해 수시로 이벤트를 열고 있다. 마치 통신사가 혜택을 더 줄 테니 자기네 서비스를 이용하라고 유혹하는 것과 비슷하다. 이벤트를 활용하면 거래수수료가 0.2%가 아니라 0.1% 미만도 충분히 고를 수 있으니 주의 깊게 살피도록 하자.

다음은 환전수수료다. 한국에서는 대표적으로 '서울외국환중개'에서 통화별로 매매 기준율을 고시한다. 시중은행은 실시간 환율 변동을 고려하여 자체적인 매매 기준율을 하루에도 여러 차례 고시한다. 그리고 증권사는 대부분 시중은행의 환율을 추종한다. 그럼 환전수수료는 어떻게 계산될까? 예를 들어 고시 환율이 달러당 1,200원이라고 가정하자. 그럼 살 때는 1,212원, 팔 때는 1,188원과 같은 식이 된다. 이 경우 환전수수료는 1%다(1,200원의 1%는 12원). 각 증권사는 이벤트나 특정 조건에 따라 환율을 우대해 주곤 한다. 이때 50%의 우대를 받게 되면 앞에서 언급한 1%의 50%, 즉 0.5%의 환전수수료가 나가는 것이다.

현재 주식 중개 점유율 1위 증권사는 '키움증권'이고, 키움증권이 이벤트를 통해 각종 혜택을 많이 주기 때문에(신규 가입 시 거래수수료 0.07%, 환전 우대 95%, 비대면 계좌 개설 시 40달러 제공 등) 이어서 설명할 계좌 개설법과 증권사 프로그램 사용법은 모두 키움증권의 방식을 따르겠다. 이제부터 스마트폰을 이용해 비대면으로 계좌를 개설하고, 키움증권의 해외 주식용 거래 프로그램인 '영웅문S 글로벌' 사용법을 알아보고자 한다.

증권사 선택 가이드

1. 매매(거래) 수수료가 낮을수록 좋다.

2. 환전 수수료가 낮을수록 좋다(환율 우대 확인).

주식 투자용 계좌 개설법

"오늘 누군가가 그늘에 앉아 쉴 수 있는 이유는
오래전 누군가가 나무를 심었기 때문이다."
– 워런 버핏

  이제 증권 계좌도 스마트폰만 있으면 쉽게 개설할 수 있는 시대가
되었다. 스마트폰 외에는 신분증(주민등록증 또는 운전면허증, 여권은 불
가)만 있으면 된다. 대부분의 증권사는 계좌 개설용 애플리케이션을
따로 제공하고 있다. 스마트폰 운영체제에 맞추어 애플리케이션을 설
치하고, 신분증을 찍어 본인 인증을 한 후 개인정보를 입력하는 등 약
간만 수고하면 바로 계좌가 개설된다. 다만 증권사의 최종 확인이 이
루어진 이후에 거래를 시작할 수 있다.

  이러한 애플리케이션을 이용하기가 힘들다면 증권사나 거래 중인
은행에 방문해 계좌를 개설할 수도 있다. 사용 중인 은행 계좌와 연동
하여 증권 계좌를 개설하면 증권 애플리케이션을 이용해 각 계좌로

바로 입출금할 수 있어 편리하기 때문에 귀찮아도 지점까지 가볼 만하다. 나도 한 계좌는 은행에서 개설해 해당 계좌로 자유로이 입출금한 뒤 특정 증권사에서 비대면으로 복수의 계좌를 만들어 자금을 나누어 투자하고 있다. 하지만 요즘에는 첫 비대면 계좌 개설 시 지원금을 주는 등의 이벤트도 하고 있으니, 혜택을 잘 확인해 보고 추후에 은행 계좌와 연동해 증권 계좌를 개설하는 것도 좋다.

자, 이제 국내의 대표적인 증권사 키움증권의 애플리케이션을 예시로 계좌 개설 방법을 알아보자.

비대면 계좌 개설법

1. 아이폰 사용자의 경우 앱스토어에서, 안드로이드폰 사용자의 경우 구글플레이스토어에서 아래의 '키움증권 계좌개설' 애플리케이션을 찾아 다운로드한다.

▌키움증권 계좌개설용 애플리케이션 설치 화면

©키움증권

2. 애플리케이션을 실행하면 다음 화면이 뜬다. '계좌개설 시작하기' 터
   치 후 신분증을 준비하고 '시작하기'를 터치한다.

▌키움증권 계좌개설 애플리케이션 실행 화면

©키움증권

▌계좌개설 준비 화면

©키움증권

3. 각종 약관에 동의해야 한다. 약관 '전체 보기 및 동의'를 체크하고
   '다음' 터치.
4. 휴대전화 인증을 진행한다.
5. 고객 정보(자금 원천 및 출처, 계좌 개설 목적, 외국인/내국인 여부, 국내
   거주 여부 등)를 입력하고 '다음' 터치.
6. 고객 정보(계좌 개설 목적, 이메일 주소, 자택 주소, 직업)를 입력하고 '다
   음' 터치.
7. 거래할 상품을 선택한다(미국 주식만을 원한다면 '종합'만 선택해도 된
   다). 비밀번호를 입력하고 '다음' 터치.

┃ 거래 상품 선택과 비밀번호 입력 화면

©키움증권

8. 본인을 인증해 줄 계좌번호를 입력한다.

9. 신분증을 촬영하고 본인 확인 방법을 선택한 후 '다음' 터치.

┃ 본인 인증 화면

©키움증권

10. 증권사에서 보내준 금액이 계좌에 입금되면 입금자명란에 적힌 번호를 '인증번호'란에 입력, '확인' 터치.

11. 계좌 개설 완료! 이제 ID를 등록하자. '회원가입'을 터치해 ID와 비밀번호를 입력한다.

▌계좌 개설 완료 화면

©키움증권

12. '온라인 거래 이용 동의'만 완료하면 계좌 개설을 완료할 수 있다. 확인하고 '다음'을 터치.

13. ID 등록이 완료되었다. '다음'을 터치하자(공인인증서가 없는 경우는 다음 장으로 넘어가 공인인증서를 발급해 보자).

14. 간편인증 수단을 등록해 보자(여기부터는 선택 사항이다).

15. PIN 번호 6자리를 입력하자.

16. 지문이나 패턴 인증을 등록하자.

증권 거래용 공인인증서 만들기

공인인증서도 키움증권 계좌개설 애플리케이션에서 발급받을 수 있다.

1. 키움증권 계좌개설 애플리케이션 실행.
2. 하단의 '공인인증 센터' 터치.
3. '인증서 발급/재발급'을 선택한다.
4. '코스콤 SignKorea'(무료)를 선택.
5. 이용 약관 동의를 위해 3가지 체크박스를 모두 체크하자.
6. 가입 시 입력했던 ID와 비밀번호, 주민등록번호를 기입한 뒤 '확인'을 터치한다.
7. 은행명과 은행 계좌번호 뒤 5자리를 입력한 뒤 다음으로 넘어간다.
8. 추가 인증에서 휴대폰 인증(SMS) 또는 ARS 인증(전화 연결)을 통해 본인을 인증한다.
9. 인증서 비밀번호(영문+특수문자+숫자를 조합해 10자 이상)를 입력하고 '인증서 발급하기'를 터치해 공인인증서 발급을 완료한다.

환전은 꼭 해야 하나요

미국 주식을 거래하기 위해서는 원론적으로 달러 환전이 필요하다. 그런데 요즘 증권사에서는 '원화 주문 서비스'를 제공하고 있다. 일단 원화를 들고 있으면 가환율을 반영해 환전하여 거래하게 해주

■ 2000년대의 달러/원 환율 추이

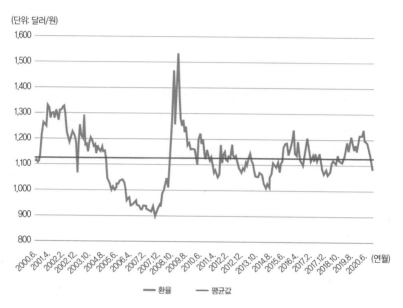

(단위: 달러/원)

출처: e–나라지표 원/달러 추이

고, 다음 날 환율을 정식 적용하여 차액분을 정산해 주는 방식이다.
결론을 말하자면 환전을 꼭 해야 한다. 당연히 환율이 낮을 때 환전
하면 좋다.

위의 그래프에서 2000년대 달러/원 환율 추이를 확인할 수 있다. 이
기간의 평균가가 달러당 1,128원인 것을 감안했을 때, 어느 정도가 적
정 환율인지 평균선을 기준으로 판단한다면 환율로 인한 손해를 막
고, 때로는 환차익을 볼 수도 있을 것이다. 대략 1,100원을 기준으로 그
이하면 '싸다'라고 판단하고, 그 이상일 때 '비싸다'라고 판단해서 기
준선과 차이가 클 때를 활용하면 환차익만으로도 수익을 제법 누적

시킬 수 있다. 박성현 작가의 《나는 주식 대신 달러를 산다》라는 책에서 이러한 달러 투자 방법을 알려주니 관심이 가는 사람에게 추천한다.

집에 앉아서 주식 투자하는 법

> "당신이 자는 동안에도 돈이 들어오는 방법을 찾지 못한다면
> 당신은 죽을 때까지 일하게 될 것이다."
> – 워런 버핏

　과거에는 집에 앉아서 주식을 매매할 수 없었다. 증권사에 방문해서 주문을 넣어야 했고, 전화로 주문할 수 있어서 그나마 다행이었다(지금도 전화 주문이 가능하지만, 수수료가 2배 이상 들 것이다). 하지만 우리는 21세기에 살고 있고, 다행히도 지금은 이렇게 주식을 주문하지 않는다. 홈트레이딩시스템, 그러니까 'HTS'가 있기 때문이다.

　1997년 출시된 대신증권의 사이보스^{CYBOS}가 최초의 HTS로 알려져 있다. 이후 주식시장 활황과 더불어 주식 거래 인구가 폭증하자 증권사들도 거래수수료를 인하하며 다양한 HTS 프로그램을 내놓기 시작했다. 그리고 현재에 와서는 어떤 증권사를 선택하든 집에 앉아 인터넷을 이용해 주식을 사고팔 수 있게 되었다. 앞에서와 마찬가지로 키

움증권의 HTS인 '영웅문 글로벌'을 사용하면 환전과 주식 거래를 모두 할 수 있다(물론, 이제는 스마트폰으로 거래하는 시대다. 컴퓨터를 켜는 것도 귀찮다면 MTS 챕터로 바로 넘어가자).

HTS를 이용한 주식 거래

영웅문 글로벌 HTS를 이용하여 환전하기

1. '영웅문 글로벌'을 실행한다(영웅문 글로벌은 키움증권 홈페이지에 접속해서 로그인 창 아래에 위치한 '영웅문 글로벌 다운로드'를 누르면 설치할 수 있다).

2. 맨 위 메뉴란에서 '해외 주식' → '온라인 업무' → '[3130]외화 환전 신청'을 클릭한다(검색창에 '외화'라고 검색하면 해당 메뉴를 금방 찾을

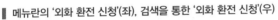
▌ 메뉴란의 '외화 환전 신청'(좌), 검색을 통한 '외화 환전 신청'(우)

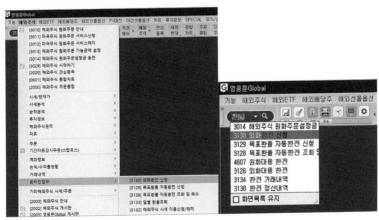
©키움증권

수 있다. 앞으로 메뉴를 찾을 때는 검색창을 이용해 보자).

3. '매도 통화'를 'KRW 원'으로, '매수 통화'를 'USD 달러'로 지정하면 원화를 달러로 환전할 수 있다. 반대로 지정하면 달러를 원화로 환전할 수 있다. 환전 가능 시간이 아닌 경우에는 가환율을 적용해 환전할 수 있으며, 다음 영업일에 차액을 입금해 준다.

▌ 환전 신청 시 정보 입력법

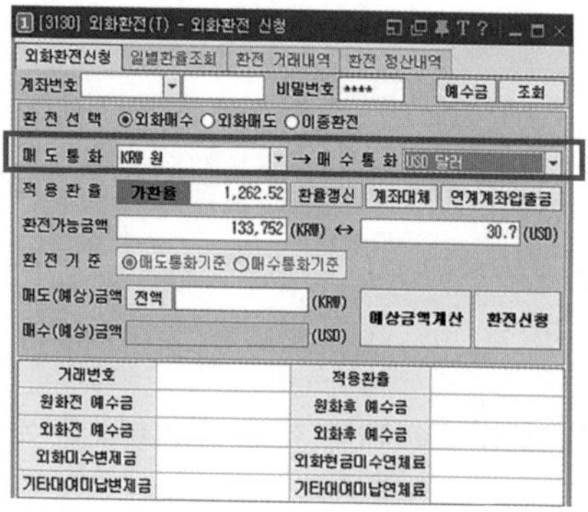

©키움증권

HTS를 이용하여 주식 매매하기

1. 영웅문 글로벌을 실행한다.

2. 메뉴란에서 '해외 주식' → '주문' → '[2000]해외 주식 주문 종합'을 클릭한다.

▎영웅문 글로벌의 해외 주식 주문 메뉴

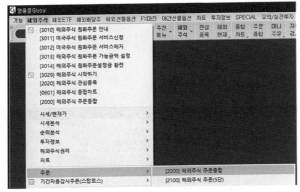

©키움증권

3-1. 좌측 상단의 역삼각형 버튼을 눌러서 매수하고자 하는 주식을
선택한다. 예시에서는 임의로 'AAPL'을 선택했다.

▎해외 주식 종목 검색 화면

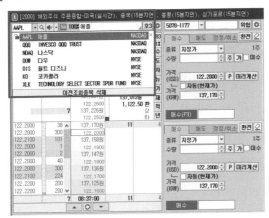

©키움증권

3-2. 좌측 상단의 돋보기 버튼을 누르면 아래처럼 새로운 검색창이 뜬
다. 상단 검색창 좌측에 종목명을 입력하거나 우측에 티커를 입력해
종목을 선택해도 된다.

▌ 돋보기 버튼을 이용한 해외 주식 종목 검색 화면

©키움증권

4-1. 매수 창에서 주식의 종류, 수량, 가격을 입력하고 '매수' 버튼을
클릭하면 매수 주문이 완료된다.

　매수 창 좌측(파란 박스)을 '호가창'이라고 부른다. 중앙 가로선을 기
준으로 윗부분은 주식을 팔고자 하는 사람들이 부른 가격들이고, 아
랫부분은 주식을 사고자 하는 사람들이 부른 가격이다. 그리고 가격
이 적힌 각 칸을 '호가'라고 부른다. 매수 호가의 좌측에 있는 파란 가
격과 숫자(사진에서 129.6500과 1, 1, 1, 3, 2, 5, 10 등)는 최근 체결된 가격
과 체결 주식 수량을 나타낸다. 우측 상단에는 위에서부터 순서대로
시가, 고가, 저가, 기준값과 환율을 나타낸다. '기준값'은 전날의 종가
에 해당한다.

▌ 영웅문 글로벌 주식 주문 화면

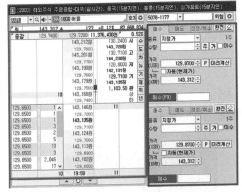

©키움증권

4-2. 매수 창의 '종류' 오른쪽의 역삼각형을 클릭하면 가격 종류가 다양하게 나오는데 지금은 '지정가'와 '시장가'만 알아도 무방하다. 지정가는 말 그대로 주문자가 원하는 값을 부르는 것이고, 시장가는 현재 시장에서 거래되고 있는 가격에 주식을 매수하겠다는 뜻이다. 즉, 이 주식을 무조건 사려면 시장가가 유리하다. 지정가로 주문을 넣으면 당일에 가격이 어떻게 변동하느냐에 따라 체결될 수도, 안 될 수도 있으니 말이다.

▌ 매수 가격의 종류

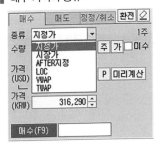

©키움증권

5. 체결되지 않은 주문은 '미체결 현황'에서 확인할 수 있다. 메뉴란에서 '해외 주식' → '계좌 정보' → '[2152]해외 주식 실시간 미체결'을 클릭하자.

▍'해외 주식 실시간 미체결' 메뉴 위치

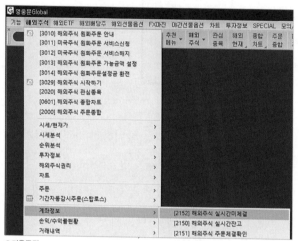

©키움증권

6. 체결이 완료된 주식은 '해외 주식 실시간 미체결' 칸 바로 아래에 있는 '[2150]해외 주식 실시간 잔고' 메뉴에서 확인할 수 있다.

▍해외 주식 실시간 잔고 현황의 예시

코드	종목명	평가손익	평가수익률	매입가	보유량	가능수량	현재가	전일	금일	매입금
DIA	SPDR DJ INDUSTRIAL A	0.3500	0.06%	263.6500	2	2	264.3500	0	0	52
EDV	VANGUARD EXTENDED DU	49.9700	4.96%	166.9500	6	6	175.6200	0	0	1.00
IAU	ISHARES GOLD TRUST	38.8900	11.51%	16.8800	20	20	18.8600	0	0	33
IEF	ISHARES 7-10Y TREASU	2.9300	0.60%	121.8250	4	4	122.8000	0	0	48
QQQ	INVESCO QQQ TRUST	26.9150	5.34%	251.8175	2	2	265.7900	0	0	50
SPY	SPDR S&P 500	19.2000	3.03%	316.2800	2	2	326.5200	0	0	63

조회가 완료 되었습니다.

©키움증권

130

MTS를 이용한 주식 거래

이제는 집에서뿐만 아니라 언제 어디에서나 스마트폰만 있으면 주식 거래를 할 수 있는 시대가 되었다. 요즘 대부분의 증권사는 모바일용 주식 거래 애플리케이션인 MTS를 제공한다. MTS로는 HTS처럼 여러 개의 창을 띄우고 전업투자자들처럼 거래할 수가 없다. 하지만 초보자들이 일반적으로 주식을 거래하고, 호가창이나 계좌를 점검하기에는 무리가 없다. 오히려 프로그램의 기본적인 기능만을 사용하는 투자자에게는 더 편할 수도 있다. 생체인증을 통해 로그인할 수 있다든지, MTS만이 가진 장점도 있다.

영웅문S 글로벌 MTS를 이용하여 환전하기

1. '영웅문S 글로벌' 애플리케이션을 실행한다.
2. 좌측 하단의 '메뉴'를 터치해 '업무'→'환전'→'외화 환전'을 선택한다.
3. 먼저 로그인을 하고 계좌번호 옆에 있는 비밀번호 칸을 터치, 비밀번호를 입력 후 '조회'를 누른다. 조회가 완료되면 환전 가능 원화와 외화가 표시된다. 환전하기를 원하는 금액을 입력하고 '환전 실행'을 터치한다(적용 환율란에는 '가환율'이라 표시되어 있는데, 영업시간 이후에는 가환율이 적용된다는 뜻이다. 영업시간에는 '고시환율'이라 표시된다).
4. 환전 신청 확인 화면에서 '확인'을 터치하면 환전이 완료된다.

▌영웅문S 글로벌의 외화 환전 메뉴

©키움증권

▌외화 환전 화면

©키움증권

영웅문S 글로벌 MTS를 이용해 주식 매매하기

1. 영웅문S 글로벌 애플리케이션을 실행한다.

2. '메뉴' → '해외 주식' → '주문' → '주식 주문' 터치 후 '주식 주문' 화면에서 우측 상단에 있는 돋보기 아이콘을 누른다.

┃ 영웅문S 글로벌 애플리케이션의 주식 주문 메뉴

전체메뉴	마이메뉴	Q ♠ ⚙ ⏻ ✕
⌂ 홈	**주문**	
◉ 해외주식	주식 주문	주식 미체결
🔍 리서치	주식 잔고	예약주문/조회
📈 투자정보/교육	예약주문	주식 호가주문
📊 해외선물옵션	**시세**	
① FX마진	현재가	체결
📺 국내주식	시세분석	순위검색
📊 프리미엄	실시간순위	업종분석
📋 업무	업종별종목	업종수익률
📱 모의/실전투자	조건검색	
◉ MY자산	**차트**	
📋 계좌개설	주식차트	업종/지수차트
📋 키움시리즈		
📋 메뉴	공지 게시판	인증센터 키움금융센터

©키움증권

┃ 주식 주문 화면

©키움증권

4. 검색창에 예시처럼 'AAPL'를 입력하고 검색된 결과에서 '애플'을 터
  치한다(다른 종목을 검색해도 무방하다. 미국 주식만 편하게 보고 싶다면
  국가는 '미국', 종류는 '전체'를 선택한다. ETF만 보고 싶다면 '전체' 대신
  'ETF'를 선택하면 된다).

┃ 주식 종목 검색 화면

©키움증권

5. 매수 주문을 하기 위해서는 계좌의 비밀번호를 입력해 두어야 한다. 그리고 매수 종류를 '지정가' 또는 '시장가'로 고른다. 매수 수량을 정하고 지정가인 경우 가격을 결정한 뒤 '매수 주문'을 터치한다. 좌측에는 호가창이 보인다. 이 부분은 앞서 설명한 HTS와 동일하니 앞의 내용을 참고하자.

▌영웅문S 글로벌 애플리케이션에서 주식 매수 주문하기

©키움증권

6. '해외 주식 매수 주문 확인' 팝업이 뜨면 '확인'을 터치해야 주문이 완료된다.

7. 주문이 체결되지 않은 경우 '미체결' 메뉴에서 확인할 수 있다.

8. 주문이 체결되면 '잔고'란에서 해당 주식의 수익과 손실 여부를 실시간으로 확인할 수 있다.

주식 주문 미체결 현황 확인

©키움증권

실시간 잔고 현황

©키움증권

주식 차트, 이것만 볼 줄 알면 된다

"차트에 대한 자신감이 지나치면
일을 그르치게 된다."
- 제시 리버모어

    본 책에서는 차트만 보고 '지금은 사야 할 때!', '지금은 팔아야 할 때!'라고 판단하는 '차트 매매법'을 논하지 않는다. 현재 주가 수준이 높은지 낮은지, 주가가 상승 추세인지 하락 추세인지 등을 판별하도록 도와주는 기술적 지표의 종류는 다양하지만, 이런 부분도 다루지 않을 생각이다. 다만 기본적으로 차트를 볼 줄 알면 주가의 흐름을 살피는 데 도움이 된다. 그리고 이를 통해 최소한의 추세, 그러니까 상승 추세인지 하락 추세인지도 파악할 수 있다. 또 장기투자 관점에서도 주가 차트를 읽는 것은 도움이 되기 때문에 꼭 필요하다고 생각하는 부분만 설명하겠다. 이 책에서 설명한 내용만 완전하게 알고 있어도 기본적인 '기술적 분석'은 할 수 있을 것이다.

주가의 등락 정보, 캔들 차트

가장 먼저 '캔들 차트Candle Chart'를 설명하려고 한다. 선으로 된 차트도 있지만 본인이 원하는 단위, 예컨대 '일'이나 '월'과 같이 해당 단위 내에서 주가 등락이 어땠는지를 확인하기 위해서는 '캔들'이라는 것을 본다.

'캔들 차트'란 주가의 움직임을 양초 모양으로 표현한 차트를 말한다. 국내에서는 '봉 차트'라고도 부른다. 캔들은 정확히 다음 그림처럼 빨간과 녹색 2종류로만 생성된다. 각 캔들의 단위는 '분'이 될 수도 있고 '일', '주', '월' 등 어느 것이든 가능하다. 이 단위별 봉을 '분봉', '일봉', '주봉', '월봉'이라고 부른다. 편의상 다음의 봉을 '일' 단위로 가정하고 설명해 보겠다.

▌ 캔들 차트의 예시

© 2021 Yahoo

▌캔들이 품고 있는 정보

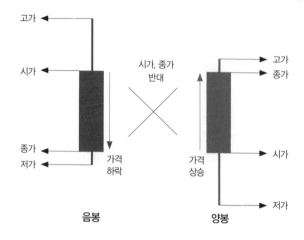

음봉   양봉

　　좌측의 빨간 캔들을 보자. 예를 들어 저 빨간 캔들을 1월 1일의 일
봉이라고 가정하자. 이 일봉에는 1월 1일 하루 동안의 주가 등락 정보
가 응축되어 있다. 저 빨간 캔들 하나만 봐도 '이날 이 주식은 장 시작
가보다 가격이 떨어져 결국 하락으로 마감했다.'라는 사실을 알 수 있
다. 또 '장 중에는 주가가 제법 올라가기도 했으며, 최종 가격보다 더 떨
어진 적도 있다'라는 정보를 알 수 있다. 여기서 '시가', '고가', '저가', '
종가'라는 개념이 등장한다.

- **시가:** 해당 단위가 시작할 때(일봉의 경우 장이 처음 열렸을 때)의 주가.
- **고가:** 해당 기간에 가장 높았던 주가.
- **저가:** 해당 기간에 가장 낮았던 주가.
- **종가:** 해당 기간에 장이 종료될 때(일봉의 경우 장이 종료되었을 때)의 주가.

'일' 단위로 보았을 때 빨간 캔들은 시가보다 주가가 하락하여 마감했음을 나타낸다. 녹색 캔들은 반대다. 시가보다 주가가 상승하여 마감한 것이다. 그래서 빨간 캔들을 '음봉陰棒'이라고 부르고 녹색 캔들을 '양봉陽棒'이라고 부른다. 단순한 한자어니까 쉽게 이해하리라 생각한다. 이때 빨간 캔들은 몸통(색칠된 네모 상자)의 맨 윗부분이, 녹색 캔들은 몸통의 맨 아랫부분이 시가다.

또 이 음봉과 양봉을 관통하는 위아래의 세로선을 흔히 '꼬리'라고 부르는데, 꼬리의 맨 위 지점은 '고가', 꼬리의 맨 아래 지점은 '저가'를 뜻한다. 그리고 고가와 저가는 음봉이든 양봉이든 위치가 동일하다.

위의 설명을 정리해 보자면 음봉과 양봉의 차이는 시가와 종가의 위치뿐이다. 고가, 저가의 위치는 맨 위, 맨 아래로 같고, 주가가 하락 마감하면 '음봉'이고 종가가 몸통 바닥에 위치한다. 장 시작 이후 주가가 상승 마감하면 '양봉'이고 종가는 몸통 위에 위치한다.

캔들은 단순하게 하나씩 떼어놓고 봐야 이해하기 쉽다. 다음 날 주가가 갭Gap 상승으로 시작하든 갭 하락으로 시작하든 각각의 캔들은 각각의 캔들일 뿐이다.

위 꼬리가 길면 앞으로 주가 흐름이 어떻고 아래 꼬리가 짧으면 어떻고 하는 기술적 분석법들이 있는데, 여기에서는 이런 이야기를 다루지 않는다. 통계적으로 어느 정도 유의미한 것도 있고 그렇지 않은 것도 있는데, 단기 트레이딩을 하는 경우가 아니고서는 투자에 크게 도움이 되지 않기 때문이다. 그런 것들을 보기 전에 몸통과 꼬리가 왜 이런 형태를 띠고 있는지를 먼저 확실히 이해하자. 참고로 곡선형 차트는 대개 일봉의 종가를 이은 것이라고 생각하면 된다.

주가의 평균값, 이동평균선

　주식 차트를 볼 때, HTS에서나 MTS에서나 기본으로 보는 기술적 지표가 있다. 바로 '이동평균선Moving Average, MA'이다. '이동평균선'이란 말 그대로 주가가 어떻게 움직이고 있는지, 그 평균값을 나타내는 선이다. 종가를 기준으로 기간별 평균값을 내는데, 최근 5일간의 평균 주가를 나타내면 '5일 이동평균선', 10일간의 평균 주가를 나타내면 '10일 이동평균선' 이런 식이다. HTS나 MTS 설정을 통해 평균 기간은 얼마든지 다르게 설정해 볼 수 있다.

　단 하나의 기술적 지표만 본다고 가정했을 때, 이동평균선을 선택한 이유는 실제 많은 트레이더들이 매수, 매도를 결정할 때 이를 많이 활용하기 때문이다. 그래서 '5일 선', '20일 선', '60일 선', '120일 선', '200일 선'과 같이 널리 쓰이는 이동평균선들은 일종의 합의된 룰을 제공하게 된다.

　예컨대 주가가 20일 이동평균선을 뚫고 내려가면 하락 신호로 본다든지, 120일 선을 깨고 내려갔다면 완전한 하락 추세로 접어든 것으로 본다든지 하는 판단의 근거가 될 수 있다. 만약 어떤 주식의 가격이 120일 이동평균선을 뚫고 하락할 때 많은 투자자가 그것을 하락 추세 확정 신호로 받아들이고 보유한 주식을 매도한다면 매도량이 많다는 이유로 더 큰 하락 추세가 생긴다. 이런 뜻에서 많은 투자자가 활용하는 기술적 지표는 일종의 합의된 룰을 제공한다고 하는 것이다. 그리고 이런 관점에서 '추세', 즉 '모멘텀'이 생긴다. 참고로 위에서 계산한 것과 같은 '단순 이동평균' 외에도 다양한 계산법이 있지만, 본래 가장

▌ S&P500지수의 캔들 차트와 5일, 20일, 60일 이동평균선

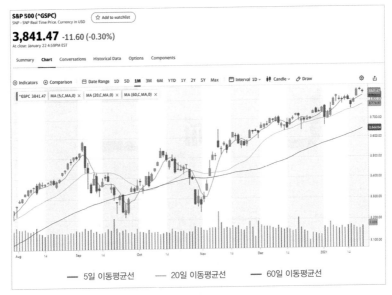

— 5일 이동평균선   — 20일 이동평균선   — 60일 이동평균선

© 2021 Yahoo

단순한 것이 제일 중요한 법이다. 여기까지 왔다면 차트 보기의 첫 단
추를 잘 끼운 셈이다.

실전 주식 차트
보는 법

"최초의 거래 시점을 판단하기 위한
나름의 지침은 필수다."
― 제시 리버모어

앞의 내용을 바탕으로 미국 시가총액 1위 대장주 '애플'의 차트를 살펴보도록 하겠다. 앞에서는 HTS와 MTS를 통해 주식 거래하는 방법을 설명했는데, 이번에는 MTS만을 활용하여 주가 차트를 간단하게 살펴보는 방법을 알아보도록 하자. 증권사별로 인터페이스가 조금씩 다르지만, 이것 하나만 확인해도 간단하게 차트를 살펴보는 것은 어렵지 않을 것이다. HTS에서도 주가 차트를 열어볼 수 있으며, 검색 엔진 (네이버나 구글)에 검색하는 것만으로도 쉽게 차트를 확인할 수 있다.

© 2021 Naver.com   © 2021 Google.com

MTS를 이용하여 주식 차트 보기

영웅문S 글로벌 MTS를 이용하여 주식 차트 보기

1. '영웅문S 글로벌'* 애플리케이션을 실행한다.

2. 좌측 하단의 (1)'차트'를 터치해서 차트 화면을 실행한다.

3. 상단의 (2)돋보기 버튼을 터치하여 '애플'을 검색한다.

4. 'AAPL' 티커의 애플을 선택한다.

5. 상단의 (3)'일'을 선택해서 일, 주, 월 단위로 원하는 날짜 단위를 선택한다.

🔍 영웅문S 글로벌 MTS에서는 국내 사용자들이 편하게 확인할 수 있도록 국내 증시와 같은 방식으로 상승을 나타내는 양봉을 빨간색, 하락을 나타내는 음봉을 파란색으로 표시한다.

▌영웅문S 글로벌 주식 차트 화면

©키움증권

▌영웅문S 글로벌 주식 차트 화면

©키움증권

이동평균선을 통한 주가 추이 살펴보기

이동평균선 하나만 확실히 볼 줄 알아도 주가 추이를 살피는 데 많은 도움이 된다. 단 하나의 지표만 알아가기를 바라며 소개한 이유이다. MTS를 통해 열어놓은 차트를 그대로 따라가 보겠다. 위의 다섯 번째 순서에서 '주' 단위를 선택했을 때의 애플의 주가 차트를 보도록 하자.

▌ 애플의 주봉 차트

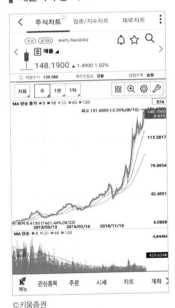

©키움증권

기본적으로 영웅문S 글로벌 MTS에서 주가 차트는 봉 차트로 표현이 된다. 넓은 범위의 시간을 보고 싶으면 손가락으로 화면 축소 액션을 하면 되며, 이때 화면에 나타나는 돋보기, 더하기, 빼기 버튼을 활용해서도 확대 축소를 할 수 있다. 상단의 'MA 단순 종가' 옆에 나타나는 5, 10, 20, 60, 120이 이동평균선의 기간과 이에 따른 그래프의 색상을 나타낸다.

이동평균선은 큰 틀에서 추세를 '대충' 확인하는 데 많은 도움이 된다. 예컨대 위 그림의 초록색 그래프는 120주 이동평균선을 나타낸다. 52주가 1년이니 대략 2년의 평균치 정도로 볼 수 있다. 자세히 살펴보면, 2013년 초중순에 120주 이동평균선 아래로 내려왔던 적이 있고, 2016년 초에 다시 한번, 그리고 2018년 말에도 아래로 내려온 적이 있었다. 그런데, 2020년 코로나 19로 인한 주가 폭락 사태에도 120주까지 닿지는 못했다. 어쨌든 이렇게 2년이든 1년이든 나름의 평균값을 기준으로 삼을 수 있다면, 애플이라는 기업을 분석하고 투자 결정을 했을 때 이 기준값을 활용할 수 있다.

앞서 살펴본 3번의 시기를 기회로 보아 매수한다든지 혹은 60주선을 기준으로 하여 60주선 아래일 때만 매수하였다면, 싸게 사서 비싸게 파는 기회를 여러 번 찾을 수 있었을 것이다. 아 물론, 매도는 지금까지도 하지 않은 편이 나았을 테지만 말이다.

1. 골든크로스: 단기이평선이 장기이평선을 뚫고 올라가는 것. 일반적으로 상승 추세 전환의 신호로 본다.

2. 데드크로스: 단기이평선이 장기이평선을 뚫고 내려오는 것. 일반적으로 하락 추세 전환의 신호로 본다.

3. 일반적으로 일봉 단위에서 5일 이동평균선이 20일 이동평균선을 상향 돌파하면 중단기적 상승 추세로 본다. 하향 돌파시 중단기적인 하락 추세로 본다.

4. 이동평균선이 단기에서 장기로 가면서(20, 50, 200일 등) 위에서부터 순서대로 배열될 때를 정배열, 반대일 때를 역배열이라고 부른다. 정배열은 장기적인 상승 추세, 역배열은 하락 추세를 나타낸다.

5. 미국에서는 15, 20, 30, 50, 100, 200일선이 주로 사용되며, 국내에서는 5, 10, 20, 60, 120, 200일선이 대표적으로 사용된다.

6. 20일 이동평균선이 가장 많이 사용된다.

7. 이동평균선을 뚫고 올라가지 못하는 모양은 '저항'이라 불리며, 이동평균선을 뚫고 내려가지 못하는 모양을 '지지'라 부른다. 주가가 떨어질 때는 각 이동평균선 근처에서 매수세가 들어오고, 주가가 오를 때는 각 이동평균선 근처에서 매도세가 들어와 생기는 현상이다.

8. 꾸준히 우상향 중인 주식의 주가가 하락할 때, 주봉이나 월봉 단위에서 보면 특정 이평선에서 지지 받는 모양을 보일 때가 있는데, 나는 이 위치를 매수 기회로 삼는다(단, 해당 주식에 대한 분석이 선행되어야 한다).

9. 다음 그림은 테슬라의 주봉 차트. 기본적으로 이동평균선이 정배열로 장기적 상승 추세에 놓여있음을 확인했다. 매수 시점 이전에 한 번 지지를 받고 다시 하락하면서 50주선에서 다시 지지를 받고 올라오는 모습을 보고 실제로 매수했던 지점을 표시했다(2021년 5월 18일).

이동평균선은 추세를 '대충' 확인하는 데 많은 도움이 된다고 말했다. 반대로 말하자면 대충만 확인할 수 있는 수준이라는 뜻이다. 하지만 이런 가격에 대한 판단 기준이 없는 것과 있는 것에는 상당한 차이가 있다. 그럼에도 맹신할 기준은 되지 않는다는 점을 꼭 짚고 넘어가야 한다. 위에서 살펴본 예시와 같은 관점을 흔히 '기술적 관점' 이라고 표현하는데, 이러한 주가 추이가 실제 주식의 내재 가치와는 별개로 나타나는 경우가 많기 때문이다.

그렇기에 주가 이면에 있는 주가 하락이나 상승의 원인을 찾으려는 노력도 필요하다. 주가가 하락하여 원하는 수준에 도달했다고 할지라도 실제 기업이 흔들릴 만한 심각한 악재가 있다면, 이는 매수 기회가 아니라 탈출 기회일 수도 있기 때문이다. 기업에 아무런 악재도 문제도 없이 주가가 크게 하락했다면 이는 분명히 매수 기회지만, 반대로 주가가 상승 중이어도 기업에 심각한 문제가 발견된다면 매도해야 하는 상황이다. 이 점을 이해한 채 기술적인 관점에서의 가격 기준을 세울 수도 있다면, 이동평균선은 투자하는데 아주 좋은 보조 지표가 될 것이다.

'Webull'을 활용해 주가 매매 기준 잡기

1. 애플 앱스토어 혹은 구글 플레이 스토어에서 'Webull' 앱 다운로드 후 실행(Webull 은 웹사이트도 있으나 앱이 사용하기에 더 편리하다.)

2. 우측 상단의 돋보기 버튼을 눌러 원하는 주식 티커 검색

3. 'Analysis'메뉴 진입

4. 애널리스트들의 강력 매수Strong Buy, 매수Buy, 보유Hold, 실적 미달Under-perform, 매도Sell 의견을 확인할 수 있음.

5. 애널리스트들의 주가 전망치Analysis Price Target에서 최고High, 최저치Low 그리고 평균치Average를 확인할 수 있음. 평균치보다 낮을 때 매수하는 것이 유리하다.

6. 지지와 저항Support and Resistance 메뉴에서는 한눈에 쉽게 지지선과 저항선을 살펴볼 수 있는데, 앞서 설명한 이동평균선과 함께 보면 유용하다. 단기적으로는 지지선 근처에서 매수, 저항선 근처에서 매도하는 것이 합리적이다.

▌Webull의 실제 화면

©Webull

▌Webull의 지지선 저항선 표시

©Webull

손실은 확정 짓지 않는다,
처분 효과

당신은 A와 B라는 주식에 투자했다. A 주식은 값이 올라서 주당 100만 원이 되었고, B 주식은 값이 떨어져서 주당 100만 원이 되었다. 지금 당신은 100만 원이 필요해서 A와 B 중 하나를 매도해야 한다. 어떤 주식을 매도하겠는가?

정답에 앞서 대부분의 사람이 말하는 답을 알려주겠다. 보통 값이 오른 A 주식을 판다고 답한다. 당신도 같은 의견인가? 축하한다. 당신은 타인과 잘 어울리고 편히 대화할 수 있는 사람이다. 그리고 당신은 A라는 주식에 투자한 결과 영원히 승자라는 기록을 남길 기회를 획득했다. "나는 주식에 투자해 돈을 번 사람이야!"라고 자랑해도 된다.

하지만 아직 기뻐하긴 이르다. 합리적 투자자라면 주가가 오를 가능성이 없는 B 주식을 판다. 또한 통계적으로도 B 주식을 파는 것이 더 성공일 확률이 높다. 떨어지고 있는 주식은 앞으로도 떨어질 확률이 높기 때문이다. 이처럼 이익이 난 종목을 먼저 처분하고, 손실이 나고 있는 종목의 처분을 미루는 현상을 '처분 효과 Disposition Effect'라고 한다.[1] 합리적인 투자자라면 회수할 수 없는 비용인 '매몰비용'에 얽매이지 말고 앞으로도 주가가 오를 것 같지 않은 주식을 팔아야 한다.

본격

미국 주식 거래

3장

숲을 보는 투자 vs
나무를 보는 투자

주식 투자법은 여러 갈래로 나눌 수 있지만, 대표적으로 하향식Top-Down 투자와 상향식Bottom-Up 투자로 구분할 수 있다. 이 두 투자법은 그 야말로 '숲을 보는 투자'와 '나무를 보는 투자'다. 하늘에서 낙하산을 타고 내려온다고 상상해 보자. 하늘에서는 땅덩어리 전체를 보다가 점점 아래로 내려오며 땅에 펼쳐진 숲을 보고, 바닥에 도달해서는 나무를 보게 된다. 이렇게 넓은 범주에서부터 투자 전략을 수립해 가는 것을 '아래를 향한다'라고 해서 '하향식' 혹은 '탑다운'이라고 표현한다.

이러한 '숲을 보는 투자'는 거시경제학과 같이 큰 틀에서 경제 전체의 흐름을 보거나, 특정 종목이 아닌 분야, 예를 들어 헬스케어 산업의 전망이 좋으니 해당 섹터를 공략하겠다는 방식으로 접근한다. 특정 국가의 경제 상황을 살피거나 특정 경제지표를 참고하여 투자하는 방식, ETF 또는 인덱스펀드에 투자하거나 자산 배분 투자를 하는 것도 일종의 하향식 투자라고 볼 수 있다.

'나무를 보는 투자'는 특정 기업, 예를 들어 '애플'이라는 기업을 정해 해당 기업의 서비스와 상품, 재무제표, 경영진들의 특징과 성향 등 그 면면을 집중적으로 분석한 뒤 투자하는 방식이다. 먼저 기업을 분석하고, 본인의 성향에 따라 성장주, 가치주, 배당주를 골라서 투자하는 것이다. '바닥에서부터 위를 향한다' 하여 '상향식' 혹은 '바텀업'이라고 부른다. 아래 도표에서 색칠된 부분에 중점을 두는 투자 방식이라고 생각하면 된다.

▌하향식 투자와 상향식 투자 방식

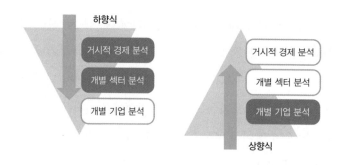

개인적으로 주식 입문자에게 추천하고 싶은 순서가 있다. 하향식 투자 중에서도 '대표 주가지수 ETF'를 통해 경기의 흐름과 주가지수를 따라가며 투자의 감을 먼저 익히는 것이다. 그다음으로 상향식 투자에

서도 개별 주식 종목을 찾아보기에 앞서 가치주, 성장주, 배당주 같은 넓은 수준의 분류와 섹터 차원에서 바라보는 안목을 먼저 기르기를 추천한다(이 장을 다 보고 5장에서 소개하는 ETF를 통해 쉽게 따라갈 수 있다). 탑다운 관점으로 큰 흐름을 따라가며 바텀업으로 개별 주식을 분석하는 식으로 투자하는 것이다. 하향식의 관점을 먼저 체득한 후, 상향식의 관점을 적용하는 것이 좋다는 뜻이다.

이번 장에서는 먼저 1장 대장주에서 살펴본 각 섹터가 경기 흐름과 어떤 관련이 있는지 알아볼 것이다. 큰 그림을 그리고 세부적인 그림을 그려나갈 수 있도록 하향식 투자를 먼저 설명한 뒤 상향식 투자를 설명하는 구성을 취했다. 결국 주식 투자는 기업에 투자하는 일이기에 최종적으로는 상향식 투자에 대해서도 잘 알아야 한다. 3장에서 설명하는 '나무를 보는 투자' 파트만 잘 학습해도 첫걸음에 좋은 투자자가 될 수 있을 것이라 확신한다.

어느 방식이 더 쉽거나 단순하다고 말할 수 없다. 하향식이든 상향식이든 어떤 부분을 얼마나 고려하느냐에 따라 학습량, 난이도가 달라지기 때문이다. 하지만 양쪽 방식 모두 투자자의 선택에 따라 아주 단순한 정보와 논리만으로도 투자할 수 있다. 주식 입문자를 위해 단순한 정보와 논리만으로 두 방식의 투자가 전부 가능하도록 이제부터 각 방식을 설명하겠다.

숲을 보는 투자

"특정 산업 또는 특정 유형의 증권이 투자자들 사이에서 인기를 얻기 시작하면,
이런 인기는 항상 일시적일 것이며, 인기가 떨어지면 몇 년 동안 회복하지 못할 것이다."
– 존 템플턴

호황 끝에는 불황이, 불황 끝에는 호황이

사실 '숲을 보는 투자'를 제대로 다루려면 책 1권은 거뜬히 나올 것이다. 시중에도 하향식 투자 전략을 다룬 책이 많이 있으며, 거시경제학 책도 수두룩하다. 그러므로 이 책에서는 큰 틀에서 투자를 어떻게 바라보아야 하는지, 최소한의 관점만 제시하려 한다. 우선 인지해야 할 투자의 가장 큰 명제는 다음과 같다.

"불황 끝에 호황이 있고, 호황 끝에는 언제나 불황이 있다."

주식시장에는 '사이클Cycle'이라는 것이 존재한다. 주가가 끝없이 상승할 것 같다가도 불황이 찾아오고, 침체에서 도무지 빠져나오지 못할 것 같을 때 엄청난 호황이 시작된다. 이런 순환을 이용하는 투자법을 두고 워런 버핏이 남긴 명언이 있다.

"공포에 사서 탐욕에 팔아라."

그렇다. 불황이 지속되면 전문가들은 언론 등을 이용해 공포를 심화시키는 부정적인 의견들을 내놓기 시작한다. 이때가 불황의 끝일 수 있다. 사람들은 장기기억에 취약하며 역사를 자주 잊어버린다. 100년이 넘는 미국 주식시장의 역사로만 보아도 긴 침체기는 몇 번 있지 않았고, 그 끝에는 언제나 호황이 돌아왔다. 우리가 투자 기간을 1일, 1주, 1달과 같이 짧게만 바라본다면 역사에서 아무런 지혜도 얻을 수 없다. 반복되는 역사는 있는 법이다.

인간에게 탐욕이란 몇 세기를 지나도 바뀌지 않는 본성 같은 것이기에 호황 국면에서는 끊임없는 탐욕이 버블을 만든다. 이때는 언론에서 긍정적인 기사를 수없이 접할 수 있다. 모두 주가가 끝도 없이 오르리라고 믿는다. '칵테일파티효과Cocktail-Party Effect'라는 것이 있다. 간단히 말해 칵테일파티에서 너도나도 주식을 이야기하며 신나 있을 때가 바로 호황의 끝이라는 것이다. 역사를 돌아보면 광풍과 같았던 수많은 사건을 발견할 수 있다.

그중 '남해회사 버블 사태'라는 것이 있다. 영국 정부는 남미와의 무역을 전담시킬 목적으로 남해회사를 설립했다(일종의 공기업이었다). 하지만 이는 표면상의 목적이고 실제로는 남해회사를 이용해 공공부채를 정리하여 영국의 재정위기를 극복하려고 했다. 남해회사는 편법을 이용해 주가를 부풀렸고, 주식을 국채와 교환하여 수익을 창출했다. 이에 주식은 발행 이후 가격이 천정부지로 치솟기 시작했다. 1720년 1월 100파운드에 달하던 주식은 5월에 700파운드, 6월 말에는 1,050파운드까지 10배가 넘도록 치솟았다. 하지만 회사는 수익 기반도 약했고, 편법으로 부풀린 주가는 오래가지 못했다. 결국 버블은 붕괴했다. 9월, 남해회사의 주가는 150파운드까지 떨어졌다. 이때 천재 과학자 뉴턴도 엄청난 손실을 본 것으로 알려져 있다. 그는 다음의 말을 남겼다.

"천체의 움직임을 계산할 수는 있지만, 인간의 광기까지 계산할 수는 없다."

그 이후로도 2000년대 초반 닷컴버블, 2007~2008 세계 금융 위기 때도 모두 같은 방식으로 버블이 일어났고, 언제나 불황으로 막을 내렸다.

하지만 이런 역사에서 얻을 수 있는 지혜는 비단 '버블을 주의하라' 뿐이 아니다. 버블의 끝에는 불황이 있었지만 언제나 그랬듯 시장은 이를 극복했고 호황이 다시 찾아왔다. 닷컴버블과 세계 금융 위기를 겪은 미국 주식시장은 언제 그랬느냐는 듯이 당시의 고점을 지나 계속해서 신고점을 경신해 나가는 중이다. 2020년에는 코로나19의 확산으로 전 세계 금융시장이 엄청난 충격을 받았다. 당시의 침체가 계속되었는가? 이미 여러분은 답을 알고 있다.

자본주의가 막을 내리지 않는 한 앞으로도 이 사이클은 변하지 않을 것이다. 숲을 보는 투자에서는 국가의 잠재성장률, 기준 금리, 경기순환 등 다양한 경제 변수를 고려하면 더 많은 기회를 잡을 수 있다. 하지만 이 책에서는 그러한 부분을 깊게 다루지는 않을 것이다. 깊게 다룬다고 한들 기억에 남지도 않을 것이며, 깊게 안다고 해서 투자 시 대단한 확률적 우위를 가질 수 있는 것도 아니기 때문이다. 모든 경제학자들이 성공한 투자자는 아니라는 사실이 바로 그 증거다.

딱 하나만 기억하자.

"인간의 욕심은 끝이 없고, 같은 실수를 반복한다."

경기 사이클과 섹터 순환

'섹터 순환Sector Rotation'은 주식시장의 거래 패턴을 설명하는 이론이다. 섹터 순환 이론에 따르면, 어떤 섹터의 성과Performance가 최근에 아주 좋았다면 한동안은 계속해서 수익률이 좋다가, 성과가 좋지 않았던 다른 섹터의 수익률이 좋아지면서 시장의 중심이 이동한다. 이러한 움직임은 어느 정도 예측이 가능하다. '경기 사이클'과 함께 움직이기 때문이다(주식시장은 경기 사이클에 선행해서 바닥과 고점을 형성한다). 즉, 이 이론을 따라 적합한 섹터에 먼저 투자해 두면 좋은 성과를 올릴 확률이 높아진다.

© 2021 investing.com

　　투자회사 '피델리티'의 보고서에 따르면 모든 경기 사이클은 상황마다 다르지만, 특정 패턴은 시간이 지남에 따라 반복되는 경향이 있다. 경기 사이클은 경제활동의 변화, 특히 기업의 '이익 주기', '신용 주기', '재고 주기'라는 3가지 핵심 주기의 변화와 고용 상황 및 통화정책의 변화가 밀접한 관계를 이루며 움직인다.[1]

　　경기 사이클은 4개 국면으로 나누어 살펴볼 수 있다. 초기Early-Cycle, 중기Mid-Cycle, 후기Late-Cycle, 후퇴기Recession다. 각 국면을 기억하기 쉽게 봄, 여름, 가을, 겨울에 비유해 살펴보겠다.

초기: 봄

경기침체 상황에서 빠르게 회복하는 장세다. 국내총생산GDP이나 산업생산성 등이 마이너스성장에서 플러스성장으로 변하는 시기다. 성장률은 가속화되고, 시중에 더 많은 통화량이 공급되도록(기준금리 인하 등) 통화정책은 완화되며, 신용 여건은 긴축적 상황에서 탈피하기 시작한다. 쉽게 말해 금리가 낮고 대출이 잘 나오는 상황으로 바뀌는 것이다. 기업의 이익과 이익률이 빠르게 성장하는 환경이 조성된다. 재고율은 낮고 매출은 크게 상승한다. 바야흐로 경제적 벚꽃이 만개하는 것이다.

❙ 사이클의 4개 국면에 따른 11개의 섹터별 성적표

섹터	봄(Early-cycle)	여름(Mid-cycle)	가을(Late-cycle)	겨울(Recession)
자유소비	↑↑		↓↓	↑
금융	↑			↓↓
부동산	↑↑	↓	↑	↓↓
정보기술	↑	↑	↓	↓↓
산업	↑↑			↓↓
자재	↑	↓↓		
통신서비스		↑		↓
에너지	↓↓		↑↑	
헬스케어	↓↓			↑↑
필수소비		↓	↑	↑↑
유틸리티	↓↓	↓	↑	↑↑

↑↑ 지속적 초과 실적　　↓↓ 지속적 저조한 실적　　　뚜렷한 패턴 없음

↑ 초과 실적　　↓ 저조한 실적

출처: Fidelity

Q 후행 지표 Lagging indicator 경기의 동향을 나타내는 지표 중 경기가 전체적으로 바뀐 후에 움직이는 지표. 경기의 움직임보다 늦다. 반대로 선행 지표Leading indicator는 경기가 전체적으로 바뀌기 전에 움직이는 지표다.

유동성장세 경기 불황 말기에 금리를 낮추어 늘어난 시중의 유동 자금이 주식시장으로 들어와 주가가 상승하는 장세.

이 시기에는 후행(거시경제)* 지표는 나쁘지만, 저금리로 인한 유동성장세*가 펼쳐진다. 기관 투자자들은 이때를 주식 매입의 적기로 판단한다. 금리 하락 등의 이유로 자금 조달이 쉽기 때문이다. 또한 정부 차원의 금융 완화 정책과 경기 및 기업의 실적 회복을 기대하는 구간이기도 하다.

경기순환주(자유 소비재)들을 필두로 주가가 바닥에서 벗어나 상승하기 시작한다. 주가가 바닥에서 벗어나면 은행주와 같은 금융 섹터가 강세를 보이고, 자동차와 같은 업종이 상승세에 동참한다. 부동산 섹터도 상승한다. 산업 부문에서는 경기회복 기대감으로 운수 및 자본재 같은 일부 산업이 반등한다. 주가가 바닥을 벗어났다는 확신이 설 무렵에는 IT 섹터가 본격적으로 상승하기 시작한다. 경기민감주*들이 대세로서 상승하는 시기다.

Q 경기민감주 경제 상황에 민감하게 반응하는 주식들로, 불황일 때는 소비를 꺼리다가도 경기가 좋을 때 소비가 늘어나는 제품이나 서비스와 관련된 기업의 주식. 필수재와는 반대 개념이다.

역사적으로 이 국면은 평균적으로 대략 1년이었으며, 가장 수익률이 높은 시기로 연평균 20% 이상의 수익률을 올렸다.

중기: 여름

이 단계에서는 경기지표들이 서서히 호조를 보이고, 소비자기대지수CEI나 산업 생산량이 본격적으로 증가한다. 초기 사이클보다 상황은 긍정적이지만 주가는 보다 완만한 성장 곡선을 보인다. 경제활동은 탄력을 받고(수익성은 성장세가 점차 완화되지만), 신용이 증가하며, 기준금리를 유지하는 식의 완화적 통화정책을 배경으로 경제 상황도 건강하다고 볼 수 있다. 또한 재고와 판매가 증가하여 서로 균형을 이루는 단계다. 금리는 상승을 준비한다. 주가를 비롯한 자산 가격이 상승하는 상승장, '불마켓bull-market'이다.

이 국면에서는 정보기술 섹터, 특히 반도체와 하드웨어 같은 특정 업종이 상승을 주도한다. 경기회복이 확인됨에 따라 본격적인 투자가 시작되기 때문이다. 또 통신 서비스 섹터는 미디어 산업의 강점으로 인해 시장을 능가하는 성과를 보였다. 이 시기에 자재나 유틸리티 섹터는 가장 큰 폭으로 뒤처진다.

역사적으로 이 중간 단계는 평균적으로 거의 4년으로 상당히 긴 경향이 있으며, 연간 수익률도 14%로 상당히 높은 편이다.

후기: 가을

이 사이클은 종종 경기 사이클의 정점과 일치하며, 성장률은 여전히 긍정적이지만 둔화된다. 전형적인 후기 사이클은 완화적 통화정책을 벗어나지만, 경제는 과열되는 특징이 있다. 또 물가상승률, 즉 인플레이션 압력이 상승한다. 인플레이션 압력과 위축된 노동시장은 이윤을 저해하고 긴축적인 통화정책*으로 이어지는 경향이 있다. 시중금리는 빠르게 오르기 시작하며, 소비자기대지수는 하락한다. 인플레이션 우려에 따라 정부는 긴축정책 카드를 고려하는 시기다.

Q 긴축적 통화정책 중앙은행을 중심으로 금리 인상 등 시중에 유통되는 통화량을 축소하는 방향의 통화정책

일부 경기 민감 업종의 경우 주가는 고점에서 상승폭을 일부 반납하고 하락세로 접어들기도 한다. 경기후퇴가 뚜렷하게 감지되기 전까지는 에너지 관련주들이 상승세를 이어간다. 하지만 점차 시장의 관심

은 필수 소비재 섹터로 넘어간다. 음식료 산업군 등이 이에 해당한다. 경제적으로 덜 민감한 방어 지향적인 유틸리티 섹터도 좋은 성과를 보였다. 경기에 민감한 정보기술이나 자유소비 섹터는 이 시기에 항상 고전했다.

이 국면은 평균 약 1년 반 동안 지속되었으며, 주식시장 실적은 연평균 5%였다.

후퇴기: 겨울

"겨울이 오고 있다Winter is coming."

미국 드라마 〈왕좌의 게임〉의 유명한 대사다. 무서운 적들이 몰려오므로 경각심을 일깨우고 미래를 준비해야 한다는 말이다. 경기 사이클의 마지막 단계인 겨울이 바로 이렇다.

경제지표가 악화되고 소비자기대지수와 산업 생산 등의 지표가 계속해서 하락세를 보인다. 계속된 금리 상승으로 금리는 최고치를 지나 하락세로 접어든다. 한마디로 '경제활동 위축'이 이 시기의 특징이다. 기업의 이윤은 감소하고 신용은 거의 없다. 통화정책은 다시 완화된다. 낮은 판매 수준에도 불구하고 생산이 더 줄어 재고량은 점차 감소한다. 다음 회복기를 준비하는 시기로 주가를 비롯한 자산 가격이 하락하는 약세장, '베어마켓bear-market'이다.

이 국면에서 주식 투자로 수익을 내기는 쉽지 않다. 다만 방어적인 대안으로서 필수소비, 헬스케어, 유틸리티 섹터가 거론된다. 불황기에도 소비를 줄일 가능성이 낮은 치약, 전기, 처방약과 같은 품목을 생산하는 경제적으로 덜 민감한 산업 부문이 유리하다. 특히 필수소비 섹터가 이 시기에는 완벽히 시장수익률을 능가했다. 금융, 산업, 정보기술, 부동산과 같은 섹터는 저조한 실적을 보였다. 일반적으로는 현금 비중을 늘리는 것이 유리한 시기로 주식 매매를 통한 차익을 노리기보다는 채권 수익을 웃도는 배당수익을 추구하는 시기다.

역사적으로 이 시기는 가장 짧은 기간으로 평균 1년 미만 지속되었고, 이 단계는 항상 저조한 성적을 보였다.

▌ 경기 사이클 국면에 따른 주가 추이와 강세 섹터

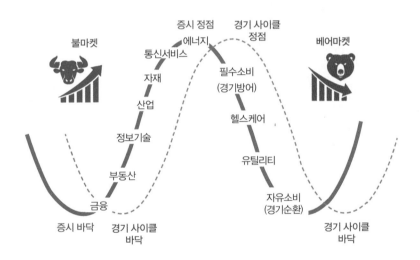

나무나 동물과 마찬가지로 각 종목에도 일정 분류(섹터)가 있다. 같은 종류의 나무들이 유사한 생명 주기를 가지듯 각 종목도 마찬가지다. 이런 하향식 사고를 하지 못하고 개별 기업만 분석한다면 각 기업이 아무리 훌륭한 조건을 갖추었어도 시장의 흐름에 따라 주가가 크

게 하락할 수도 있다. 주식 투자의 성패는 '가치 발굴' 그 자체가 아니라, '가격'이라는 실제 숫자에서 나온다. 주식시장이 어떻게 움직이는지를 이해한다면 나무를 잘 골라놓고 열매가 열리지 않는 계절에 나무 밑에서 하염없이 열매를 기다리다가 쓸쓸히 돌아가는 불상사를 피할 수 있다. 열매가 열리는 계절에 나무 밑에 가서 바로 열매를 따 먹기를 바란다.

경기 사이클과 섹터 순환

- **초기(봄)**: 경기회복 시기. 저금리 유동성 장세. 평균 1년, 연평균 20% 수익률. 금리에 민감한 자유소비, 금융, 부동산 섹터 강세. 이어서 산업과 정보기술 섹터 강세.

- **중기(여름)**: 경기지표 호조. 평균 4년, 연평균 14% 수익률. 정보기술, 통신서비스 섹터 강세.

- **후기(가을)**: 경기 사이클 정점. 평균 1년 반, 연평균 5% 수익률. 초반에 에너지 섹터 강세, 이후 필수소비 강세.

- **후퇴(겨울)**: 경제활동 위축. 평균 1년 미만, 저조한 성적. 필수소비, 헬스케어, 유틸리티 섹터가 대안. 배당수익 추구하는 시기.

2007	2008	2009	2010	2011	2012	2013	2014	2015	2016	2017	2018	2019	2020	YTD
ENRS 34.4%	CONS -15.4%	INFT 61.7%	REAL 32.3%	UTIL 19.9%	FINL 28.8%	COND 43.1%	REAL 30.2%	COND 10.1%	ENRS 27.4%	INFT 38.8%	HLTH 6.5%	INFT 50.3%	INFT 43.9%	ENRS 45.6%
MATR 22.5%	HLTH -22.8%	MATR 48.6%	COND 27.7%	CONS 14.0%	COND 23.9%	HLTH 41.5%	UTIL 29.0%	HLTH 6.9%	TELS 23.5%	MATR 23.8%	UTIL 4.1%	TELS 32.7%	COND 33.3%	FINL 25.7%
UTIL 19.4%	UTIL -29.0%	COND 41.3%	INDU 26.7%	HLTH 12.7%	REAL 19.7%	INDU 40.7%	HLTH 25.3%	CONS 6.6%	FINL 22.8%	COND 23.0%	COND 0.8%	FINL 32.1%	TELS 23.6%	REAL 23.3%
INFT 16.3%	TELS -30.5%	REAL 27.1%	MATR 22.2%	REAL 11.4%	TELS 18.3%	FINL 35.6%	INFT 20.1%	INFT 5.9%	INDU 18.9%	FINL 22.2%	INFT -0.3%	S&P 31.5%	MATR 20.7%	TELS 19.7%
CONS 14.2%	COND -33.5%	S&P 26.5%	ENRS 20.5%	TELS 6.3%	HLTH 17.9%	S&P 32.4%	CONS 16.0%	REAL 4.7%	MATR 16.7%	HLTH 22.1%	REAL -2.2%	INDU 29.4%	S&P 18.4%	INDU 16.4%
INDU 12.0%	ENRS -34.9%	INDU 20.9%	TELS 19.0%	COND 6.1%	S&P 16.0%	INFT 28.4%	FINL 15.2%	TELS 3.4%	UTIL 16.3%	S&P 21.8%	S&P -4.4%	REAL 29.0%	HLTH 13.5%	S&P 15.3%
TELS 11.9%	S&P -37.0%	HLTH 19.7%	S&P 15.1%	ENRS 4.7%	INDU 15.4%	CONS 26.1%	S&P 13.7%	S&P 1.4%	INFT 13.9%	INDU 21.0%	CONS -8.4%	COND 27.9%	INDU 11.1%	MATR 14.5%
HLTH 7.2%	INDU -39.9%	FINL 17.2%	CONS 14.1%	INFT 2.4%	MATR 15.0%	MATR 25.6%	INDU 9.8%	FINL -1.5%	S&P 12.0%	CONS 13.5%	TELS -12.5%	CONS 27.6%	CONS 10.8%	INFT 13.8%
S&P 5.5%	REAL -42.3%	CONS 14.9%	FINL 12.1%	S&P 2.1%	INFT 14.8%	ENRS 25.1%	COND 9.7%	INDU -2.5%	COND 6.0%	UTIL 12.1%	FINL -13.0%	UTIL 26.4%	UTIL 0.5%	HLTH 11.9%
COND -13.2%	INFT -43.1%	ENRS 13.8%	INFT 10.2%	INDU -0.6%	CONS 10.8%	UTIL 13.2%	MATR 6.9%	UTIL -4.8%	CONS 5.4%	REAL 10.9%	INDU -13.3%	MATR 24.6%	FINL -1.7%	COND 10.3%
REAL -17.9%	MATR -45.7%	UTIL 11.9%	UTIL 5.5%	MATR -9.6%	ENRS 4.6%	TELS 11.5%	TELS 3.0%	MATR -8.4%	REAL 3.4%	ENRS -1.0%	MATR -14.7%	HLTH 20.8%	REAL -2.2%	CONS 5.0%
FINL -18.6%	FINL -55.3%	TELS 8.9%	HLTH 2.9%	FINL -17.1%	UTIL 1.3%	REAL 1.6%	ENRS -7.8%	ENRS -21.1%	HLTH -2.7%	TELS -1.3%	ENRS -18.1%	ENRS 11.8%	ENRS -33.7%	UTIL 2.4%

ENRS: 에너지   MATR: 자재   UTIL: 유틸리티   INFT: 정보기술   CONS: 필수소비   TELS: 통신서비스
S&P: S&P500   COND: 자유소비   REAL: 부동산   FINL: 금융
YTD: 올해초부터 현재까지

자료 출처: novelinvestor.com/sector-performance/

나는 종목 볼 줄
몰라도 투자한다

"내가 갑작스럽게 죽는다면
내 모든 자산의 90%를 인덱스펀드에 투자하라."
– 워런 버핏

앞의 호황과 불황이 반복되는 경기 사이클이나 섹터 순환도 너무 어려운 것 같고, 기업들을 살펴볼 여유가 없거나 자신이 없다고 생각한다면 이 파트의 내용을 잘 익혀보자. 바로 'ETF'라는 상품 이야기이다.

초보 투자자도 수익을 올리는 마법, ETF

'ETF^Exchange Traded Fund'란 '상장지수펀드'라고 번역되는데 '주식시장에 상장된 펀드'라는 뜻이다. 일반적으로 '펀드에 투자한다'라고 하면 은행 창구에서 직원의 권유를 받아 특정 펀드에 가입하는 상황을 떠

올릴 것이다. '펀드'란 여러 주식(혹은 다른 자산군)들의 묶음 상품이라고 볼 수 있는데, 투자자로부터 모은 자금을 자산운용회사가 유가증권에 투자 운용한 후 결과를 돌려주는 간접투자 상품이다. 이런 일반 펀드는 주식시장에 상장되어 있지 않기 때문에 개인이 직접 투자할 수 없다. 반면 ETF는 주식을 거래하듯이 누구나 자유롭게 사고팔 수 있다. '직접투자'인 것이다. 또 일반 펀드에 비해 수수료도 매우 저렴하다.

갑자기 ETF를 이야기하는 이유가 있다. 그중에서도 특히 '인덱스펀드Index Fund'를 이야기하기 위해서다. 인덱스펀드란 다우지수, S&P500지수, 나스닥지수와 같이 특정 지수를 추종하는 펀드를 말한다. 특정 지수를 추종한다는 말은, S&P500지수와 같은 특정 지수와 등락률이 일치하도록 종목 구성을 복제하여 펀드를 운용한다는 뜻이다. 예컨대 다우지수를 추종하는 인덱스펀드를 1종목 사면, 다우지수를 구성하는 30개의 종목에 분산 투자하는 효과를 누릴 수 있다.

"계란을 한 바구니에 담지 말라."라는 뻔한 이야기를 하려는 것이냐고 물을 수 있겠다. 반은 맞고 반은 틀리다. 물론 분산 투자는 리스크를 낮춰준다. 계란을 여러 바구니에 나누어 담으면 한 바구니가 바닥에 떨어지더라도 모든 계란이 깨지는 불상사는 막을 수 있으니 말이다. 나머지 반은 무엇일까?

상위 3% 펀드매니저 따라잡기

자, 이제 나머지 반을 설명하겠다. 분산 투자는 단순히 리스크만 분산하는 차원을 넘어 수익률 측면에서도 이점이 있다. 앞서 설명한 인덱스펀드를 유행시킨 사람은 S&P500지수 추종 펀드를 처음 설정한 존 보글이다. 그는 본인의 책《모든 주식을 소유하라*The Little Book of Common Sense Investing*》에서 1970~2016년까지 미국에 있던 모든 뮤추얼펀드*Mutual Fund●*의 수익률을 분석했다. 그 결과 355개의 펀드 중 시장수익률을 넘는 펀드는 3%도 되지 않았다. 심지어 281개, 즉 79%에 해당하는 펀드가 아예 사라졌다.[2] 이게 무슨 뜻일까? 우리는 시장 지수를 추종하는 인덱스펀드만 소유해도 상위 3%의 펀드매니저에 달하는 결과를 낼 수 있다는 것이다.

● **뮤추얼펀드** 다수의 투자자로부터 자금을 모아 투자회사를 설립한 후 주식, 채권 등에 투자해 이익을 투자자에게 나누어 주는 투자신탁회사나 그 상품.

별로 감동적이지 않은가? 그럼 이렇게 생각해 보자. 당신은 당장 다음 주에 올림픽 육상경기에 출전해서 국가대표 선수들과 100m 달리기를 해야 한다. 우사인 볼트같이 생긴 사람들이 득실대고, 100m를 10초 안에 들어오는 사람들이 넘쳐난다. 당신이 이 사람들과 겨루었을 때 꼴찌를 할 확률은 몇 퍼센트일까? 물론 당신이 육상선수일 수도 있다. 하지만 그런 특수한 경우를 제외하면 100% 꼴찌를 한다.

그런데 특별한 진입 장벽이 눈에 보이지 않기 때문에, 혹은 주식 투자로 돈을 번 지인을 보았기 때문에 많은 사람이 위와 같은 관점으로 투자를 바라보지 않는다. 미국 주식시장의 절반에 가까운 비율이 기관 투자자다. 1등부터 100등까지 100명의 투자자가 있다고 가정해 보자. 그리고 이를 다시 달리기 시합으로 바꿔 생각해 보자. '우사인 볼트' 같이 생긴 사람들이 대략 50명 보인다. 그 밖에도 재야의 고수처럼 달리기를 매우 잘하게 생긴 사람들이 수두룩하다. 이 100명이 달리기를 했을 때, 그 기록의 평균치가 바로 시장수익률이다.

선수들이 대부분 10초 근처로 달려 평균 기록이 10초였다고 가정하자. 이 10초가 시장수익률이 된다. 100명의 기록을 보니 누군가는 9초도 기록하고, 11초, 16초, 18초를 기록한 사람도 있다. 당신이 이 시합을 뛰었다면, 이 중 어떤 기록을 낸 선수라고 생각하는가?

대답했는가? 그렇다면 이 달리기 시합 이야기를 듣기 전의 여러분과 비슷한 사고가 무엇인지 알아볼 수 있는 재미있는 심리테스트가 있다.[3] 다음 2개 질문에 대답해 보자.

1. 당신은 운전을 잘하는가?
2. 당신은 평균보다 운전을 잘하는가?

어떻게 대답했는가? 1번 질문에 사람들은 대부분 그렇다고 대답한다. 그리고 2번 질문에는 조금 고민이 되지만 많은 사람이 그렇다고 답한다. 이 테스트의 결과, 운전자의 90%가 평균보다 운전을 잘한다고 답했다. 하지만 우리는 어떤 분야에서건 평균보다 뛰어난 사람이 전체의 50%를 넘을 수 없다는 사실을 알고 있다. 희한하게도 대부분의 사람은 주식 투자 시 시장수익률을 넘어서는 것을 당연한 목표로 삼고 시장에 뛰어든다. 평균을 넘어서고 싶은 마음이야 이해하지만 앞서 달리기의 예처럼 고수들과 경쟁해야 하는 상황에서 기초체력조차 쌓지 않은 채 그들을 이길 수 있다고 생각하는 것이다.

그런데, 여기서 인덱스펀드가 마법을 부려준다. 기초체력이 전혀 없는 사람, 즉 금융 지식이 전혀 없는 사람도 위의 예시를 이해할 수만 있다면 펀드매니저들 사이에서도 어렵다는 3% 수준의 시장수익률을 달성할 수 있다. 달리기의 예에 적용하자면 아무 훈련도 하지 않고 경기에 참가했는데 평균 기록인 10초가 나오는 것이다. 이 얼마나 마법 같은 일인가? 이것이 ETF를 소개한 이유다.

　ETF를 통해 우리는 주식시장에서 자유롭게 인덱스펀드를 사고팔수 있게 되었다. 이제 ETF를 사고파는 법만 알면 아무 훈련 없이 시장수익률을 내 것으로 만들 수 있다. 지금까지의 이야기를 듣고도 누군가는 '겨우 시장수익률'이라고 생각하겠지만, 누군가는 '아니, 시장수익률씩이나!'라고 생각할 것이다. 누구의 생각이 보다 합리적인지는 더 설명이 필요 없다고 생각한다(ETF에 대해서는 5장에서 더 자세하게 다룰 예정이다).

나무를 보는 투자

"주식은 로또가 아니다.
모든 주식 뒤에는 기업이 있다."
– 피터 린치

    호황과 불황은 반복해서 일어난다. 경기에는 사이클이 있고, 사이클에 따라 강해지고 약해지는 섹터가 있다. 인덱스펀드를 활용하면 펀드매니저 상위 3% 수준인 시장 평균을 따라갈 수도 있다. 이렇게 숲은 얼추 윤곽이 드러났으나, 아직 나무에 대해서는 아는 바가 없다. 그렇다면 나무, 즉 각 종목을 분석하기 위해서는 무엇이 필요할까? 나이테를 보면 나무의 나이를 알 수 있고, 줄기나 잎 등의 생김새를 보면 이 나무가 어떤 나무인지, 건강한지 아닌지 등을 파악할 수 있다. 기업을 보는 데에도 이런 다양한 지표들이 존재한다.

    종목 선정 시 가장 중요하게 살펴야 할 재료는 바로 기업의 '재무제표'다. 이런 재무제표에서 파생되는 투자 지표들이 있다. 그리고 각 기업의 서비스나 제품에 대한 우리의 경험(정량화된 수치로 확인할 수는 없지만)이 있다. 마치 과일이나 야채를 고를 때 손과 눈으로 상태를 먼저 확인하는 것처럼 이는 분명 도움이 되지만, 그 근거를 설명하기란 매우 어렵다.

이번 장에서는 주관적인 경험을 이용한 판단들을 제외하고 주식을 정량화해 객관적으로 분석할 수 있는 투자 지표들만을 살펴보겠다. 복잡하고 어려운 이야기는 질색이라 대충 공부하고 투자하고 싶다면 이 책의 ETF를 다루는 파트들만 집중적으로 보시라.

기업의 스펙, 재무제표

미국증권거래위원회SEC는 상장기업이 해당 기업의 이력, 조직 구조, 재무제표, 자회사, 경영진 보상이나 기타 관련 데이터를 '10-K'라는 이름의 연례 보고서로 공개하도록 의무화하고 있다. 이 중 재무제표는 기업의 재무 상태나 경영 성과 등을 보여주는 문서다. 즉, 재무제표는 투자자들을 최대한 배려하여 투자를 도와주는 일종의 모의고사 답안지 같은 것이다.

나무를 보고 투자하는 투자자의 입장에서 재무제표를 모르고 투자한다는 것은 아무런 지식 없이 이 나무가 건강한지 아닌지를 알아맞히는 행위와 같다. 다행히 시중에는 재무제표를 어떻게 봐야 하는지 설명해 주는 책이나 자료가 많다. 그렇지만 초보 투자자가 재무제표의 수많은 항목을 한 번에 다 이해할 수 있을까? 이 책에서는 재무제표 중 가장 기본적인 요소들을 확인하는 법과 간단한 용어들만 추려서 설명하려고 한다.

재무제표란 한마디로 기업의 '스펙'이라고 할 수 있다. 대학에 입학할 때, 회사에 취업할 때 제출하는 성적표나 각종 자격증처럼 기업의 스펙을 재무제표에서 확인할 수 있다. 재무제표는 5가지 요소로 구성되어 있다. 바로 '재무상태표Balance Sheet', '손익계산서Income Statement', '자본변동표Statement of Changes in Equity', '현금흐름표Cash Flow', '주석Footnotes'이다. 주석은 앞의 장부들의 부연 설명이고, 자본변동표는 투자에 직접 도움이 되는 정보가 많지 않다고 판단해 설명에서 제외했다. 이제 기업의 대표 성적표인 재무상태표, 손익계산서, 현금흐름표를 차근차근 알아가 보자.

회사의 자산 변화 추이, 재무상태표

재무상태표는 '대차대조표'라고도 불린다. 대차대조표라는 용어가 더 익숙할 수도 있는데 이는 기업의 부채와 자본 총액을 기입한 '대변'과 자산 총액을 기입한 '차변'이 합쳐진 말이기 때문이다. 그리고 표 좌우에 각각 나누어 적는 차변과 대변의 총합이 같아서 균형Balance을 이룬다고 하여 영어로는 '밸런스 시트B/S'라고 불린다.

우리가 매달, 매년 가계부를 작성한다고 가정해 보자. 매년 쌓이는 돈이 있을 것이고, 나가는 돈이 있을 것이며, 이런 것들의 총합이 내 재산(혹은 빚)이 될 것이다. 회사가 개인 가계부와 같이 자산의 변화 추이를 기록한 것이 바로 재무상태표다. 그리고 이 재무상태표는 특정 시점을 기준으로 작성된 보고서라는 특징을 가지고 있다. 마치 현재 내 지갑에 돈이 얼마나 있는지 확인하는 것처럼 해당 시점의 회사의 지갑 사정을 보는 것이다.

▌재무상태표 요약 버전

자산	부채
	자본

이는 아주 단순하게 시각화한 자료다. 왼쪽의 '차변'에 해당하는 '자산'과 오른쪽의 '대변'에 해당하는 '부채'와 '자본'을 구분했다는 점에 집중하자. 그리고 '자산 = 부채 + 자본'이라는 등식이 항상 성립한다는 점을 꼭 알아두자. 당연히 실제 재무상태표는 이보다 많이 복잡하다. 그렇다면 이것을 약간 더 발전시킨 재무상태표를 보자.

살짝 구체화되었다. '재무상태표' 제목 밑에 특정 시점이 명시된 점에 주목하자. 그리고 자산에서는 '유동자산'과 '비유동자산'이라는 구분이, 부채에서는 '유동부채'와 '비유동부채'라는 구분이 추가되었다. 유동부채는 1년 안에 갚아야 하는 부채를 말하며, 만기 1년 이상의 부채는 비유동부채라고 한다. 유동자산은 쉽게 말해 현금성자산들을 말하며, 제품을 만들기 위한 재료나 판매를 위한 물품인 재고자산도 포함한다. 그 외에 쉽게 현금화하기 어려운 부동산 같은 자산들은 비

❚ 재무상태표 구체화 버전

재무상태표

2021년 12월 31일 현재

(단위: 달러)

자산	부채
유동자산	유동부채
	비유동부채
비유동자산	
	자본

유동자산으로 분류한다. 우선은 이 정도까지만 확인하고 앞서 이야기한 재무제표의 공식을 다시 기억해 보자.

- **자산 = 부채 + 자본**
- 자본(순자산) = 총 자산 − 총 부채
- 순유동자산 = 유동자산 − 유동부채

마지막에 하나의 공식을 더 넣어봤다. '순유동자산'은 '운전자본'이라고도 불리는데, '유동자산'에서 '유동부채'를 뺀 금액으로 회사의 단기적인 현금 지급 여력을 알려준다. 이는 뒤에서 설명할 현금흐름 중 영업활동과 직결되는 값으로서 기업의 재무위험을 파악하는 데 주로 쓰인다. 이는 현금흐름표에서 더 자세히 다루도록 하겠다. 기왕이면 이러한 용어들을 영어로도 알아두면 좋은데, 재무제표를 구성하는 각종 용어들은 맨 뒤 부록에 정리해 두었으니 참고하도록 하자.

회사의 가계부, 손익계산서

손익계산서는 회사의 가계부라고 생각하면 된다. 어떤 것에 얼마를 지출했고, 벌어들인 돈은 얼마인지 등을 기록하는 장부로, 재무상태표를 작성하는 데 쓰이는 재료이기도 하다.

재무상태표는 '특정 시점'에 점을 콕 찍어서 그때의 회사 상태를 보기 위한 것이다. 그러므로 한 기업의 가장 최근 재무상태표는 기업의 설립부터 가장 최근 시점까지의 재무 상태를 누적한 표가 된다. 반면 손익계산서는 '특정 기간' 동안의 손익을 살핀 표다. 즉, 일정 기간에 기업이 영업활동을 하여 매출이 발생하면 이는 손익계산서에 기록되고, 이것이 재무상태표에 다시 반영되는 식으로 각 표는 상호 작용한다. 손익계산서의 구성 중 크게 3가지만 기억하자. 벌어들인 돈인 '수익', 돈을 벌기 위해 지출한 금액인 '비용', 수익에서 비용을 뺀 차액인 '이익'이다.

기업의 실적을 가장 대표적으로 보여주는 수치는 바로 '수익'인 '매출액'이다. '매출액'에서 사업을 운영하는데 지출한 '비용'인 '매출원가'를 뺀 것이 '매출총이익'이다. 직원에게 주는 급여나 감가상각비, 감모상각비 등은 모두 '판매 및 관리비(판관비)'로 잡힌다. '매출총이익'에서 '판관비'를 빼면 '영업이익'이 된다. 우리가 보편적으로 사용하는 '이익'* 이 바로 이 '영업이익'이다. 그리고 재무활동, 투자활동으

손익계산서

(2021년 1월 1일부터 2021년 12월 31일)

(단위: 달러)

과목	금액
매출액	300,000,000
매출원가	100,000,000
매출총이익	200,000,000
판매및관리비	50,000,000
영업이익	150,000,000
영업외손익	(−)6,000,000
세전이익	144,000,000
법인세비용	14,400,000
당기순이익	129,600,000

로 인한 이익이나 손실(대출이자 같은 것)은 '영업외손익'으로 편입된다. '영업이익'에서 '영업외손익'을 더하면 '세전이익EBT'이 된다. 이것은 법인세 차감 전 순이익을 뜻하므로 여기서 '법인세비용'을 차감하면 '당기순이익'이 된다. 이 당기순이익을 주식 수만큼 나눈 것이 주당순이익, 즉 EPS다. 다시 한번 이 공식을 정리해 보자.

🔍 수익과 이익의 차이 수익과 이익은 한글로는 매우 비슷한 뉘앙스를 갖지만, 이 책에서 설명하는 수익(매출액)과 이익(영업이익)은 이와 같이 큰 차이가 있다.

- 매출총이익 = 매출액 − 매출원가
- 영업이익 = 매출총이익 − 판관비
- 세전이익 = 영업이익 ± 영업외손익
- 당기순이익 = 세전이익 − 법인세비용

- 주당순이익 = 당기순이익 ÷ 총 주식수
- 이자와 세금 전 이익EBIT = 세전이익 + 이자비용
- 이자 세금 감가상각 감모상각 전 이익EBITDA

  = 이자와 세금 전 이익 + 감가상각비 + 감모상각비

'EBIT'와 'EBITDA'는 많이 사용되는 수치이기 때문에 추가로 공식을 넣어보았다. 특히 EBITDA는 매우 자주 사용되는 수치니 이참에 기억해 두자. 또 '감모상각비'는 '감가상각비'와 유사하지만, 무형자산에 대한 상각이라고 생각하면 된다. '당기순이익'은 투자 지표에서 많이 사용되는 이익으로 흔히 '순이익'으로 불린다.

손익계산서, 이것만은 반드시 기억하자

- 매출(수익)
- 영업이익(흔히 이익과 같은 의미로 사용됨)
- 당기순이익(혹은 EPS)

현금이 원활히 흐르는가, 현금흐름표

현금흐름표는 설명하기가 조금 난감하다. 손익계산서에서는 실제 회사로 돈이 들어오거나 나가지 않아도 거래가 성사되면 매출로 인식하여 기록한다. 그런데 실제로 거래는 성사되었을지라도 장부상의 기록과 현실에서의 거래 성격 차이로(외상을 생각하면 쉽게 이해될 것이다) 현

금흐름이 잘 보이지 않을 수 있다. 그래서 필요한 것이 현금흐름표이다.

계속해서 흑자를 내는 기업일지라도 현금흐름이 좋지 않다면 일순간에 도산할 정도로 현금흐름은 중요하다. '흑자도산'이라는 말 한 번쯤은 들어보지 않았던가. 현금흐름표도 손익계산서와 마찬가지로 특정 시점이 아닌 일정 기간을 기준으로 한다. 이는 기업이 어떻게 현금을 끌어오며, 어디에 얼마를 사용하고, 현재 얼마만큼의 현금을 보유하고 있는지를 보여주어 기업이 현금을 원활하게 움직이게 하는지 그렇지 않은지를 판단하는 기준이 된다. 그래서 실제로 현금이 유입되었거나 그렇다고 인식되면 플러스로, 현금이 유출되었거나 그렇다고 인식되면 마이너스로 기록한다. 즉, 현금흐름표란 회계적 관점에서 손익계산서에 기입된 것들을 다시 걸러내 '진짜 현금'의 흐름을 알아보기 위해 만들어진 표라고 볼 수 있다.

세부적으로는 영업활동, 투자활동, 재무활동에 따라 현금흐름이 발생하는데, 각 활동에 따른 현금 유입, 유출을 기록한 것이다. '영업활동 현금흐름'은 기업의 주된 수익 창출 활동으로서 물건이나 노동을 팔아서 생기는 현금흐름을 의미한다. 이 현금흐름은 일반적으로 손익계산서의 당기순이익, 재무상태표의 유동자산과 유동부채와 관련이 있다. '투자활동 현금흐름'은 투자자산이나 유·무형자산을 취득하거나 처분할 때 발생하는데 재무상태표의 비유동자산과 관련이 있다. 마지막 '재무활동 현금흐름'은 장단기 차입금의 차입·상환이나 사채나 주식을 찍어내고 파는 행위에 관한 현금흐름을 나타낸다. 배당금 지급 활동도 여기에 포함된다. 재무활동 현금흐름은 주로 재무상태표상의 부채, 자본과 관련이 있다. 3가지 현금흐름을 모두 더한 값은 현금 및 현금성자산의 순증감으로 순현금흐름Net Cash Flow이라고도 부른다. 이번에도 간단한 공식을 적어보겠다.

- 현금 및 현금성자산의 순증감(순현금흐름)

  = 영업활동 현금흐름 + 투자활동 현금흐름 + 재무활동 현금흐름
- 기말의 현금 및 현금성자산

  = 기초의 현금 및 현금성자산 + 현금 및 현금성자산의 순증감

영업활동 현금흐름은 기업이 영업을 해서 현금이 들어오면 플러스, 대출이자 등으로 지출을 더 많이 하게 되면 마이너스가 된다. 이 경우는 플러스가 긍정적이고 마이너스가 부정적이라고 볼 수 있다. 대표적인 항목들은 퇴직급여, 금융비용, 법인세비용, 감가상각비 등이다.

투자활동 현금흐름은 기업이 투자를 꾸준히 하면 현금이 유출되어 마이너스, 자산을 판다면 현금이 유입되어 플러스가 된다. 그렇다면 이 경우는 마이너스가 투자를 적극적으로 하고 있다는 뜻이니 긍정적이고, 플러스가 된 상황을 부정적이라 판단할 수 있다.

재무활동 현금흐름은 기업이 돈을 빌리면 현금이 유입되어 플러스, 반대로 기업이 돈을 갚으면 현금이 유출되어 마이너스가 된다. 재무활동 현금흐름 측면에서는 일반적으로는 빚을 청산하고 있는 마이너스의 경우가 긍정적이고, 플러스된 것을 부정적으로 판단할 수 있다. 배당금을 지급하는 경우도 마이너스니 긍정적으로 해석할 수 있다. 하지만 이는 어디까지나 큰 틀에만 해당하는 이야기이며, 기업의 상황에 따라 얼마든지 다르게 해석할 수 있다.

영업활동	투자활동	재무활동	기업 상황
+	−	−	잘 벌고, 잘 투자하며, 빚을 갚는다(안정기)
+	−	+	잘 벌지만 빚을 져서 투자한다(성장기)
−	−	+	빚을 져서 적자를 메운다(도산 위기)

3가지 표의 은밀한 관계

앞서 재무상태표, 손익계산서와 현금흐름표를 각각 살펴보았다. 각각의 이해를 돕기 위해 따로 다루었지만, 실제로 이 셋은 긴밀하게 연결되어 있다. 기초와 기말 시점 각각의 대차대조표, 해당 기간의 손익계산서와 현금흐름표, 이 4가지 재무제표는 서로 맞아떨어져야만 한다. 이를 맞추는 과정을 회계학에서는 '일치Articulation'라고 부른다. 예를 들어 2020년 12월 31일의 재무상태표와 2021년 1월 1일~2021년 12월 31일까지의 기업 활동을 알 수 있는 손익계산서와 현금흐름표도 있다면 이 조합을 통해 2021년 12월 31일의 재무상태표가 탄생하는 것이다. 또한 현금흐름표는 앞서 설명했듯 같은 기간의 손익계산서의 순이익에서 출발하기 때문에 당연히 서로가 연결되어 있다는 점을 알 수 있다.

이는 극단적으로 간략화한 다음의 표를 통해 살펴볼 수 있다(꼭 이렇게 된다는 뜻이 아니라, 이런 방식으로 연결된다는 것을 보이기 위한 예시일 뿐이다). 손익계산서의 '순이익'은 현금흐름표의 '영업활동 현금흐름' 밑으로 들어간다. 순이익이 손익계산서와 현금흐름표 연결의 시작점이

▎ 재무상태표, 손익계산서, 현금흐름표의 관계

손익계산서

2021년 1월 1일~2021년 12월 31일　　(단위: 원)

과목	금액
매출	300,000,000
비용	200,000,000
순이익	100,000,000

재무상태표

2020년 12월 31일 현재　　(단위: 원)

과목	금액
자산	1,000,000,000
현금 및 현금성자산	400,000,000
나머지 자산	600,000,000
부채	450,000,000
자본	550,000,000
이익잉여금	400,000,000
나머지	150,000,000

+

현금흐름표

2021년 1월 1일~2021년 12월 31일　　(단위: 원)

과목	금액
영업활동 현금흐름	60,000,000
순이익	100,000,000
운전자본 변동	(40,000,000)
투자활동 현금흐름	0
재무활동 현금흐름	0
현금 및 현금성자산의 순증감	60,000,000
기초 현금자산	400,000,000
기말 현금자산	460,000,000

=

재무상태표

2021년 12월 31일 현재　　(단위: 원)

과목	금액
자산	1,100,000,000 (+100,000,000)
현금 및 현금성자산	460,000,000 (+60,000,000)
나머지 자산	640,000,000 (+40,000,000)
부채	450,000,000
자본	650,000,000
이익잉여금	500,000,000 (+100,000,000)
나머지	150,000,000

다. 여기서 재무상태표의 '나머지 자산'에 제품 제작을 위한 재료로 (임의의 금액인) 4,000만 달러치의 '유동자산'이 추가되는 상황을 생각해보겠다. 이는 현금흐름표로 들어가 '운전자본 변동'으로 기입된다. 완성된 현금흐름표의 '현금 및 현금성자산의 순증감'은 재무상태표의 '현금 및 현금성자산'에 그대로 반영되고, 기업의 '순이익'은 자본 하위의 '이익잉여금Retained Earnings'에 반영된다. 운전자본의 변동은 앞서 언급한 유동자산이 추가되는 상황으로 재고자산을 구매한 것으로 가정했다. 현금흐름표에서는 현금이 사용된 만큼 마이너스로 기입되었으나, 재무상태표에서는 반대 부호인 '+'가 붙은 것을 확인할 수 있다.

이처럼 표 3종을 각기 이해하고, 이 표들의 유기적인 관계까지 이해한다면 이 숫자들로부터 기업의 상황을 꿰뚫어 볼 수 있다. 본 책에서는 재무제표를 보는 최소한의 방법만을 다루었기에 더 깊이 알고 싶다면 시중에 나와 있는 재무제표 관련 책들을 참고하기 바란다.

투자 지표 알아보기

자, 상당히 졸릴 법한 이야기를 잘 따라오셨다. 재무제표를 깊이 이해할수록 기업의 현재 상태를 읽어낼 수 있고, 위대한 기업을 찾는 데 도움이 된다. 하지만 사실 이 책에서는 다음에 설명할 내용을 이해하는 데 필요하기 때문에 앞의 내용을 이야기했다. 이제 우리는 주식을 평가하는 대표적인 지표들을 도출할 수 있다! 일단 묻지도 따지지도 말고 주식을 평가하기 위한 지표들을 알아보자.

- 주당순자산^{Book-Value Per Share, 이후 'BPS'}: 기업의 순자산을 발행주식 수로 나눈 값이다. 기업의 순자산이 10억이고 주식 수가 100만 주라고 했을 때 BPS는 1,000원이 된다. 현 주가와 직접 비교하여 현 주가가 고평가 혹은 저평가되어 있는지 확인할 수 있다. 만약 주가가 BPS보다 낮다면 저평가된 것이라고 볼 수 있다.

- 주당순이익^{Earnings Per Share, 이후 'EPS'}: 당기순이익을 발행주식 수로 나눈 값. 당기순이익이 1억이고 주식 수가 100만 주라고 했을 때 EPS는 100원이 된다. 이 지표 역시 현 주가와 직접 비교하여 주가가 고평가 혹은 저평가되어 있는지 확인할 수 있다. 또 EPS를 기준으로 많은 투자 지표가 파생된다.

- 주가순자산비율^{Price-to-Book Ratio, PBR, 이후 'P/B'}: 국내에서는 주로 'PBR'로 미국에서는 주로 'P/B'라고 쓴다. 주가를 주당순자산인 BPS로 나눈 값이다. 주가가 1,000원이고 앞서 상황처럼 BPS가 1,000원일 때 P/B는 1.0이 된다. 여기서 1은 중요한 의미를 포함한다. 회사가 망해서 주주들에게 가지고 있는 순자산을 모두 처분해 돈으로 돌려준다고 했을 때, 주식과 순자산의 가치가 같아 주주들에게 들고 있는 주식의 가치만큼 순자산을 나누어 줄 수 있다는 뜻이다. 즉 P/B가 1 이하면 주가가 저평가되었다고도 해석할 수 있다. 계량적 관점에서는 아직도 유효한 지표지만 요즘 투자 전문가들 사이에서는 유효성이 많이 떨어진 지표로도 평가받는다.

- 주가수익비율^{Price Earning Ratio, PER, 이후 'P/E'}: 주가를 주당순이익인 EPS로 나눈 값이다. 주가가 1,000원이고 앞서 상황처럼 EPS가 100원일 때 P/E는 10이 된다. 10이 갖는 의미는 기업이 이익을 모두 배당한다고 가정

했을 때, 10년이면 투자 원금을 회수한다는 뜻이 된다. 그러니 P/E가 낮을수록 저평가, P/E가 높으면 고평가된 주식으로 볼 수 있다. 하지만 성장주들은 대부분 P/E가 높으며, 미래 성장 가치가 크다면 이 수치가 높다고 해서 꼭 고평가된 주식이라고 볼 수만은 없다.

■ **자기자본이익률**^{Return On Equity, 이후'ROE'}: 당기순이익을 자본 총계로 나눈 값이다. 자본 총계란 앞서 말한 순자산과 같은 개념이다. ROE는 기업이 순자산에 비해 얼마나 많은 이익을 창출해 내고 있는지를 보여준다. 순자산이 10억 원이고 당기순이익이 1억 원이라고 했을 때, ROE는 0.1, 즉 10%가 된다. 부동산 투자로 예를 들면 1억 2,000만 원짜리 건물가의 5%를 월세로 책정해 임대한다고 했을 때 집주인은 매달 50만 원의 월세를 얻게 된다. 이것이 마치 'ROE가 5%다.'와 비슷한 개념이라고 볼 수 있다. 즉, ROE가 높을수록 이익률이 높은 기업이다. 워런 버핏도 반드시 살펴야 할 지표를 하나만 뽑으라면 ROE를 선택하겠다고 했다.

대표적인 각 지표의 관계를 수학 공식처럼 나타내면 아래와 같다.

1. 시가총액 = 주가 × 주식 수

2. BPS = 순자산 ÷ 주식 수

3. EPS = 당기순이익 ÷ 주식 수

4. P/B = 주가 ÷ BPS

5. P/E = 주가 ÷ EPS

6. ROE = 당기순이익 ÷ 순자산

7. (= 2 + 4) P/B = 주가 × 주식 수 ÷ 순자산

8. (= 3 + 5) P/E = 주가 × 주식 수 ÷ 당기순이익

9. (= 1 + 7) P/B = 시가총액 ÷ 순자산

10. (= 1 + 8) P/E = 시가총액 ÷ 당기순이익

11. (= 2 + 3) ROE = EPS ÷ BPS

12. (= 4 + 5) ROE = P/B ÷ P/E

주가, 주식 수, 순자산, 당기순이익만으로 대부분의 지표를 산출해 낼 수 있다. 2번 식과 4번 식을 조합해 7번 식을 도출할 수 있다. 그리고 7번 식을 1번 식과 연립하여 9번과 같은 식을 도출할 수도 있다.

어렵다고? 그럴 줄 알고 아래 그림을 준비했다. 이 그림을 이해하면 위에 있는 공식들은 까먹어도 된다.

▌ 재무제표와 투자 지표 간의 관계

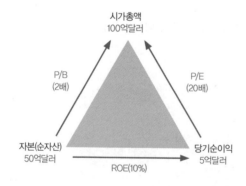

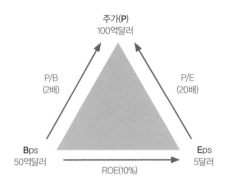

빨간색의 각 숫자는 이해를 돕기 위해 임의로 정한 것이다(주식 수는 1억 개로 가정하겠다). 여기서 삼각형 꼭짓점의 값들을 주식 수로 나누어주면 시가총액이 주가로, 자본이 BPS로, 당기순이익은 EPS가 된다. 즉, 주가(P)와 BPS(B)와 EPS(E) 사이의 관계가 P/B, P/E와 ROE를 나타낸다.

여기까지만 이해해도 초보적인 수준에서는 충분하지만, 이 외에도 많이 등장하거나 또 책 뒤에서도 사용되는 지표 몇 가지만 더 소개하고 마치겠다.

- **총자산이익률**Return On Assets. 이후 'ROA': 당기순이익을 기업의 총자산으로 나눈 값이다. 기업의 총자산이 20억 원이고, 당기순이익이 1억 원이라면 ROA는 0.05가 된다. ROA도 ROE와 같이 높을수록 좋다.
- **주가현금흐름비율**Price Cash flow Ratio. 이후 'P/C': 주가를 주당현금흐름CPS으로 나눈 값이다. 현금흐름은 장부에 기록된 순이익이 아닌 기업이 실제

로 활용할 수 있는 돈으로 P/C는 기업이 진짜 현금을 얼마나 활용할 수 있는지를 주가와 비교하여 현 주가가 저평가인지 고평가인지 확인하는 지표가 된다.

- **주가매출액비율**Price Sales Ratio, 이후 'P/S': 필립 피셔의 아들 켄 피셔가 고안해 낸 지표다. 흔히 기업을 소개할 때 '매출 얼마의 기업이다.'라고 말하는 것처럼 매출액은 크게 변하지 않는다. P/S는 기업의 가치를 보수적인 관점에서 평가할 때 이용하기 적절하다.

- **주당배당금**Dividends Per Share, 이후 'DPS': 배당금 총액을 발행주식 수로 나눈 값이다. 일반적으로 '배당 가격'과 같은 의미로 쓰인다. 주가에 비해 배당금이 얼마나 나오는지 가늠하는 척도가 된다.

- **기업가치 대비 상각 전 이익**이후 'EV/EBITDA': 기업가치EV를 이자, 세금, 감가상각, 감모상각 차감 전 이익EBITDA으로 나눈 값이다. 이 지표는 기업이 벌어들이는 가치 대비 기업가치가 대략 몇 배인지를 나타낸다. 예를 들어 EV/EBITDA가 5라면 이 기업을 샀을 때 5년 안에 투자금을 회수할 수 있다는 뜻이다. 값이 낮을수록 저평가다.

자, 지금까지 나무를 보는 투자를 하기 위한 나무 분석법들을 간단하게 살펴보았다. 간단하게 적는다고 했지만, 처음에는 결코 간단하게 느껴지지 않음을 누구보다 잘 알고 있다. 나도 초보였던 시절이 있기 때문이다. 아무리 봐도 이해할 수 없을 때는 우선 넘어가는 것도 방법이다. 그리고 정말 봐도 봐도 모르겠는가? 그래도 괜찮다. 나무에 대한 정보가 전혀 없이 숲이라는 큰 개념만 잡아도 투자할 수 있는 방법이 있으니 말이다.

'야후파이낸스닷컴' 에서 기업 정보 살펴보기

> "오를 만큼 올랐으니 더는 안 올라간다.
> 이렇게 생각하면 절대 10루타를 칠 수 없다.
> 기업의 이익을 보고, 전망이 좋다면 계속 보유해라."
> – 피터 린치

앞에서 손익계산서, 재무상태표, 현금흐름표, 이 3가지를 알아보았다. 재무제표가 무엇인지 얼핏 알게 되었고, 투자 지표도 얼추 해석하게 되었지만, 이런 것들을 어디서 어떻게 확인할까? 기업들의 재무제표나 투자 지표를 확인할 수 있는 웹사이트나 서비스는 많다. 여기에서는 그러한 대표 사이트 중 하나인 야후파이낸스를 이용하여 기업 정보를 살피는 방법을 알아보겠다.

손익계산서 분석하기

1. '야후파이낸스닷컴(finance.yahoo.com)'에 접속, 검색창에 원하는 종목의 티커를 입력하고 검색된 종목을 클릭한다.

▎ 야후파이낸스에서 애플의 티커 AAPL을 입력한 화면

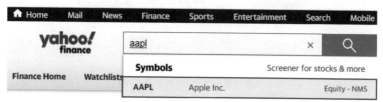

© 2021 Yahoo finance

2. 파란 글씨의 메뉴 중 7번째 'Financials'를 클릭하면 기업의 손익계산서Income Statement, 재무상태표Balance Sheet, 현금흐름표Cash Flow를 볼 수 있다. 기간은 연간Annual, 분기Quarterly 단위로 확인할 수 있다.

▎ 야후파이낸스닷컴의 메뉴 화면

© 2021 Yahoo finance

애플의 손익계산서

Apple Inc. (AAPL)
NasdaqGS - NasdaqGS Real Time Price. Currency in USD

☆ Add to watchlist

121.03 -0.93 (-0.76%) 121.16 +0.13 (0.11%)
At close: March 12 4:00PM EST   Pre-Market: 8:36AM EDT

Summary   Chart   Conversations   Statistics   Historical Data   Profile   **Financials**   Analysis   Options   Holders

Show: **Income Statement** | Balance Sheet | Cash Flow   Annual

Income Statement   All numbers in thousands

Breakdown	TTM	9/29/2020	9/29/2019	9/29/2018
> Total Revenue	273,857,000	274,515,000	260,174,000	265,595,000
Cost of Revenue	169,277,000	169,559,000	161,782,000	163,756,000
Gross Profit	104,580,000	104,956,000	98,392,000	101,839,000
> Operating Expense	37,442,000	38,668,000	34,462,000	30,941,000
Operating Income	67,138,000	66,288,000	63,930,000	70,898,000
> Net Non Operating Interest Inc…	1,052,000	890,000	1,385,000	2,446,000
> Other Income Expense	127,000	-87,000	422,000	-441,000
Pretax Income	68,317,000	67,091,000	65,737,000	72,903,000
Tax Provision	9,893,000	9,680,000	10,481,000	13,372,000
⌄ Net Income Common Stockhold…	58,424,000	57,411,000	55,256,000	59,531,000
> Net Income	58,424,000	57,411,000	55,256,000	59,531,000
Diluted NI Available to Com Stock…	58,424,000	57,411,000	55,256,000	59,531,000
Basic EPS	-	3.31	2.99	3.00
Diluted EPS	-	3.28	2.97	2.98
Basic Average Shares	-	17,352,119	18,471,336	19,821,508
Diluted Average Shares	-	17,528,214	18,595,652	20,000,436
Total Operating Income as Reported	67,138,000	66,288,000	63,930,000	70,898,000
Total Expenses	206,719,000	208,227,000	196,244,000	194,697,000
Net Income from Continuing & Dis…	58,424,000	57,411,000	55,256,000	59,531,000
Normalized Income	58,424,000	57,411,000	55,256,000	59,531,000
Interest Income	4,101,000	3,763,000	4,961,000	5,686,000
Interest Expense	3,049,000	2,873,000	3,576,000	3,240,000
Net Interest Income	1,052,000	890,000	1,385,000	2,446,000
EBIT	71,366,000	69,964,000	69,313,000	76,143,000
EBITDA	82,899,000	-	-	-
Reconciled Cost of Revenue	169,277,000	169,559,000	161,782,000	163,756,000
Reconciled Depreciation	11,533,000	11,056,000	12,547,000	10,903,000
Net Income from Continuing Oper…	58,424,000	57,411,000	55,256,000	59,531,000
Normalized EBITDA	82,899,000	81,020,000	81,860,000	87,046,000
Tax Rate for Calcs	0	0	0	0
Tax Effect of Unusual Items	0	0	0	0

© 2021 Yahoo finance

3. 손익계산서에서 우선 중요하게 살펴볼 항목은 누가 뭐래도 '이익'이다. '영업이익Operating Income' 항목과 '순이익Net Income'이 그것이다. 순이익은 간단하게 '기본 주당순이익Basic EPS'이나 '희석 주당순이익Diluted EPS'을 보아도 된다. 유사하게 'EBIT'이나 'EBITDA'를 보기도 한다. 애플의 경우 이익 면에서는 성장이 지지부진한 것으로 보인다.

4. 기업은 누가 뭐래도 매출액으로 말한다. '총매출액Total Revenue'을 확인하면 된다. 총매출액에서 매출원가Cost of Revenue를 뺀 '매출총이익Gross Profit'도 매출액만큼 보수적인 관점에서 기업을 평가하는 데 많이 보는 수치다. 매출액 관점에서도 애플은 다소 지지부진한 듯하다.

재무상태표(대차대조표)

1. 재무상태표에서 기억할 단 하나의 공식이 있다면 '부채Total Liabilities'와 '자본Total Equity'의 합은 '자산Total Assets'이라는 것이었다.

2. 재무상태표에서 도출해 낼 수 있는 중요한 지표는 '부채비율Debt to Equity Ratio'인데 이는 '총부채Total Debt'를 '자기자본Total Equity'으로 나눈 값이다. 그리고 총부채는 '단기 부채Current Debt'에 '장기 부채Long Term Debt'를 더한 값이다. 통상 적정 부채비율은 200% 이하로 본다. 400%를 넘어가면 업종과 상관없이 잠재 위험이 있다고 본다. 애플은 200% 미만이라 적정해 보인다.

3. '운전자본Working Capital'은 '유동자산Current Assets'에서 '유동부채Current Liabilities'를 뺀 값으로 정식 명칭은 '순유동자산Net Current Assets'이

다. 이는 회사의 단기적인 현금 지급 여력을 보여주므로 중요한 값이다.

재무상태표 활용 팁

재무상태표는 손익계산서와 함께 볼 때 투자 지표를 도출할 수 있어 더욱 유용하다. ROE, ROA와 같은 지표를 볼 때 끝의 'E'나 'A'가 '자본Equity', '자산Assets'인 것과 함께 연결시켜서 기억해 두면 더욱 유용하게 재무상태표를 활용할 수 있다. 또한 EPS, BPS와 같은 투자 지표에서 EPS는 손익계산서의 순이익에서, BPS는 재무상태표의 '자기자본Total Equity'에서 재무상태표의 맨 아래에 해당하는 '발행주식 수Share Issued'로 나누면 된다. 앞서 언급한 매출총이익에서 자본을 나눈 GP/A도 유의미하게 사용되는 지표이니 참고하자.

▌애플의 대차대조표

Balance Sheet All numbers in thousands   ↗ Expand

Breakdown	9/29/2020	9/29/2019	9/29/2018	9/29/2017
> Total Assets	323,888,000	338,516,000	365,725,000	375,319,000
∨ Total Liabilities Net Minority Int…	258,549,000	248,028,000	258,578,000	241,272,000
∨ Current Liabilities	105,392,000	105,718,000	116,866,000	100,814,000
> Payables And Accrued Exp…	42,296,000	46,236,000	55,888,000	74,793,000
> Current Debt And Capital …	13,769,000	16,240,000	20,748,000	18,473,000
> Current Deferred Liabilities	6,643,000	5,522,000	7,543,000	7,548,000
Other Current Liabilities	42,684,000	37,720,000	32,687,000	·
∨ Total Non Current Liabilities …	153,157,000	142,310,000	141,712,000	140,458,000
> Long Term Debt And Capit…	98,667,000	91,807,000	93,735,000	97,207,000
> Non Current Deferred Liab…	·	·	3,223,000	34,340,000
Tradeand Other Payables No…	28,170,000	29,545,000	33,589,000	·
Other Non Current Liabilities	26,320,000	20,958,000	11,165,000	8,911,000
> Total Equity Gross Minority Inte…	65,339,000	90,488,000	107,147,000	134,047,000
Total Capitalization	164,006,000	182,295,000	200,882,000	231,254,000
Common Stock Equity	65,339,000	90,488,000	107,147,000	134,047,000
Net Tangible Assets	65,339,000	90,488,000	107,147,000	126,032,000
Working Capital	38,321,000	57,101,000	14,473,000	27,831,000
Invested Capital	177,775,000	198,535,000	221,630,000	249,727,000
Tangible Book Value	65,339,000	90,488,000	107,147,000	126,032,000
Total Debt	112,436,000	108,047,000	114,483,000	115,680,000
Net Debt	74,420,000	59,203,000	88,570,000	95,391,000
Share Issued	16,976,763	17,772,944	19,019,944	20,504,804
Ordinary Shares Number	16,976,763	17,772,944	19,019,944	20,504,804

© 2021 Yahoo finance

현금흐름표

1. 먼저 가장 중요하다고 할 수 있는 '영업활동 현금흐름Operating Cash Flow'이다. 이 부분이 플러스인 것으로 보아 '영업을 통해 돈을 잘 벌어들이고 있구나' 하고 (아주 단순하게) 판단할 수 있다.

2. '투자활동 현금흐름Investing Cash Flow'은 마이너스이니 '투자에는 돈을 쓰고 있구나' 하고 판단할 수 있다.

3. '재무활동 현금흐름Financing Cash Flow'은 마이너스이니 '안정기여서 빚도 잘 갚고 있구나' 하고 판단할 수 있다. 극단적으로 단순화한 것이니 처음 보는 입장에서만 이 방식을 주로 활용하기를 바란다.

4. 대부분의 애널리스트들이 기업가치평가에 주로 사용하는 수치인 '잉여 현금흐름Free Cash Flow'●이란 것이 있다. 현금흐름표의 세 항목 중 가장 중요하다는 영업활동 현금흐름에서 '자본적 지출Capital Expenditure'을 뺀 값으로, 실제 사용할 수 있는 현금에 가장 가까운 값이다. 그리고 이는 주주에게 줄 수 있는 배당에 직결되는 수치라고도 할 수 있다.

Q 잉여 현금흐름 기업이 사업으로 벌어들인 돈 중 세금과 영업비용, 설비투자액 등을 제외하고 남은 현금을 의미한다. 철저히 현금 유입과 유출만 따져 돈이 회사에 얼마 남았는지 설명하는 개념이다. 투자와 연구개발 등 일상적인 기업 활동을 제외하고 기업이 쓸 수 있는 돈이다.

재무제표의 3가지 표를 이 정도로만 살펴볼 수 있어도 '꽤 괜찮은 초보'(?)가 되었다고 생각한다. 그리고 기왕이면 투자 지표와 이를 연결할 수 있으면 좋은데, 이 또한 야후파이낸스에서 쉽게 확인할 수 있다.

▌ 애플의 현금흐름표

Cash Flow　All numbers in thousands

Breakdown	TTM	9/29/2020	9/29/2019	9/29/2018
› Operating Cash Flow	80,008,000	80,674,000	69,391,000	77,434,000
› Investing Cash Flow	-10,618,000	-4,289,000	45,896,000	16,066,000
› Financing Cash Flow	-86,502,000	-86,820,000	-90,976,000	-87,876,000
› End Cash Position	35,039,000	39,789,000	50,224,000	25,913,000
Income Tax Paid Supplemental Data	11,878,000	9,501,000	15,263,000	10,417,000
Interest Paid Supplemental Data	3,135,000	3,002,000	3,423,000	3,022,000
Capital Expenditure	-8,302,000	-7,309,000	-10,495,000	-13,313,000
Issuance of Capital Stock	820,000	880,000	781,000	669,000
Issuance of Debt	22,794,000	16,091,000	6,963,000	6,969,000
Repayment of Debt	-13,908,000	-12,629,000	-8,805,000	-6,500,000
Repurchase of Capital Stock	-72,615,000	-72,358,000	-66,897,000	-72,738,000
Free Cash Flow	71,706,000	73,365,000	58,896,000	64,121,000

© 2021 Yahoo finance

투자 지표 살펴보기

1. 야후파이낸스 파란색 메뉴 중 4번째, '통계Statistics' 메뉴로 진입한다. 통계 메뉴에서는 투자 지표뿐 아니라 다양한 통계 수치를 확인할 수 있다. 많이 사용되는 수치들만 모아놓았다. '주가수익비율P/E'은 '후행 주가수익비율Trailing P/E'과 '선행 주가수익비율Forward P/E'로 표시되었는데, 쉽게 말해 후행지표는 '과거에 그랬다는 것'이고, 선행지표는 '미래에 이럴 것'이란 것이다. 즉, 미래 전망에 투자하려면 '선행Forward'에 집중해야 하고, 기존 상황에서 이 기업이 믿을 만한가를 볼 때는 '후행Trailing'을 봐야 한다.

2. 앞에서 등장했던 지표들이 보인다. '주가매출액비율Prices/Sales', '주가순자산비율Price/Book'이 그것이다. 또한 'EV/EBITDA'로 줄여서 불리는 표의 'Enterprise Value/EBITDA'도 낮을수록 저평가로 보는 대표적인 가치 지표이다. '주가수익성장비율PEG Ratio'은 뒤에서 가치주와 성장주 투자를 다룰 때 살펴볼 주요한 지표이다. 애플은 대표적인 성장주로 분류되는 만큼 주가수익성장비율도 2를 넘어가기에 높아 보이고, '주가매출액비율'도 7이 넘어가므로 높아 보이며, 주가순자산비율도 33으로 매우 높아 보인다. EV/EBITDA도 26으로 상당히 높다(기준은 뒤에서 더 자세히 다룰 것이니 우선 넘어가자). 성장주는 대부분 이렇게 가치평가 지표로 볼 때 고평가로 보이는 경우가 많다.

3. 하지만 성장주의 가장 중요한 지표라고 할 수 있는 '자기자본이익률Return on Equity'이 표에서 82%라는 것을 볼 때, 주가가 고평가되는 것이 오히려 당연하지 않은가 숙연해진다.

4. 앞서 배운 '부채비율Total Debt/Equity'도 쉽게 확인할 수 있다. 169%로 적정 수준인 것을 확인할 수 있다.

5. 배당 정보도 확인할 수 있다. '배당금액Dividend Rate', '배당률Dividend Yield'을 선행, 후행별로 확인할 수 있고, '배당성향Payout Ratio'도 보인다. 애플은 아직 성장주에 가까워 높지 않은 수준의 배당률과 배당성향을 확인할 수 있다.

6. 주당순이익Diluted EPS과 주당순자산Book Value Per Share도 살펴보자. 주가가 이 값보다 낮다면 저평가된 것이라고 볼 수 있다. 'MRQ'나 'TTM'과 같은 설명도 부록에 있으니 참고하기를 바란다.

투자 지표와 다양한 통계 데이터

Valuation Measures

Market Cap (intraday) [5]	2.18T
Enterprise Value [3]	2.22T
Trailing P/E	35.22
Forward P/E [1]	27.75
PEG Ratio (5 yr expected) [1]	2.02
Price/Sales (ttm)	7.41
Price/Book (mrq)	33.00
Enterprise Value/Revenue [3]	7.53
Enterprise Value/EBITDA [6]	26.02

Financial Highlights

Fiscal Year

Fiscal Year Ends	Sep 25, 2020
Most Recent Quarter (mrq)	Dec 25, 2020

Profitability

Profit Margin	21.74%
Operating Margin (ttm)	25.25%

Management Effectiveness

Return on Assets (ttm)	13.36%
Return on Equity (ttm)	82.09%

Income Statement

Revenue (ttm)	294.14B
Revenue Per Share (ttm)	17.13
Quarterly Revenue Growth (yoy)	21.40%
Gross Profit (ttm)	104.96B
EBITDA	85.16B
Net Income Avi to Common (ttm)	63.93B
Diluted EPS (ttm)	3.69
Quarterly Earnings Growth (yoy)	29.30%

Balance Sheet

Total Cash (mrq)	76.83B
Total Cash Per Share (mrq)	4.58
Total Debt (mrq)	112.04B
Total Debt/Equity (mrq)	169.19
Current Ratio (mrq)	1.16
Book Value Per Share (mrq)	3.94

Cash Flow Statement

Operating Cash Flow (ttm)	88.92B
Levered Free Cash Flow (ttm)	66.89B

Trading Information

Stock Price History

Beta (5Y Monthly)	1.27
52-Week Change [3]	74.22%
S&P500 52-Week Change [3]	21.10%
52 Week High [3]	145.09
52 Week Low [3]	53.15
50-Day Moving Average [3]	133.56
200-Day Moving Average [3]	122.30

Share Statistics

Avg Vol (3 month) [3]	103.6M
Avg Vol (10 day) [3]	80.05M
Shares Outstanding [5]	16.79B
Float	16.77B
% Held by Insiders [1]	0.07%
% Held by Institutions [1]	59.66%
Shares Short (Jan 28, 2021) [4]	91.86M
Short Ratio (Jan 28, 2021) [4]	0.79
Short % of Float (Jan 28, 2021) [4]	0.55%
Short % of Shares Outstanding (Jan 28, 2021) [4]	0.55%
Shares Short (prior month Dec 30, 2020) [4]	91.09M

Dividends & Splits

Forward Annual Dividend Rate [4]	0.82
Forward Annual Dividend Yield [4]	0.63%
Trailing Annual Dividend Rate [3]	0.81
Trailing Annual Dividend Yield [3]	0.62%
5 Year Average Dividend Yield [4]	1.44
Payout Ratio [4]	21.77%
Dividend Date [3]	Feb 10, 2021
Ex-Dividend Date [4]	Feb 04, 2021
Last Split Factor [2]	4:1
Last Split Date [3]	Aug 30, 2020

가치주 투자:
이것만 알아도
수익률이 달라진다

"극단적으로 높은 P/E 비율은 마치 안장을 얹고 뛰는 경주용 말이 불리하듯
주식에 있어서도 거의 예외 없이 그렇다."
– 피터 린치

우선 가치주라는 것이 무엇인지부터 정의하고 시작하겠다. 가치주라는 개념은 '투자의 현인'으로 불리는 벤저민 그레이엄으로부터 시작되었다. 전통적으로 가치주는 '저평가된' 종목을 말한다. 그렇다면 '저평가되었다'라는 평가는 어떻게 내릴까?

저평가된 주식이란

'주식이 저평가되었다.'라는 말은 펀더멘털, 즉 재무 측면에서 주식을 평가했을 때 해당 회사의 회계 장부를 근거로 저가에 주식이 거래

되고 있다는 뜻이다. 예컨대 A라는 회사의 순자산이 100억 달러이고, 주식이 100만 주 발행되어 있다면 기업의 순자산을 발행주식 수로 나눈 주당순자산가치는 1만 달러가 된다. 그런데 해당 기업의 주식이 1천 달러에 거래되고 있다면, 회사가 문을 닫을 때 주주가 가지고 있는 주식만큼 순자산을 나누어 준다고 해도(그럴 일은 없지만) 주당 1만 달러를 줄 수 있으니 현 주가가 1천 달러인 지금 '주가가 저평가되어 있다'라고 생각할 수 있는 것이다. 이때 앞서 배운 주가순자산비율인 'P/B Ratio(이후 P/B)'가 바로 0.1이 되는 것이다(실세로도 P/B가 0.1 이하인 기업이 존재한다).

벤저민 그레이엄은 가치주를 고르는 지표로 '순유동자산가치Net Current Asset Value, 이후 NCAV'를 들었다. 이는 재무상태표의 유동자산에서 기업의 부채 전체를 뺀 금액이다. 그레이엄은 이 값이 시가총액보다 큰 경우 회사가 장부 가치보다 못한 평가를 받고 있는, 즉 주가가 터무니없이 낮은 상태라고 판단해 집중적으로 투자했고 대부분 큰 수익을 올렸다. 그레이엄은 주가가 주당 'NCAV 67%' 이하인 회사에 투자하면 큰 이득을 볼 수 있다고 말했다.

실제로 뉴욕주립대학교에서 실시한 연구에 따르면, 1970~1983년까지 이 조건을 충족하는 주식을 매수하고 1년 동안 보유했을 때 평균 29.4%의 수익을 올렸다.[4] 《벤저민 그레이엄의 증권분석SECURITY ANALYSIS Sixth》에서 이 정보를 제시한 당시에는 이런 종목을 쉽게 찾을 수 있었지만, 이 사실이 널리 알려지면서 이런 종목들은 대부분 사라져 투자 기회를 많이 잃었다고 한다(이처럼 주식시장에서는 어떤 효과가 널리 알려지면 그 효과가 사라진다. 큰 틀에서는 효율적인 시장이다).

그의 또 다른 대표 저서인 《현명한 투자자*The Intelligent Investor*》에서는 특히 방어적 투자를 많이 강조했는데, 대표적으로 제시한 투자 지표가 'P/E'와 'P/B'이다. 그레이엄은 'P/E 15 이하'(최근 3년 평균 이익 기준), 'P/B는 1.5 이하'가 적당하다고 제시했다. 더 구체적으로는 P/E 가 15 미만이라면 P/B가 그만큼 더 높아도 되고, P/E와 P/B를 곱했을 때 22.5 이하를 기준으로 제시했다.

이러한 저P/B나 저P/E를 이용해 가치주를 대략 구분할 수는 있지만, 이러한 투자 지표만으로 '가치주니까 냉큼 매수하자!'라고 판단하는 것은 위험하다. 사실 이처럼 무 자르듯 '진정한' 가치주를 명확히 구분해 낼 수 없고, 그렇게 평가한들 미래의 수익이 보장되지도 않는다. 그저 일반적인 회계 기준으로 보았을 때 장부 가치에 비해 주가가 낮다는 식의 평가가 가능하고, 이런 식으로 고른 주식들을 일반적으로 '가치주'라고 부를 뿐이다. 그럼에도 가치주는 분명히 시장을 이기는 데 도움이 된다.

P/B, P/E뿐 아니라 주가매출액비율인 P/S, 주가현금흐름비율인 P/C와 같은 지표나 EV/EBITDA, 순유동자산가치인 NCAV도 가치주를 고르는 지표가 될 수 있다. 이런 다양한 기준에 따라서 각기 다른 방식으로 가치주들을 골라낼 수 있다. 이제부터 가치주를 고르는 지표들의 실효성을 검토하여 가치주 투자 전략 수립 시 참고할 수 있도록 하겠다.

P/B, 아직 살아 있다

P/B는 앞서 여러 번 말했듯 기업의 순자산에 비해 주가가 어떻게 평가되고 있는지를 보여주는 지표다. 최근 들어 P/B는 현시대에 사용할 만한 지표가 아니라는 말도 나오지만, 데이터로 보건대 나는 그렇지 않다고 생각한다. 투자 지표로서 P/B의 효과는 아직도 살아 있기 때문이다. 1927~2019년의 미국의 모든 주식을 P/B크기에 따라 상위 30%, 중위 40%, 하위 30%로 나누었을 때 수익률은 어땠을까?

▌ **P/B 3분위별 주식의 평균 수익률**(1927~2019년)

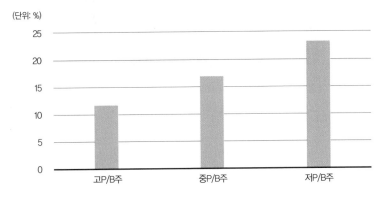

보다시피 저P/B 주식이 가장 높은 수익률을 차지했다. 우연일 수도 있지 않으냐고? 그럼 다음 방식으로 넘어가 보자. 미국 주식 전체를 대상으로 시가총액 상위 50%를 '대형주', 하위 50%를 '소형주'로 분류하고, P/B를 상위 30%, 중위 40%, 하위 30%로 나누었다.

1927~2019년의 평균 수익률을 분석해 본 결과 저P/B 소형주는 24%

라는 매우 높은 수익률을 보였다. 일반적으로 인기가 많은 주식들인 고P/B 대형주는 12%의 수익률로 가장 저조했다. 어쨌든 확실한 것은 가치주, 즉 P/B하위 30% 쪽으로 갈수록 평균 수익률이 증가했으며, 대형주보다 소형주에서 더 큰 폭의 성장을 확인할 수 있었다.

▌ P/B 6분위별 주식의 평균 수익률(1927~2019년)

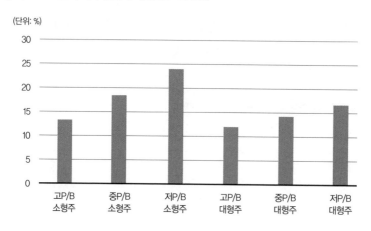

(단위: %)

예리한 독자라면 너무 과거에서부터 집계한 결과이기 때문에 수익률이 저렇게 높을 뿐, 지금은 다르지 않으냐고 물을 수 있다. 하지만 지금도 크게 다르지 않다. 2000년부터 2019년까지 집계한 P/B 기준에 따른 수익률 효과는 소형주에서 여전히, 아주 뚜렷하게 나타났다. 이번 경우도 대형주보다는 소형주가 큰 수익률을 보였지만, 확실한 것은 대형주든 소형주든 고P/B의 주식은 같은 시가총액 수준의 주식들 사이에서 가장 부진한 수익률을 보였다는 점이다. 이쯤 되면 하나는 확실히 얻어 갈 수 있겠다. 저P/B 소형주는 수익률이 매우 좋다.

그렇다고 아무 종목이나 골라놓고 '소형주에 저P/B니까 반드시 수익률이 좋을 것'이라고 생각해서는 안 된다. 이는 미국 전체 주식 중 P/B가 하위 30%인 주식들을 모아놓았을 때 얻은 결과일 뿐이다. 즉, 같은 논리로 20~30개 이상의 종목에 분산 투자했을 때나 이런 결과를 기대할 수 있다. 또 이는 장기간에 걸쳐서 나타난 결과이니 1, 2년 사이에 이런 수익률을 기대하는 것도 위험하다.

▌ P/B 6분위별 주식의 평균 수익률(2000~2019년)

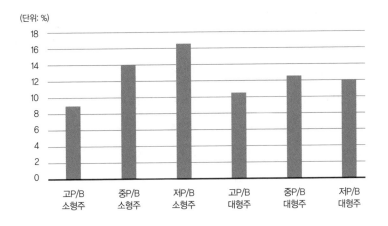

(단위: %)

이렇게 주의사항을 듣고 나니 불안해지는 분들을 위해 설명을 조금 더 추가하겠다. 주식 투자 시 수익률만 높으면 능사인가? 결론부터 말하자면 그렇지 않다. '하이 리스크, 하이 리턴'이라는 말은 모두 익숙할 것이다. 리스크가 큰 만큼 수익이 크고, 수익이 큰 만큼 리스크가 크다. 큰 틀에서는 맞는 말이다. 하지만 주식을 도박처럼 하는 많은 사람에게는 해당하지 않는 말일 수도 있다. 각종 인지 편향에 빠진 고독한

승부사들은 '하이 리스크, 로 리턴^{High Risk, Low Return}'을 경험하기도 한다. 그래서 이런 리스크 대비 수익률을 따지는 멋진 지표가 탄생했다. 바로 '샤프지수^{Sharp Ratio}', 혹은 '샤프비율'이다.

마음 편한 투자를 위해, 샤프지수

샤프지수는 투자수익률은 같을지라도 변동성이 큰 투자 대상일수록 수치가 낮아진다. 변동성이 높은 자산은 투자자에게 심리적으로 부담을 준다. 바람이 가볍게 부는 날 잔잔한 파도 위에서 튜브를 타고 평화로이 수영을 즐기는 사람과, 폭풍에 조난되어 위험천만한 파도 위에서 구명보트를 타고 버티는 사람은 결과적으로 똑같이 생존했을지라도 같은 경험을 했다고 볼 수 없다. 즉, 샤프지수는 같은 수익률일지라도 '변동성'이라는 심리적 부담을 포함해 주식을 평가한다. 샤프지수는 아래와 같은 수식으로 계산한다.

$$\text{샤프지수} = \frac{\text{(포트폴리오 수익률 – 벤치마크 수익률)}}{\text{(포트폴리오 수익률 – 벤치마크 수익률)의 표준편차}}$$

여기서 '벤치마크^{Benchmark} 수익률'이라는 것은 비교 대상이 되는 수익률로서 국채 금리나 S&P500지수의 수익률 등을 사용할 수 있다. 위 수식의 분모는 벤치마크 대비 변동성을 나타낸다고 보면 된다. '포트폴리오 수익률 – 벤치마크 수익률'은 초과수익률^{excess return}이라 부르며, 일반적으로 벤치마크 수익률은 무위험 수익률$^{\text{risk free rate of return}}$로써 미국 국채 금리 등을 사용한다. 이 경우에는 공식에서 벤치마크 수익률을 제외하고 '포트폴리오 수익률'로만 따지면 된다. 샤프지수는 높을수록 좋다. 수익률이 높거나 변동성이 낮을수록 이 지수가 높아지기 때문이다.

앞서 P/B를 기준으로 2000~2019년까지의 주식을 6가지로 분류했을 때, 각 주식의 샤프지수는 어떻게 나왔을까? 이 샤프지수를 구하기 위해 벤치마크 수익률로는 S&P500지수의 수익률을 사용했다.

▌ P/B 6분위별 주식의 S&P500지수 초과수익률과 샤프지수(2000~2019년)

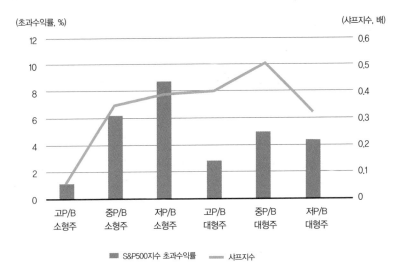

미국 주식 전체에는 뉴욕증권거래소와 나스닥, 아멕스^{AMEX}(뉴욕증권거래소와 나스닥에 이어 미국에서 3번째로 큰 증권거래소)까지 포함했는데 2000년대 이후는 모든 주식을 합친 경우가 S&P500지수보다 전체

적으로 성적이 좋았기에 모두 S&P500지수의 수익률을 초과했다. 그리고 앞서 살펴보았듯 저P/B 소형주가 수익률 면에서는 단연 우뚝 솟았다.

그런데! 샤프지수에서는 각 분류의 등수가 바뀌었다. 오히려 고P/B 대형주가 아주 근소한 차이로 저P/B의 소형주보다 샤프지수가 높았고, 중P/B 대형주가 가장 높은 수치를 보였다. 우리의 상식과 유사하게 크고, 우량하며, 주가 수준이 평범한 회사가 가장 안정적으로 수익을 가져다준다는 뜻이다.

P/E 모르고는 주식을 논하지 말라

다음 알아볼 지표는 'P/E'다. P/E 수준에 따라서도 뚜렷한 경향이 나타났을까?

▌ **P/E 3분위별 따른 주식의 평균 수익률**(1952~2019년)

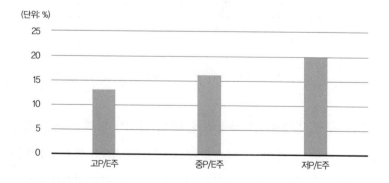

정답은 '그렇다'이다. P/B와 마찬가지로 P/E를 기준으로 주식을 골랐을 때도 연평균 수익률에는 차이가 있었다. 저P/E 소형주에만 투자했을 때 연평균 수익률은 20%를 초과했다. 앞선 경우와 마찬가지로 주식 전체를 6가지로 분류해 보자.

▌ **P/E 6분위별 주식의 평균 수익률**(1952~2019년)

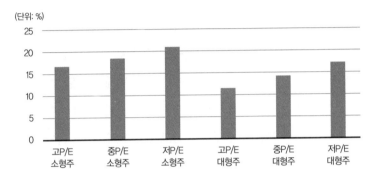

▌ **P/E 6분위별 주식의 S&P500지수 초과수익률과 샤프지수**(1952~2019년)

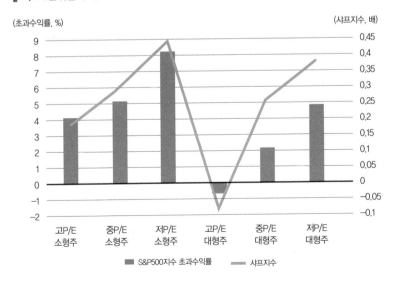

각 분류에 따른 경향은 더 뚜렷하게 나타났다. 소형주일수록, P/E가 낮을수록 연평균 수익률이 높았다. 변동성이라는 리스크를 고려한 샤프지수는 어떻게 나왔을까? 마찬가지로 S&P500지수의 수익률을 벤치마크로 사용했다.

이 경우 고P/E 대형주는 벤치마크 수익률보다 하회하는 결과를 보였다. 게다가 앞의 중P/B 대형주의 샤프지수가 가장 좋았던 것과는 달리 중P/E 대형주의 경우 샤프지수가 그다지 좋지 않았고, 저P/E 대형주가 오히려 샤프지수와 S&P500지수를 기준으로 한 초과수익률이 모두 높았다. 저P/E 소형주는 샤프지수나 수익률 면에서 모두 가장 좋았다. 이를 앞의 결과와 조합해 보면, 소형주의 경우 저P/E와 저P/B를 모두 만족하는 주식을 고르는 것이 좋다고 유추할 수 있다. 다만 중P/B 대형주가 샤프지수가 높은 데 반해 중P/E 대형주는 샤프지수가 높지 않기 때문에 샤프지수 차원에서 전략을 조합해 본다면 대형주의 경우에는 중P/B에 저P/E인 주식을 고르는 것이 좋다고 생각할 수 있을 것 같다. 이 자료를 보면 투자 기준으로 P/E와 P/B를 제시한 벤저민 그레이엄이 밝게 웃고 있지 않을까?

현금이 왕이다, P/C

앞서 용어 설명에서 P/C가 살짝 고개를 내밀었다. P/C는 '주가현금흐름비율'을 뜻한다. 즉, P/C는 기업에 진짜 들어온 현금을 바탕으로 주가가 적정하게 형성되어 있는지를 살펴볼 수 있는 지표다. 과연 이를 기준으로 투자를 하면 좋은 성과를 거둘 수 있을까? 미국의 유명한 투자자인 제임스 오쇼너시는 그의 저서 《What Works on Wall Street》에서 P/C 수준에 따른 주식 수익률에 관한 연구 결과를 발표했다.[5]

▋ 전체 주식과 대형주의 P/C 분위별 평균 수익률(1951~2003년)

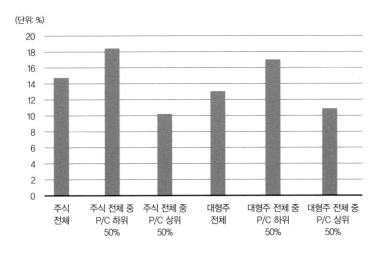

(단위: %)

위의 그래프에서 살펴볼 수 있듯 P/C를 기준으로 주식을 분류했을 때, 미국에 존재하는 주식 전체와 대형주 모두 P/C 하위 50%의 주식들이 상위 50%에 비해 월등히 높은 성과를 보였다.

다음은 미국의 전체 주식을 P/C 기준 10분위로 나누어 이에 따른 평균 수익률을 살펴본 그래프다. 여기서도 마찬가지로 P/C가 가장 낮은 1단계에서 가장 높은 수익률을 보였고 2단계에서 그다음으로 높은 수익률을 보였으며, P/C가 가장 높은 10단계에서는 가장 낮은 수익률을 보였다. 이 경우에도 P/C를 기준으로 주식을 고르는 것이 수익률

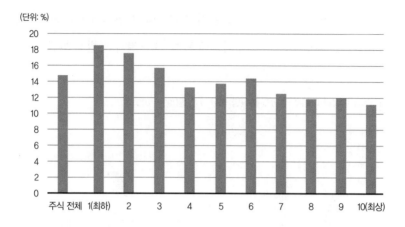

과 연관성이 높다는 점을 뚜렷하게 알 수 있었다. 이렇듯 가치주를 고르려면 P/C가 낮은 주식 중에서 선택하는 것이 수익률 측면에서 훨씬 유리하다.

내친김에 P/C가 낮은 주식을 골랐을 때 52년 동안 시장 내 전체 주식과 수익률이 얼마나 차이 났는지도 알아보자.

■ P/C 하위 50% 주식의 시장수익률 초과 횟수와 비율

항목	P/C 하위 50% 주식의 시장수익률 초과 횟수	비율(%)
1년 수익률	52회 중 31회	59.62
5년 복리 수익률	48회 중 29회	60.42
10년 복리 수익률	43회 중 30회	69.77

P/C 하위 50% 주식은 1년 단위와 5년 단위에서는 대략 60%의 확

률로 시장수익률을 초과했고, 10년 이상을 따져봤을 때는 70% 수준의 확률을 보여 P/C를 기준으로 고른 주식이 수익 면에서 상당한 확률적 우위를 가진다는 사실을 확인할 수 있다. 마지막으로 워런 버핏의 말을 새겨보자.

"현금은 왕이다."

기업은 역시 매출이 중요하다, P/S

이제 마지막 지표인 P/S를 확인해 보자. P/S도 앞서 짤막하게 등장했지만, 아직 생소하게 여기는 사람들이 많은 지표다. 이 지표는 켄 피셔가 그의 저서 《슈퍼 스톡스*Super Stocks*》에서 알린 후 지금까지 널리 사용되고 있다. 이 지표는 이익도, 자기자본도, 현금흐름도 아닌 기업의 '매출액'에 집중한다. 다른 지표들은 오히려 복잡한 회계 기술로 인해 진짜 가치가 가려질 위험이 있지만, 매출액은 그런 면에서 가장 보수적이고 확실한 수치라는 데에서 착안했다. 이번에는 P/S를 기준으로 두었을 때 각 주가의 상승률을 살펴보겠다. 앞서 P/C와 마찬가지로 이번에도 제임스 오쇼너시의 연구결과를 활용하겠다. 오쇼너시에게 감사를.

❚ 전체 주식과 대형주의 P/S 분위별 평균 수익률(1951~2003년)

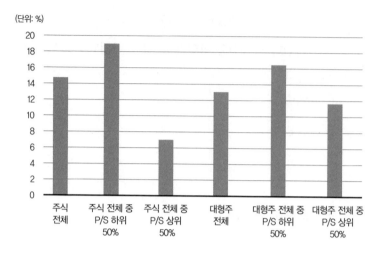

(단위: %)

P/C를 기준으로 주식을 분류했을 때와 비슷한 결과지만 전체 주식 중 P/S 상위 50%의 주식은 엄청나게 저조한 실적을 보인다. P/S 10분위에 따른 성적도 살펴보자.

❚ 시장 전체와 P/S 10분위별 주식의 평균 수익률(1951~2003년)

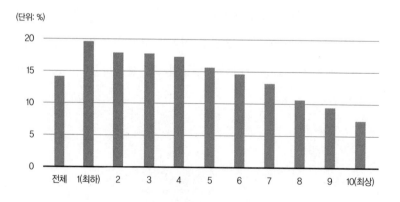

(단위: %)

이 경우 P/C를 기준으로 주식을 분류했을 때보다 훨씬 극적인 결과를 확인할 수 있다. 특히나 P/S가 높은 경우 수익률이 엄청나게 하락했다. P/S 하위 1위는 P/C 하위 1위보다도 수익률이 높은 19.35%로, 거의 20%에 달했다! P/S 하위 50% 주식에만 투자했을 경우 시장 전체 대비 승률은 어땠을까?

▌P/S 하위 50% 주식의 시장 전체 수익률 초과 횟수와 비율(1951~2003년)

항목	P/S 하위 50% 주식의 시장 전체의 수익률 초과 횟수	비율(%)
1년 수익률	52회 중 35회	67.31
5년 복리 수익률	48회 중 35회	72.92
10년 복리 수익률	43회 중 41회	95.35

놀랍다! P/S 하위 50%인 주식에만 투자한다면 10년 단위로 보았을 때 시장을 이길 확률이 95%에 달했다. 왜 켄 피셔라는 투자자가 피셔 인베스트먼트를 운영하면서 계속해서 시장수익률을 이겨왔는지 살짝 느껴볼 수 있는 대목이다.

지금까지 익히 알려진 대표적인 밸류 지표들을 사용하여 그것을 기준으로 선택한 주식들의 성적을 검증해 보고, 여전히 이 지표들이 유효하게 작동하는 것을 확인했다.

조금 혼란스러운 이야기일지 모르지만, 더 논의하고 싶은 내용이 있다. 최근 들어 가치투자는 끝났다는 이야기가 종종 들려온다. 전통적인 가치투자는 분명 성장주 투자에 비해 맥을 못 추고 있다. 하지만 이것이 가치투자라는 명제가 이제는 틀렸다는 사실을 의미할까?

나는 그렇지 않다고 생각한다. 가치투자의 기본 명제는 기업의 가치를 알아보고, 주가가 해당 기업의 가치에 비해서 저렴하다면 투자하라는 것이다. 이는 성장주를 포함한 모든 투자 대상에 적용할 수 있는 이야기다. 기업의 재무제표에서 얻을 수 있는 정보들이 요즘 주식의 가치를 제대로 반영할 수 있을까? 잘나간다는 IT 기업들의 경우 대부분 P/B, P/E가 높다. 이때 P/B가 20이라면 과연 고평가된 것일까? 뛰어난 엔지니어들과 컴퓨터만 있으면 무형 가치를 마구 생산해 내는 기업의 가치를 장부에 적힌 자산으로만 판단하는 것이 맞을까? 사무실이 없어도 엄청난 일을 수행할 수 있는 디지털 노마드들이 가득한 회사를 유형자산과 같은 장부 가치만으로 판단하기란 매우 어려울 것이다.

현시대의 가치투자를 '적정 가치를 찾는다.'라는 측면에서 접근한다면 단지 장부상의 가치가 아닌 새로운 가치 평가 방법이 필요하지 않을까? 이런 관점에서 앞서 설명한 저P/B, 저P/E 종목 같은 것들만이 꼭 가치주인지는 깊게 생각해 볼 필요가 있다.

가치주 투자 시 체크 포인트

1. P/B, P/E, P/S, P/C 각각 낮을수록 장기적으로 수익률이 좋았다.
2. P/B, P/E 가 각각 낮을 때 소형주일수록 장기적으로 수익률이 좋았다.
3. 샤프지수는 변동성까지 고려한 지표로 높을수록 좋다.
4. P/S 하위 50% 주식이 시장수익률을 초과한 비율은 10년 단위로 보았을 때 95%에 달했다.
5. P/E 15 이하(최근 3년 평균 이익 기준), P/B는 1.5 이하가 적당하다.

성장주 투자: 위대한 기업 골라내기

> "성장주가 훨씬 더 좋은 이유는 그들이 매 10년마다
> 수백 퍼센트의 가치 상승을 하는 것으로 보이기 때문이다."
> – 필립 피셔

기업의 가파른 성장세에 따라 주가도 빠르게 상승한 주식을 가리키는 '성장주Growth Stocks'는 '성장주 투자의 아버지'인 필립 피셔가 주창한 개념으로 '위대한 기업'이 될 것으로 판단되는 기업의 주식을 말한다. 필립 피셔는 주식을 고를 때 CEO의 능력이나 연구개발 역량 같은 기업의 질을 무엇보다 중시했다. 앞서 가치주가 계량적인 양에 집중했던 것과 상반된다고도 볼 수 있다.

최근은 성장주의 시대였다. 2020년에는 당시까지의 모든 성장주의 총수익이 가치주의 총수익을 넘어 큰 화제가 되었다(여기서 총수익은 배당수익을 다시 주식에 투자한 것까지 포함했다). 무려 45년 만에 처음 있는 일이었다. 이처럼 과거에는 진리처럼 여겨지던 가치투자가 최근 들

어서는 무너지는 추세처럼 보이기도 한다. 성장주 중심의 랠리가 끊임없이 이어져 왔고, 근 10년간의 추세를 보았을 때 높은 수익률을 달성하기 위해서는 성장주에 투자해야 할 것처럼 보인다. 이번 파트에서는 성장주를 고르는 방법, 또 성장주에 투자하면서도 안전장치를 장착하는 방법까지 알아보겠다.

성장주 투자를 위한 4가지 양적 지표

성장주는 대개 상승 추세에서 수익률이 매우 가파르게 올라가지만, 변동성 또한 매우 커서 하락할 때는 큰 폭으로 추락하는 특징이 있다. 대표적 성장주인 테슬라는 코로나19가 확산되었을 때 반토막, 단기적으로는 1주일 만에 주가가 30%보다 더 하락했다. 투자의 고전 명제인 '하이 리스크, 하이 리턴', 즉 고수익은 고위험에서 온다는 사실을 보여주는 단적인 예시다.

대충 테슬라, 애플 같은 주식이 성장성이 가파르다는 이야기는 들어보았는데, 이러한 성장주를 분류하는 기준이 있을까? 애초에 기업의 '질'에 집중하려는데 이 질을 수치로 계량화한다는 것이 부자연스럽기는 하다. 무 자르듯 정확한 기준은 없지만(그래서도 안 되지만) 대략이나마 성장주를 나타내는 지표들은 존재한다.

첫 번째 요건은 'ROE가 높은 기업'이라고 할 수 있겠다. 워런 버핏도 주식을 평가하는 단 하나의 지표를 꼽으라면 ROE를 꼽는다고 했다. 두 번째 요건으로는 '매출이 지속해서 성장하고 있는가'이다. 성장주는 대개 연 단위로 보았을 때 매출이 지속해서 증가한다. 세 번째는 '매출만 성장하는 것이 아니라 이익률이 개선되고 있는가'이다. 이는 EPS의 성장률로 평가할 수 있다. 세 번째 요건을 보완하기 위해 잠시 가치투자의 관점을 접목해 보겠다. 성장성을 보면서도 현 주가가 적정 수준인지를 평가하는 지표로는 '주가수익성장비율Price Earnings to Growth Ratio, 이후 PEG'을 들 수 있다. 이 지표는 P/E를 다시 EPS의 성장률로 나눈 것이다.

주가는 움직이지 않는데 주당순이익, 즉 EPS만 증가한다면 P/E는 줄어들고, 반대로 EPS가 감소하면 P/E 는 증가한다. EPS가 제자리인데 주가만 오르면 P/E가 오르고, 반대로 주가만 떨어지면 P/E는 낮아진다. 즉, 기업의 가치가 변하지 않는다고 가정하면 P/E가 높은 주식은 고평가, 낮은 주식은 저평가되었다는 뜻이다. 이 P/E가 제자리일 때 순이익의 성장률이 올라가면 PEG는 줄어들고, 순이익 성장률이 줄어들면 PEG는 증가한다. 순이익의 성장률이 그대로라면 앞서 설명한 P/E 관점에서만 생각하면 된다. 만약 P/E와 EPS의 성장률이 같다면 PEG는 1이 된다. 즉, PEG도 커질수록 해당 주식은 고평가, 작을수록 저평가된 것이라고 볼 수 있다.

월가의 영웅으로 불리는 피터 린치는 PEG가 1이면 현 주가가 적정하고, PEG 0.5 미만의 주식이 우리가 찾는 주식이라고 한 바 있다. 높은 성장성을 가진 성장주의 PEG가 0.5 미만이라면 이 수치는 해당 주식이 저평가되었다는 사실을 의미한다.[6] '영국의 워런 버핏'으로 불리는 짐 슬레이터는 대형주의 경우 PEG가 1 이하, 그 외에는 0.75 이하의 종목을 사는 것을 추천했고, EPS 성장률이 15% 이상인 종목을 고르

라고 했다. 또한 최근 5년 중 4년은 이익이 성장했어야 한다고도 했다.[7]

나스닥의 대표 성장주였던 애플의 주식을 예로 살펴보자. 애플은 2005년부터 매 분기 ROE가 20%를 상회했다. 수익률이 항상 20%를

▌ 애플의 매출액 추이(2005~2020년)

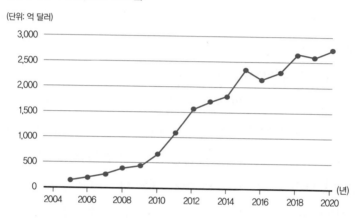

▌ 애플의 ROE 추이(2005~2020년)

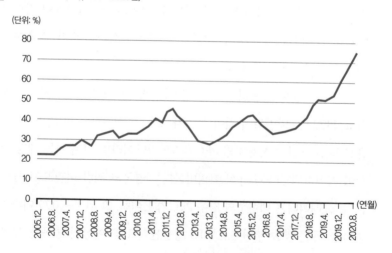

상회하는 회사라는 의미다. 게다가 ROE가 계속해서 우상향했다. 매출액도 마찬가지로 2016년과 2019년 2차례를 제외하고는 계속해서 상승했다.

연간 EPS도 급격한 기울기로 상승하는 것을 볼 수 있다. 2013년, 2016년, 2019년에는 잠시 정체되었지만 말이다. 그리고 2006~2012년까지는 EPS 성장률이 항상 30% 이상이었으나, 그 이후로 둔화되며(간혹 마이너스 성장률을 보이기도 한다) 0에 수렴하는 듯한 모습을 보이고 있다.

▌ **애플의 연간 EPS와 EPS 성장률 추이(2005~2020년)**

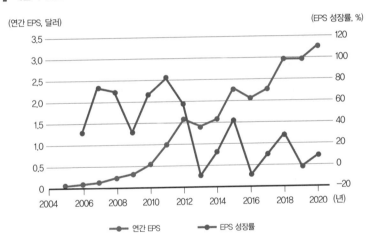

PEG는 어땠을까? PEG도 2007~2012년까지 0~0.5 사이로 주가는 저평가된 상태였다. 이후 PEG는 진동을 보이면서 2019년에는 심각하게 하락하기도 했으며, 2020년에는 3을 넘어 (PEG 기준으로는) 주가가

상당히 고평가된 모습을 보이기도 했다. 하지만 최소한 2012년까지는 앞에서 제시한 성장주의 3가지 기준을 모두 만족하는 모습을 보인다.

2006년에 애플 주식을 이 방식으로 분석해서 투자했다면 2006년 12월 말일 2.61달러였던 주식은 2012년 12월 말일에 6배가 넘게 상승한 16.54달러가 되어 있었을 것이다. 하지만 2012년이 지나자마자 팔았으면 아쉬울 것 같다. 2020년 말 애플 주식은 주당 132.69달러였으니 말이다.

▌ 애플의 연간 P/E와 PEG 추이(2007~2020년)

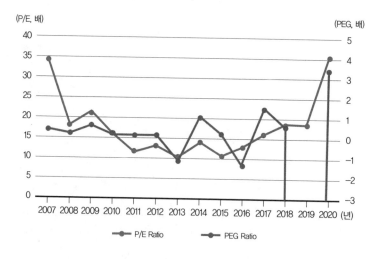

네 번째 요건은 처음 들으면 고개가 갸우뚱해질 수도 있다. 바로 '최근 3개월', '최근 6개월' 혹은 '최근 1년'과 같은 '최근 주가 상승률'이다. 주가가 오르고 내리려는 경향을 '모멘텀'이라고 부르고, 이는 현대 투자 지표의 정설로 자리 잡았다.

성장주들은 대부분 모멘텀을 타고 주가가 빠른 속도로 상승하는 경향이 있다. 그렇기에 모멘텀을 투자 지표로 본다는 것은 성장주 투자 시 절대 부자연스러운 행동이 아니다. 사실 성장주 투자는 가치주 투자와 달리 기업의 질에 초점을 맞추는 방식이므로 4가지 계량적 지표를 제시한 것 자체가 모순일지도 모른다. 그런데도 이런 성장주 투자 방식을 제안해 보는 이유는 최소한의 수치적 근거를 마련해야 단지 감으로 투자하는 우를 막을 수 있기 때문이다.

트레이딩 분야 책을 여러 권 집필한 래리 코너스는 S&P500지수가 상승 중일 때, S&P500의 ROE가 가장 높은 50개의 주식 중 최근 6개월간 주가 상승률이 가장 높은 종목 10개를 골라서 매달 한 번씩 교체하는 투자법을 제시했다. 그에 따르면 시장수익률을 훌쩍 뛰어넘는 연평균 성장률 18.7%의 뛰어난 성과를 보일 수 있다.

또한 '최근 주가 상승률'은 시장에서의 대응 방법을 알려준다. 예컨대 위의 3가지 조건들을 만족하며 1년 동안(임의의 기간) 수익이 플러스라면 투자를 지속하고, 1년 동안의 수익이 마이너스라면 주식을 매도하는 식으로 대응할 수 있다. 그리고 이 1년 동안 1개월 단위(임의의 기간)로 보유 주식을 평가하여 투자 지속 여부를 결정할 수 있다. 이러한 방식을 '절대 모멘텀 전략'이라고 부르는데 이는 5장에서 더 구체적으로 설명할 것이니 지금은 이 정도만 알아도 충분하다. 정 궁금하면 5장으로 넘어갔다가 돌아와도 괜찮다. 모멘텀 전략은 오를 때는 계속 오르고 내릴 때는 계속 내린다는 '추세는 항상 존재한다.'는 가정에 기반을 둔다.

성장주 투자를 위한 2가지 질적 지표

마지막으로 성장주를 평가하는 데 걸맞은(질적인 면에 해당하는) 2가지 지표를 더 말하려 한다. 첫째, '경제적 해자Economic Moats'가 있는 기업인가. '경제적 해자'란 워런 버핏이 말한 개념으로 타 기업과의 경쟁에서 우위에 설 수 있는, 차별화된 점을 뜻한다. 현재 당신이 사용하고 있는 물건과 서비스들을 돌아보며 다음과 같은 질문을 던져볼 수 있다. 스타벅스가 다른 브랜드로 쉽게 대체될 것 같은가? 넷플릭스보다 더 좋은 스트리밍 서비스 회사를 쉽게 찾을 수 있는가? 아이폰은 다른 스마트폰과 차별화되는가? 이런 질문들을 통해 해당 기업의 서비스나 제품이 충분히 차별화되었다고 생각한다면 이 질적 조건이 충족되는 기업이라고 할 수 있겠다.

둘째, 경영진을 향한 신뢰도가 높은가. CEO가 걸어온 행보, CEO의 경영 철학, 나아가 경영진의 자사주 보유 여부와 같은 조건들이 이를 질적으로 설명해 줄 수 있다(CEO가 신뢰 지표가 된 경우로는 과거 스티브 잡스나, 빌 게이츠, 최근의 제프 베이조스나 일론 머스크가 적절한 예일 것이다). 경영진이 자사주를 보유한다는 뜻은 본인들이 몸담은 회사의 주가가 상승하리라고 믿는다는 뜻이니 신뢰가 가지 않겠는가?

앞의 4가지 계량적인 조건을 충족하고 이 2가지 질적 조건도 만족하는 기업을 찾았다면 이 기업의 주식은 향후 10배, 100배 이상 오를 위대한 기업의 주식일지도 모른다.

성장주 투자 시 체크 포인트

1. 높은 ROE
2. 매출의 지속적 성장
3. 이익률 개선(EPS 성장률 15% 이상)
4. 대형주의 경우 PEG가 1 이하, 그 외에는 0.75 이하의 종목
5. 상승추세의 주가(모멘텀)
6. 경제적 해자
7. 신뢰할 만한 경영진 보유 여부

배당주 투자:
꼬박꼬박 월급 대신
배당 받기

"내게 즐거움을 주는 유일한 것이 뭔지 아시오?
배당금이 들어오는 것을 보는 것이오."
– 존 D. 록펠러

미국 주식 투자의 장점 중 하나가 '배당 문화'라고 언급했다. 국내에 비해 주주 친화적인 기업문화 덕에 미국에는 오랫동안 배당을 꾸준히 지급해 온 기업들이 다수 포진해 있다. 배당을 오랫동안, 꾸준히, '많이' 주는 주식을 흔히 '배당주'라고 부르는데, 배당률이 높은 주식의 기업들은 대개 오랫동안 성장해 와서 현재는 성장이 둔화되고 안정적으로 자리를 잡은 기업인 경우가 많다.

앞서 1장에서 섹터별 대장주들을 알아보았다(다우지수에 편입된 30개의 기업 중 상당수를 다루었다). 그 종목들 중 IT나 통신 업종을 제외하고는 배당주의 성격을 띠었는데 대부분 오랜 기간 존속한 회사이면서 큰 성장을 통해 이미 독점적인 지위를 획득했고, 그 과정에서 배당도 계속 늘려온 덕이다. 또 한편으로는 회사의 규모가 워낙 크다 보니 발전 속도는 둔화될 수밖에 없으므로 대부분 배당주의 성격을 띠게 되었다.

이처럼 일반적으로 배당주는 본인들의 차별화된 상품을 세상에 꾸준히 공급하는 기업이나, 통신업체와 같이 국가 전체(혹은 전 세계)에 어떤 인프라를 제공하여 지속적이고 안정적으로 수익을 올리고 있는 기업을 생각하면 된다. 다만 주가 상승으로 인한 시세 차익을 기대하기보다는 기업 이익의 일정 부분을 꾸준하게 배당받는 것에 초점을 맞춰야 한다. 이런 투자 방식이 바로 '배당주 투자'다. 부동산 투자로 따지면 월세를 노린 투자라고 볼 수 있겠다. 그렇다면 배당주를 잘 고르기 위해서는 무엇을 보면 될까?

투자금의 이자, 배당수익률

첫 번째는 바로 '배당수익률'이다. 나도 배당주를 고를 때 가장 먼저 이 지표를 살핀다. 주가가 변동하지 않는다고 가정하면 당연히 배당수익률이 높을수록 좋은 주식이다. 배당수익률이 곧 투자금의 이자율이 되기 때문이다. 주당 100달러, 5%의 배당수익률(배당금 5달러)인 주식을 1,000주 매수한다면 향후 주가가 전혀 상승하지 않아도 매년 5%에 달하는 5,000달러(100×0.05×1,000)의 수익을 꾸준히 올릴 수 있다. 그리고 배당금을 주식에 재투자하면 복리 효과도 누릴 수 있다. 그만큼 배당수익률은 배당주 투자에서 가장 기본이 되는 지표다.

배당의 베이스, 기업의 이익

고배당주에는 함정도 있기에 이를 피할 줄도 알아야 한다. 배당금은 동일한데 기업의 상황이 매우 좋지 않아 주가가 엄청나게 떨어졌다고 가정해 보자. 주당 100달러이고 배당금으로 5달러를 주던 기업의 주가가 20달러로 폭락했는데 배당은 줄이지 않아 그대로 5달러라면 이 기업의 배당수익률은 25%가 된다. 이런 고배당주는 기업에 큰 위험이 닥친 것은 아닌지 꼭 살펴봐야 한다. 그래서 두 번째로 봐야 할 지표가 '기업의 이익'이다.

아주 당연한 말이지만 배당은 기업의 이익을 주주에게 나누어 주는 것이다. 즉, 배당을 받기 위해서는 기업의 이익이 안정되어야 한다. 기업의 이익이 안정되었는지를 보려면 앞서 손익계산서에서 언급했듯 영업이익과 순이익을 주로 보면 된다. 기업의 사업 보고서를 찾아서 매년 영업이익과 순이익이 어떤지 먼저 보자(간단하게 살펴보려면 EPS 추이를 살펴봐도 좋다). 그리고 매출액을 확인하고 매출액이 지속해서 성장하고 있는지도 보자. 또 이 매출액과 영업이익, 순이익과의 비율인 영업이익률과 순이익률을 살펴보자. 예를 들어 대표적 배당주 3M은 오랜 기간 꾸준한 수준의 매출액, 영업이익, 순이익을 유지하고 있다.

자, 당신이 고른 주식도 이 수치들이 지속해서 성장하고 있는가? 아니라면 최소한 꾸준히 이익을 내고 있는 기업인가? '그렇다'라면 합격이다.

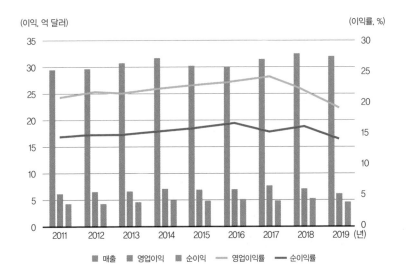

(이익, 억 달러)   (이익률, %)

■ 매출   ■ 영업이익   ■ 순이익   — 영업이익률   — 순이익률

이익을 나누는 비율, 배당성향

세 번째 지표는 바로 '배당성향'이다. 배당성향은 배당금을 주당순이익으로 나눈 값이다. 다시 말해 순이익 대비 어느 정도의 비율로 배당을 주는지를 말하는 값이다. 배당성향이 50%라면 이 기업은 순이익의 50%를 주주들에게 배당하는 성향의 기업이라는 뜻이다. 그렇다면 배당성향이 높을수록 좋은 기업 아닌가? 심지어 배당성향이 100%가 넘는 기업을 검색해도 상당수를 찾을 수 있다. 버는 것보다 더 많이 배당하는 기업, 얼마나 좋은가?

하지만 기업이 버는 금액보다 더 많은 배당금을 계속해서 준다는 것은 상식적으로 생각해도 말이 되지 않는다. 이렇게 하다가는 기업이 존속할 리가 없다. 매력적인 배당주라면 배당성향이 너무 과해서도 안 되고, 너무 저조해도 안 된다. 그렇다면 배당성향이 어느 정도면 적정할까? 켈리 라이트는 그의 저서 《절대로! 배당은 거짓말하지 않는다 Dividends Still Don't Lie》에서 배당성향이 50% 이하인 기업을 선호한다고 했다. 다만 유틸리티 기업 같은 경우는 75%까지도 본다고 말했다.[8] 이처럼 섹터별 배당성향의 평균치가 다소 상이하므로 이런 부분까지 고려하면 더욱 매력적인 배당주를 골라낼 수 있다.

배당금이 늘고 있는가, 배당성장

네 번째는 '얼마 동안 배당을 늘려왔는가'이다. 매력적인 배당주들은 대부분 5년 이상 꾸준히 배당을 늘려왔다. 또 이런 특성을 가진 주식들을 배당성장주라고 부른다. 사실 배당주 투자를 위한 단 하나의 조건을 고르자면 바로 이 네 번째 조건이라고 생각한다. 가장 확실하게 배당주로서의 신뢰를 보여줄 수 있는 지표이기 때문이다.

미국은 배당의 역사가 길기 때문에 배당을 얼마나 오래 늘려왔느냐에 따라 계급을 붙이기도 한다. 5년 이상 배당을 늘리며 지급해 온 기업을 '배당 블루칩Dividend Bluechips', 10년 이상은 '배당 성취자Dividend Achievers', 25년 이상은 '배당 귀족Dividend Aristocrats', 50년 이상은 '배당왕 Dividend Kings'이라고 부른다.

예로 3M은 50년간 배당을 늘려온 배당왕답게 2011년 이후로도 계속해서 배당금을 늘려가고 있으며, 배당수익률은 꾸준한 수준을 유지

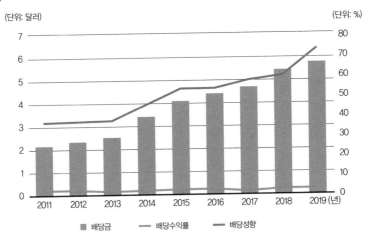

(단위: 달러)

(단위: %)

■ 배당금　　── 배당수익률　　── 배당성향

▌ 코카콜라의 배당 추이(2011~2019년)

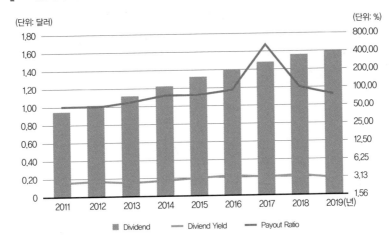

(단위: 달러)

(단위: %)

■ Dividend　　── Diviend Yield　　── Payout Ratio

하고 있다(다만 배당성향은 상승하는 추세이니 이런 부분을 주의할 필요가 있다). 또 다른 배당왕 코카콜라도 2011년부터 계속해서 배당금을 늘리고 있다. 2017년에는 순이익이 대폭 줄었기에 배당성향이 과장된 수준으로 집계되었다가 제자리로 돌아왔다. 코카콜라 그래프에는 각 요소를 영어로 표기해 두었으니 3M의 그래프와 비교하면서 영어도 익혀보길 바란다.

이렇듯 미국에는 배당왕에 해당하는 종목만 16개가 되니 어떻게 잘 고르느냐가 문제일 것이다. 가장 강력한 지표인 배당 계급을 기준으로 기업을 선정한 뒤, 앞의 3가지 조건을 함께 고려하면 효율적으로 투자할 만한 배당주를 발굴할 수 있다.

배당주 투자 시 체크 포인트

1. 높은 배당수익률
2. 꾸준한 수준의 매출액, 영업이익, 순이익
3. 적절한 배당성향(50%미만, 유틸리티 섹터의 경우 75%)
4. 배당성장 기간(배당 계급)

'핀비즈닷컴'에서 투자 지표로 기업 찾아보기

"공부와 노력 없이 무에서 유를 얻으려 해선 안 된다."
– 제시 리버모어

지금까지 책에서 설명한 지표를 대표적인 주식 정보 사이트 '핀비즈닷컴'에서 찾아보는 과정을 설명하려고 한다. 다만 여기서 설명하는 가치주나 성장주와 같은 기준에 얽매이지 말고 실전에서는 이 지표들을 종합적으로 고려해 적용하기를 바란다. 너무 많은 지표를 사용하는 것은 추천하지 않는다. 대개 단순한 것이 더 오래도록 살아남는 법이고, 너무 많은 지표들을 참조하여 전략을 수립하는 것은 백테스트(4장에서 설명한다)로 검증이 된다 하더라도 과최적화*의 위험이 있다.

Q 과최적화 과거의 데이터에 억지로 끼워 맞춰 전략의 수익률을 극대화한 것을 과하게 최적화했다는 뜻으로 과최적화라고 부른다. 과최적화된 전략은 과거에 과하게 맞춘 만큼, 미래에는 잘 맞지 않는 경향이 있다.

가치주: 저P/B 소형주 찾기

1. 먼저 핀비즈닷컴(Finviz.com)에 접속, 'Screener' 메뉴로 진입한다. 아래 그림에 표시해 둔 'Fundamental' 탭으로 진입하여 P/B를 'Low (<1)'로 선택한다. 앞서 저P/B 소형주가 수익률이 극대화된다는 것을 알아보았다.

▌핀비즈의 Fundamental 탭 화면

© 2021 Finviz.com

2. 이번에는 'Descriptive' 탭에서 'Market Cap.^{시가총액}'을 '-Small (under $2bln)'로 선택하자. 시가총액 20억 달러 미만의 소형주만을 고르겠다는 뜻이다. 이렇게 하면 종목을 더 압축할 수 있다.

▌Descriptive 탭 화면

© 2021 Finviz.com

3. 종목을 더 압축할 수도 있을까? 아이디어를 추가해 본다. 기본적으로 이익을 잘 내는 기업이 투자하기에도 안전하지 않을까? 영업이익이 플러스인 기업만을 솎아내기 위해 이번에는 'Fundamental' 탭에서 'Operating Margin영업이익률'을 'Positive (0>%)'으로 설정한다. 이왕이면 순이익도 플러스인 것을 고르면 좋으니 'Net Profit Margin순이익률'도 'Positive (0>%)'로 설정하자. 그리고 P/B 하위 20개 종목을 선택하기 위해 아래 표시되는 표의 타입을 'Valuation가치평가'으로 설정하고 P/B 오름차순으로 정렬해 주자. 대략적으로 원하는 하위 저P/B 20종목을 솎아보았다.

▍검색된 종목들의 모습

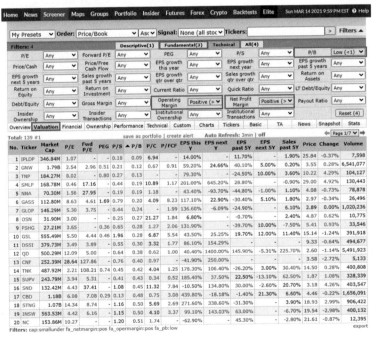

© 2021 Finviz.com

4. 이 방식에서 저P/E, 저P/S, 저P/C을 모두 섞어볼 수도 있겠다. 이번에는 저P/E 종목만을 고르기 위해 'Fundamental' 탭의 'P/E'를 'Low (〈15〉)'로 선택해 보자. 저 P/S 종목을 솎아내기 위해 'P/S'도 'Low (〈1〉)'로 선택해 보자. 저 P/C을 위해서는 'Price/Cash'를 'Low (〈3〉)'로 선택해 보자.

▌ 저 PER, PSR, PCR을 섞어 검색한 결과

No.	Ticker	Market Cap	P/E	Fwd P/E	PEG	P/S	P/B	P/C	P/FCF	EPS this Y	EPS next Y	EPS past 5Y	EPS next 5Y	Sales past 5Y	Price	Change	Volume
1	GNW	1.79B	2.54	2.96	0.51	0.21	0.12	0.67	0.91	59.20%	24.66%	40.10%	5.00%	0.20%	3.55	0.28%	6,541,077
2	NNA	70.30M	1.56	27.95	-	0.19	0.19	1.18	-	43.40%	-93.70%	-44.80%	-1.00%	1.10%	4.08	-0.73%	78,878
3	PSHG	27.21M	3.65	-	0.36	0.65	0.28	1.27	2.06	131.90%	-	-39.70%	10.00%	-7.50%	5.41	0.93%	33,546
4	QD	500.29M	12.09	5.00	-	0.64	0.38	0.62	1.00	40.40%	1400.00%	145.90%	-5.31%	225.70%	2.60	-1.14%	5,491,923
5	SUPV	243.79M	3.94	5.31	-	0.41	0.43	0.34	0.52	185.40%	37.50%	22.50%	-13.10%	62.50%	1.87	1.08%	328,339
6	CBD	1.18B	6.08	7.08	0.29	0.13	0.48	0.75	3.08	439.80%	-18.18%	-1.40%	21.30%	6.60%	4.46	-0.22%	1,656,091
7	BBAR	959.79M	3.24	4.48	0.10	0.84	0.51	0.62	-	222.50%	-9.69%	53.30%	31.93%	48.00%	2.88	0.35%	362,557
8	BMA	1.48B	2.44	3.08	0.10	0.99	0.57	0.73	3.30	14.30%	-25.14%	40.70%	24.74%	50.90%	14.42	1.48%	273,387
9	HAPP	53.10M	6.80	-	-	0.96	0.58	1.21	6.81	-34.60%	-	-	-	-	2.04	-0.49%	113,254
10	COHN	35.78M	1.99	-	0.40	0.27	0.65	0.85	0.87	254.40%	-	24.70%	5.00%	23.00%	26.50	-1.49%	15,336
11	TPC	1.00B	9.47	8.84	0.95	0.19	0.66	2.68	8.49	127.50%	12.10%	18.40%	10.00%	1.60%	20.07	2.03%	254,252
12	GGAL	1.47B	3.39	3.74	-	0.92	0.66	0.33	1.34	189.10%	-14.62%	62.50%	-	45.90%	7.94	1.02%	757,779
13	YRD	465.02M	11.62	4.55	-	0.57	0.72	1.06	5.13	-27.00%	2260.40%	177.00%	-1.49%	207.60%	5.16	2.99%	210,555
14	AAWW	1.78B	4.54	7.15	0.45	0.55	0.73	2.10	1.91	218.90%	-9.59%	115.40%	10.00%	12.00%	60.26	-2.27%	358,421
15	SNFCA	167.60M	3.75	-	-	0.40	0.75	1.10	-	-52.30%	-	2.80%	-	4.70%	10.17	0.59%	25,815
16	SSY	12.10M	5.72	-	-	0.28	0.77	1.08	3.18	69.80%	-	-29.50%	-	-8.30%	1.83	4.58%	158,066
17	VHI	553.26M	13.66	5.52	0.54	0.32	0.83	1.06	7.57	3.50%	435.82%	19.70%	25.50%	4.40%	19.83	1.33%	24,902
18	FFHL	35.65M	4.62	-	0.66	0.69	0.94	2.68	2.58	151.20%	-	16.60%	7.00%	3.40%	11.07	1.28%	9,129

이제는 결과가 1장으로 추려졌다. 밸류에이션상 정말 저평가된 종목만 남은 것이다. 하지만 이렇게 모두 저평가된 것으로 보이는 수치들을 가지고 있다고 절대 높은 수익률을 보장한다거나 더 안전하지는 않

다. 기업의 부채 상황이나, 사업 현황에 따라 주가는 더 떨어질 수도 있고, 소형주일수록 상장폐지 위험도 높다. 다만 여기서 알려준 방법에서 필터의 강도를 조금 약하게 조절한 뒤 시간 들여 기업을 찬찬히 살펴보고 사업 내용이나 재무제표가 탄탄한 기업 위주로 골라서 투자를 한다면 필시 데이터가 알려주듯 조금 더 높은 수익률을 얻을 수 있을 것이다.

성장주 찾기

1. 이 책에서 성장주는 계량적인 부분과 비계량적인 부분으로 나눠서 설명한 바 있다. 여기서는 계량적인 부분만 다루도록 하겠다.

  가. ROE가 높은가?

  나. 매출이 지속적으로 성장하고 있는가?

  다. 이익률이 개선되고 있는가? EPS가 성장하고 있는가? PEG가 대략 0.5 이하 수준인가?

  라. 최근 주가 상승률(모멘텀)이 좋은가?

2. 먼저 '가'를 확인해 보자. 'Fundamental' 탭에서 'Return On Equity^{자기자본이익률}'을 'Very Positive(>30%)'로 설정했다. '나'는 'Sales Growth Past 5 year$^{5년간 매출액 성장}$' 여부를 'Positive (>0%)'로 선택했다. 지난 5년간 매출액이 성장했다는 것으로 필터링하겠다는 뜻이다. '다'

를 확인하기 위해서 최근 EPS 성장이 플러스였는지를 'EPS Growth This Year올해의 EPS 성장'를 'Positive (>0%)'로 선택했고, 'EPS Growth Past 5 Years5년간 EPS 성장' 역시 'Positive (>0%)'로 선택했다. 또 PEG가 '0.5 이하 수준인 것' 대신 '낮은 정도 수준'으로만 감안하여 'Low (<1)'을 선택했다(0.5를 선택하기 위해서는 유료 버전을 사용해야 한다). '라'를 확인하기 위해 'Technical' 탭의 'Performance'에서 'Year Up'을 선택했다. 1년간 주가가 상승했다는 것이다. 선택된 모든 정보는 'All' 탭에서 아래와 같이 확인할 수 있다.

▌ 성장주를 찾기 위한 스크리닝의 모든 내역

Filters: 6			Descriptive	Fundamental(5)	Technical(1)	All(6)			
Exchange	Any	Index	Any	Sector	Any	Industry	Any	Country	Any
Market Cap.	Any	P/E	Any	Forward P/E	Any	PEG	Low (<1)	P/S	Any
P/B	Any	Price/Cash	Any	Price/Free Cash Flow	Any	EPS growth this year	Positive (>	EPS growth next year	Any
EPS growth past 5 years	Positive (>!	EPS growth next 5 years	Any	Sales growth past 5 years	Positive (>	EPS growth qtr over qtr	Any	Sales growth qtr over qtr	Any
Dividend Yield	Any	Return on Assets	Any	Return on Equity	Very Positi	Return on Investment	Any	Current Ratio	Any
Quick Ratio	Any	LT Debt/Equity	Any	Debt/Equity	Any	Gross Margin	Any	Operating Margin	Any
Net Profit Margin	Any	Payout Ratio	Any	Insider Ownership	Any	Insider Transactions	Any	Institutional Ownership	Any
Institutional Transactions	Any	Float Short	Any	Analyst Recom.	Any	Option/Short	Any	Earnings Date	Any
Performance	Year Up	Performance 2	Any	Volatility	Any	RSI (14)	Any	Gap	Any
20-Day Simple Moving Average	Any	50-Day Simple Moving Average	Any	200-Day Simple Moving Average	Any	Change	Any	Change from Open	Any
20-Day High/Low	Any	50-Day High/Low	Any	52-Week High/Low	Any	Pattern	Any	Candlestick	Any
Beta	Any	Average True Range	Any	Average Volume	Any	Relative Volume	Any	Current Volume	Any
Price	Any	Target Price	Any	IPO Date	Any	Shares Outstanding	Any	Float	Any
After-Hours Close	Any	After-Hours Change	Any						Reset (6)

© 2021 Finviz.com

Total: 28 #1   save as portfolio | create alert   Auto Refresh: 3min | off   ⇐ Page 1/2 ∨ ⇒

No.	Ticker	Market Cap	P/E	Fwd P/E	▲ PEG	P/S	P/B	P/C	P/FCF	EPS this Y	EPS next Y	EPS past 5Y	EPS next 5Y	Sales past 5Y	Price	Change	Volume
1	TROX	2.71B	2.92	10.22	0.06	0.98	1.65	4.38	22.61	920.40%	36.83%	32.00%	48.90%	12.80%	19.47	2.96%	1,900,579
2	PFSI	4.57B	3.11	5.47	0.15	1.00	1.39	8.57	-	327.70%	-32.80%	102.10%	20.73%	37.20%	65.70	-0.39%	532,464
3	BXC	378.48M	4.65	6.93	0.19	0.12	6.27	3784.84	7.38	552.90%	32.78%	53.30%	25.00%	10.10%	39.14	-2.10%	89,403
4	BIO	17.14B	4.43	45.66	0.25	6.73	1.69	17.29	35.98	116.60%	7.16%	101.00%	17.80%	4.70%	559.98	-1.57%	343,544
5	BSIG	1.62B	5.77	8.08	0.28	2.25	5.31	4.03	27.15	42.50%	24.18%	22.20%	20.63%	0.50%	20.17	-1.03%	362,936
6	INVA	1.20B	5.97	8.08	0.31	3.57	2.26	4.87	3.84	45.50%	-11.83%	70.50%	19.34%	44.20%	12.04	1.60%	470,619
7	ESGR	5.84B	3.42	17.73	0.34	2.19	0.87	6.48	2.02	90.00%	20.00%	46.80%	10.00%	24.10%	265.95	0.65%	53,969
8	SLM	6.29B	7.71	6.96	0.39	3.11	2.77	1.38	-	72.60%	6.38%	30.70%	20.00%	19.50%	17.07	-1.27%	2,498,645
9	CWH	3.71B	13.51	10.26	0.39	0.68	66.38	22.35	5.67	290.30%	-2.39%	7.40%	34.70%	10.70%	41.82	-0.38%	1,417,172
10	COHN	35.78M	1.99	-	0.40	0.27	0.65	0.85	0.87	254.40%	-	24.70%	5.00%	23.00%	26.50	-1.49%	15,336
11	LL	754.00M	12.46	16.84	0.42	0.69	3.30	4.44	5.34	508.00%	13.86%	24.40%	30.00%	2.30%	26.00	-0.31%	376,432
12	BIG	2.47B	4.32	10.72	0.46	0.40	2.08	4.51	5.75	60.90%	13.32%	20.20%	9.38%	0.60%	68.67	3.20%	1,044,631
13	KOP	771.86M	8.83	7.90	0.49	0.46	2.30	20.05	13.31	41.20%	12.99%	26.20%	18.00%	0.50%	37.27	1.89%	102,565
14	ATLC	518.85M	11.21	-	0.56	1.15	8.38	3.48	2.94	195.10%	-	26.40%	20.00%	15.40%	32.53	0.09%	31,215
15	LOGI	17.17B	18.14	23.49	0.60	3.88	7.96	12.37	17.66	74.20%	-27.10%	24.30%	30.04%	8.20%	98.96	-1.55%	652,921
16	NBIX	8.88B	23.34	20.45	0.70	8.49	8.05	11.09	40.83	977.20%	54.39%	42.90%	33.20%	121.20%	97.06	2.62%	551,649
17	APAM	4.01B	14.88	9.68	0.72	4.45	15.77	20.16	34.97	28.50%	8.68%	12.90%	20.70%	2.20%	49.98	-1.26%	404,944
18	LGIH	3.46B	10.87	10.59	0.73	1.46	3.05	96.32	17.33	81.70%	10.80%	39.20%	14.83%	30.30%	138.59	0.13%	280,605
19	PJT	2.60B	18.11	14.26	0.74	2.47	11.64	8.68	5.70	262.60%	10.20%	60.40%	24.40%	21.00%	72.75	1.41%	239,583
20	HEAR	417.33M	12.07	15.99	0.75	1.16	3.53	8.94	9.21	107.20%	26.09%	18.10%	16.00%	17.20%	26.89	-0.30%	329,135

Filters: fa_eps5years:pos fa_epsyoy:pos fa_peg:low fa_roe:verypos fa_sales5years:pos ta_perf...

export

© 2021 Finviz.com

3. 위와 같이 16종목만이 남았고, PEG 오름차순으로 정렬했다. 보통 성장주라면 P/E가 높은 것이 일반적인데, 대부분 P/E가 낮은 것을 확인할 수 있다. 아무래도 너무 엄격한 잣대로 종목을 골랐기에 일어난 현상일 것이다. 긍정적으로 해석하자면 남들이 관심을 갖지 못한 성장주를 찾아낸 것일 수도 있다. 하지만 아무도 관심이 없는 주식들 중에서 훌륭한 종목을 찾으려면 더 큰 노력이 필요할지도 모른다. 또 수익을 내기까지 더 많은 인내심이 필요할 가능성이 크다. 확실한 종목을 콕 집어낼 자신이 없다면 분산 투자를 하는 것이 답이다.

4. 검색된 특정 기업에 관심이 생겼다면, 해당 기업을 더욱 자세히 분석해 보고 투자 여부를 정하기를 바란다. 그리고 이외 비계량적인 부분이 성장주에서는 더 중요할 수 있다. '차별화된 제품이나 서비스

가 있어 경제적 해자가 되어주나?'와 같은 질문을 던져보아야 한다. 이런 부분은 증권사 리포트나 기업의 공시 자료(기업의 공시 자료는 구글에서 '기업이름(영어) investor relations'라고 검색하면 쉽게 찾을 수 있다)들을 검토하면 좋다. 또한 기업의 실제 서비스나 제품 사용 경험까지 있으면 더욱 좋다.

앞에서 수행한 방식은 예시일 뿐, 16개 종목만을 남긴 것은 너무 과도한 조건을 입력한 편이다. 실제로는 필터를 다소 약하게 조정하는 것이 좋다. 지나치게 좁은 선택지만을 남겨놓으면 그만큼 좋은 종목을 찾아낼 확률이 낮아지기 때문이다.

배당주 찾기

1. 배당주 투자에서 살펴봐야 할 지표는 4가지다.

가. 배당수익률이 높은가?

나. 기업이 이익을 내고 있는가? 매출액이 지속적으로 성장하고 있는가? 영업
이익률과 순이익률이 괜찮은 수준인가?

다. 배당성향이 적절한 수준인가? 배당성향이 50% 이하인가(유틸리티 섹터는
75%)?

라. 배당을 오랫동안 늘려왔는가?

2. 이번에는 처음부터 'All' 탭에서 모든 필터를 적용해 보겠다. 우선 배당주 투자는 일반적으로 시가총액이 높은 우량주에 투자하는 경향이 있으므로 대형주만 선택하기 위하여 'Market Cap.'을 '+Large (over $10bln)'으로 선택하여 시가총액 100억 달러 이상만 걸러냈다.

3. '가'는 'Dividend Yield배당률'을 'Over 3%'를 선택하여 3% 이상의 배당수익률을 얻을 수 있도록 하였다. '나'를 위해서 지난 5년간의 EPS가 성장했는지를 기준으로 두었다. 'EPS Growth Past 5 Years5년간 EPS 성장'을 'Positive(>0%)'로 선택했다. '다'를 위해서는 'Payout Ratio배당성향'을 'Under 50%(50% 미만)'로 선택했다. 마지막 '라'는 핀비즈에서 확인할 수가 없어서 뒤에서 다시 확인하겠다. 일단은 '다'까지 적용한 결과를 살펴보자. 15개의 배당주가 검색되었고, 시가총액 내림차순으로 정렬하였다.

▌ 배당주를 스크리닝하기 위한 필터 정보

Filters: 4			Descriptive(2)		Fundamental(2)		Technical		All(4)		
Exchange	Any ⌄	Index	Any ⌄	Sector	Any ⌄	Industry	Any ⌄	Country	Any ⌄
Market Cap.	+Large (o ⌄	P/E	Any ⌄	Forward P/E	Any ⌄	PEG	Any ⌄	P/S	Any ⌄
P/B	Any ⌄	Price/Cash	Any ⌄	Price/Free Cash Flow	Any ⌄	EPS growth this year	Any ⌄	EPS growth next year	Any ⌄
EPS growth past 5 years	Positive (> ⌄	EPS growth next 5 years	Any ⌄	Sales growth past 5 years	Any ⌄	EPS growth qtr over qtr	Any ⌄	Sales growth qtr over qtr	Any ⌄
Dividend Yield	Over 3% ⌄	Return on Assets	Any ⌄	Return on Equity	Any ⌄	Return on Investment	Any ⌄	Current Ratio	Any ⌄
Quick Ratio	Any ⌄	LT Debt/Equity	Any ⌄	Debt/Equity	Any ⌄	Gross Margin	Any ⌄	Operating Margin	Any ⌄
Net Profit Margin	Any ⌄	Payout Ratio	Under 50% ⌄	Insider Ownership	Any ⌄	Insider Transactions	Any ⌄	Institutional Ownership	Any ⌄
Institutional Transactions	Any ⌄	Float Short	Any ⌄	Analyst Recom.	Any ⌄	Option/Short	Any ⌄	Earnings Date	Any ⌄
Performance	Any ⌄	Performance 2	Any ⌄	Volatility	Any ⌄	RSI (14)	Any ⌄	Gap	Any ⌄
20-Day Simple Moving Average	Any ⌄	50-Day Simple Moving Average	Any ⌄	200-Day Simple Moving Average	Any ⌄	Change	Any ⌄	Change from Open	Any ⌄
20-Day High/Low	Any ⌄	50-Day High/Low	Any ⌄	52-Week High/Low	Any ⌄	Pattern	Any ⌄	Candlestick	Any ⌄
Beta	Any ⌄	Average True Range	Any ⌄	Average Volume	Any ⌄	Relative Volume	Any ⌄	Current Volume	Any ⌄
Price	Any ⌄	Target Price	Any ⌄	IPO Date	Any ⌄	Shares Outstanding	Any ⌄	Float	Any ⌄
After-Hours Close	Any ⌄	After-Hours Change	Any ⌄							Reset (4)

© 2021 Finviz.com

No.	Ticker	▼ Market Cap	P/E	Fwd P/E	PEG	P/S	P/B	P/C	P/FCF	EPS this Y	EPS next Y	EPS past 5Y	EPS next 5Y	Sales past 5Y	Price	Change	Volume
1	BHP	170.59B	27.14	16.43	5.12	3.69	3.85	17.92	15.11	-5.70%	-0.77%	19.60%	5.30%	-0.80%	74.58	0.65%	2,246,875
2	LFC	118.75B	7.66	8.16	0.12	0.97	0.94	9.53	2.43	411.50%	-6.43%	12.60%	62.30%	10.70%	10.69	-0.74%	649,179
3	LMT	95.16B	13.89	12.13	2.29	1.46	15.82	30.11	26.05	11.60%	6.51%	19.80%	6.08%	10.00%	340.19	0.14%	2,143,872
4	MET	53.07B	10.81	8.76	2.57	0.78	0.74	2.68	5.32	-6.20%	12.24%	10.50%	4.20%	2.00%	61.09	1.80%	3,811,110
5	NEM	46.78B	17.84	15.59	-	4.07	2.06	8.02	17.04	-15.30%	0.48%	3.03%	-1.41%	13.60%	58.99	0.92%	5,664,878
6	MFC	41.73B	9.30	6.41	1.05	0.68	1.11	2.00	2.95	6.00%	7.22%	23.40%	8.82%	15.90%	21.79	0.60%	2,516,931
7	SRE	38.40B	20.13	15.12	2.37	3.40	1.84	40.00	-	9.20%	5.64%	4.00%	8.50%	2.20%	128.75	1.45%	1,486,895
8	EC	27.42B	19.32	9.51	-	1.79	1.82	8.65	-	14.70%	12.04%	18.30%	-13.00%	1.40%	13.27	-1.12%	912,177
9	TLK	23.41B	18.30	-	2.10	2.50	3.19	13.06	13.78	7.10%	-	5.40%	8.70%	8.60%	24.01	0.29%	81,871
10	KB	19.04B	5.76	-	1.18	1.49	0.46	0.23	-	3.70%	-	14.70%	4.90%	6.90%	44.40	-1.68%	433,824
11	PFG	16.66B	12.20	9.08	1.25	1.13	1.02	5.84	5.52	1.70%	13.30%	4.50%	9.77%	4.20%	61.55	0.74%	1,067,789
12	FNF	11.94B	8.37	8.89	1.03	1.11	1.46	4.39	11.06	32.40%	-3.39%	32.00%	8.10%	10.10%	41.77	1.88%	1,280,861
13	BSAC	11.93B	16.57	11.15	2.86	3.81	2.41	0.69	-	-6.00%	22.79%	2.90%	5.80%	1.40%	25.53	-0.70%	380,625
14	NRG	10.41B	20.15	6.92	-	1.14	5.98	2.67	7.93	-86.70%	4.09%	16.10%	-12.70%	-5.90%	41.50	-2.44%	3,147,057
15	WU	10.03B	13.78	10.79	1.49	2.07	54.89	7.02	21.31	-27.00%	11.22%	2.00%	9.25%	-2.50%	24.70	1.19%	4,418,140

Total: 15 #1   save as portfolio | create alert   Auto Refresh: 3min | off   Page 1/1

Filters: cap:largeover fa_div:o3 fa_eps5years:pos fa_payoutratio:u50   export

4. '라'의 조건을 확인하기 위하여 '디비덴드닷컴(dividend.com)'에 접속하자. 이곳은 배당 정보를 주로 다루는 사이트로 배당주 투자 시 유용하니 이참에 활용법을 알아두자. 먼저 상단 메뉴의 돋보기 버튼을 눌러 위의 목록 중 3위에 있었던 'LMT'를 검색해 보겠다.

▌ 디비덴드닷컴에서 검색하기

5. '록히드마틴Lockheed Martin'이 검색되었다. 뉴욕증권거래소에 상장된 유명한 전투기 제조 기업이다. 기업명을 클릭해 보자.

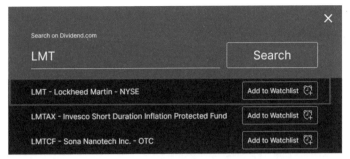

© 2021 Dividend.com

6. 'Years of Dividend Increase$^{배당 증가 연수}$'가 바로 몇 년 동안 배당을 늘려왔는지에 대한 정보다. LMT의 경우 19년간 배당을 늘려왔음을 확인할 수 있다. 이렇게 디비덴드닷컴까지 활용하면 4가지 정보를 모두 만족하는 배당주를 선택할 수 있다.

▌디비덴드닷컴에서 확인한 록히드마틴의 기업 개요

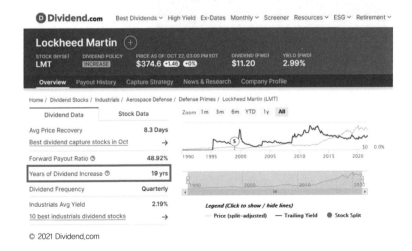

© 2021 Dividend.com

7. 방식과 수치 등을 교체해 종목을 고를 수도 있다. 디비덴드닷컴을 활용하면 배당 귀족과 배당왕 들을 고를 수도 있다. 웹사이트 첫 화면에서 'Best Dividends최고의 배당주' 메뉴를 눌러 Popular Dividend Payers인기 있는 배당금 지급자 탭에서 'Dividend Aristocrats배당 귀족'를 선택한다.

▌ 디비덴드닷컴의 배당귀족 메뉴

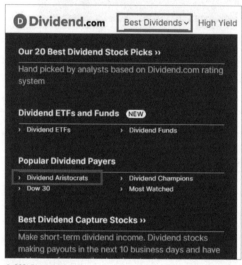

© 2021 Dividend.com

8. Income 탭을 선택하고 종목 리스트 화면 제목줄의 'DIVIDEND GROWTH STREAK연속 배당 증가'를 눌러서 배당 증가 기간을 내림차순으로 정렬한다. 50년 이상 배당을 늘려온 배당왕부터 정렬된 것을 확인할 수 있다. 이렇게 배당왕부터 찾아보며 앞서 핀비즈를 통해 확인했던 지표들을 역으로 적용시켜 나가는 방법도 있다. 이처럼 본인들의 생각을 접목해 다양한 방식으로 투자 종목을 찾아보기를 바란다.

▌배당왕부터 정렬된 모습

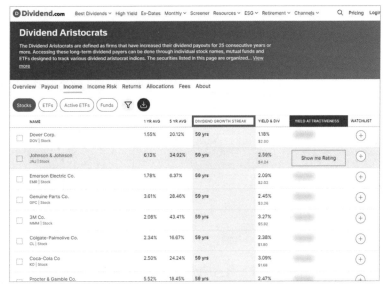

© 2021 Dividend.com

내 그럴 줄 알았지,
사후 과잉 확신 편향

사람들은 성공과 실패의 결정적 이유를 명확하게 듣기를 원한다. 착각일지라도 충분히 납득할 만한 논리를 듣고자 한다. 하지만 이런 논리는 운의 결정적 역할을 외면하는 단순한 착각에 불과하다. 이러한 논리의 타당성을 평가하려면 사건 전에 이를 예견할 만했는지를 봐야 한다. 세계 금융 위기를 점쳤다고 말하는 사람은 넘쳐난다. 그 사람들은 모두 주가가 떨어진다는 쪽에 베팅해서 돈을 벌었나? 돈을 벌었다고 하더라도 그것이 운이 아니란 보장이 있나? 또 그 사람들은 매번 본인이 고른 종목으로 돈을 벌었나? 만약 그렇다면 그들이 동전 던지기처럼 우연히 미래를 몇 번 맞힌 것은 아닌지, 10개의 동전을 던져놓고 모두 앞면이 나온 결과만 언급하면서 "거봐, 전부 앞면이 나온다니까."라고 하지는 않는지 자세히 지켜보라.

사후 과잉 확신 편향Hindsight Bias의 핵심은 '예견 가능성'에 있다. 이 편향에 빠지면 무모한 도박의 결과로 얻은 승리를 타고난 재주나 혜안의 결과라고 평가하기 쉽다. 즉, 결과론적인 사고를 하는 것이다. '코로나19 증시 하락 시기에 빚을 최대로 끌어서 투자했으면 부자가 될 수 있었는데' 하고 후회하는 것도 마찬가지다. 끼워 맞추기를 통해 전혀 인과관계가 없는 논리에 꽂힐 수도 있다. 또한 그런 것들을 의심한 분별 있는 사람들을 겁쟁이로 치부해 버리기 쉽다. 예측이 적중한 데에 심취하여 투자를 결정하지 않도록 주의하자. 앞서 확증편향을 다룰 때 언급했듯 사람은 믿고 싶은 대로 믿는 동물이다. 그냥 믿고 싶어서 믿는다면 굳이 말릴 생각은 없다. 책임은 당신의 몫이니까.

주식 거래의
기술

4장

시장을 이긴다는 것

"시장을 능가하는 것은 어렵다."
– 존 템플턴

초심자라면 이번 장에서 '시장을 이긴다는 것'의 온전한 의미를 꼭 알아갔으면 좋겠다. 먼저 시중에서 접할 수 있는 '시장을 이긴 마법 공식'과 같은 투자 기법만으로 시장을 이길 수 있을지 고찰해 보겠다. 그리고 알파와 베타라는 개념을 이해하고, 한 투자자의 가상의 시나리오를 돌아보면서 시장을 이긴다는 의미에 대해서 함께 생각해 보자.

시장을 이기는 마법의 공식?

과연 투자 기법만으로 시장을 이길 수 있을까? 결론부터 말하자면 정답은 '때로는 그렇다.'이다. 하지만 언제나 시장을 이길 수 있는 마법 같은 기법은 존재하지 않는다. 과거부터 많은 이가 시장 초과수익률을 올릴 수 있는 전략을 연구해 왔다.

많은 사람이 연구했다는데 '설마 언제나 통하는 마법 같은 전략 하나 없으랴?'라고 물을 수 있겠다. 장기적으로는 어떤 전략이든 시장의 평균수익률에 수렴할 확률이 높다. 시장수익률을 뛰어넘은 사람과 그렇지 못한 사람들의 합이 바로 '시장수익률'이기 때문이다.

주식시장이라는 전쟁터에서 수많은 사람이 전략을 연구하고 돈을 더 벌어 가기 위해 노력한다. 하지만 결국 주식의 가치는 기업의 이익에 수렴하게 되어 있고, 어떤 노력을 한다고 해도 그 노력들의 총합이 결국 시장수익률이다. 이 치열한 전쟁터에서 언제나 통하는 마법 같은 기법은 존재하지 않는다. 그나마 비합리적인 참여자가 손실을 더 보고, 합리적인 참여자가 이득을 더 보게 된다는 것 정도가 주식시장의 마법 공식이라고 할 수 있겠다.

알파와 베타

일단 '알파$^{\alpha}$'와 '베타$^{\beta}$'를 먼저 짚고 넘어가겠다. 알파와 베타는 투자자의 투자 전략과 포트폴리오를 평가하는 데 사용하는 지표다. '알파'는 일반적으로 '시장 초과수익률'을 말한다(보다 정확히는 비교 대상이 되는 벤치마크 초과수익률을 말한다). 예를 들어 시장수익률이 10%일 때 투자자가 15%의 수익을 창출하면 "5%의 알파를 창출했다."라고 말한다. 앞으로 어디서 '알파를 창출했다.'와 같은 말을 들으면 '시장수익률보다 더 벌었구나' 하고 생각하면 된다. 즉, 알파는 항상 높을수록 좋다. '베타'는 '시장 대비 변동성'이다(정확히는 벤치마크 대비 상대적 변동성을 뜻한다). 베타가 1이라면 시장수익률과 수익률이 일치했다는 뜻이다. 베타가 2라면 시장수익률이 10%일 때 20%의 수익을 창출했지만, 시장수익률이 −10%라면 −20%의 손실을 기록했다는 뜻이다. 물론 0.5와 같이 시장보다 등락폭이 낮은 경우도 있다. 높은 수익률을 추구하는 투자자의 경우는 높은 베타를 선호하기도 하지만, 안정적인 수익률을 추구하는 경우는 낮은 베타를 선호한다.

연 100% 수익률의 슈퍼개미 A

TV와 유튜브에 자주 등장하는 슈퍼개미 A 씨는 연 100%의 수익률을 자랑한다. 그리고 이를 뒷받침하는 다양한 마법 공식들과 차트 분석법 등을 설파한다. 베스트셀러도 냈고, 최근 2년간 자산이 무려 4배로 불어난 엄청난 수익률 그래프도 공개했다. 그는 수십만 구독자를 보유하고 있고, 업계에서 전설처럼 여겨지며, 그의 공식을 수많은 사람이 따라 하기 시작했다.

5년이 흘렀다. 그는 여전히 업계에서 유명하고 슈퍼개미로 불리며, 100억대 자산가가 되었다. 그런데 아무도 모르는 그의 10년간 수익률을 우연히 알게 되었다.

▌ 슈퍼개미 A의 10년간 수익률

연도	수익률	누적수익률
2018	−25%	−25.0%
2019	−15%	−36.3%
2020	150%	59.4%
2021	60%	155.0%
2022	30%	231.5%
2023	−25%	148.6%
2024	−10%	123.8%
2025	45%	224.5%
2026	5%	240.7%
2027	20%	308.8%

일반 투자자들이 매스컴이나 소셜 미디어 등을 통해 슈퍼개미 A 씨의 이야기를 접하는 시점

10년간 누적수익률이 300%가 넘으니 슈퍼개미 A 씨는 10년간 자산을 무려 4배 넘게 불린 훌륭한 투자자임은 틀림없다. 또한 시장수익률을 뛰어넘는 알파를 창출하기도 하였으니 칭찬받아 마땅하다. 주목을 받았던 해인 2020년과 2021년을 합쳐 연평균 성장률이 100%였던 것도 사실이다. 실제로 월평균 수익률이 30%가 나온 적도 있었다. 그런데 이 경우 연평균 성장률은 얼마였을까?

15.12%였다. 분명히 높은 수치지만, 앞서 연 100% 수익률이라는 이야기에 비해서는 전혀 자극적이지 않다. 100억대 자산가라는 헤드라인도 굉장히 매력적이지만, 실상은 주식만으로 불린 것은 아니고 유명세를 타면서 수많은 강의와 방송 출연 등으로 벌어들인 돈을 추가 투입해서 불린 면도 많다.

사실 위의 이야기는 가상의 시나리오였다. 연수익 100%나 100억대

자산가라는 이야기는 혹할 법한 스펙이지만, 실상은 이에 가까운 경우가 많다. 앞의 이야기는 평균적으로 15% 수준의 수익률을 달성한 고수의 이야기지만, 시장의 수익률을 몇 배씩 뛰어넘는 그런 결과가 아니다. 요지는 자극적인 헤드라인을 보고 높은 수익률을 추구하기보다 긴 시간 축에서의 연평균 성장률이 얼마나 되는지에 집중하여 팩트를 알고 본인 수준에 맞는 목표 수익률을 추구하라는 것이다. 참고로 가치투자의 대가였던 존 템플턴의 연평균 성장률이 15%였다. 즉, 실제로 우리가 유튜브나 매스컴에서 접하는 일화 중에는 위의 가상의 예시보다 나쁜 상황이 훨씬 더 많을 것이다. 시장수익률을 이기지 못한 경우도 있었을 것이다. 시장수익률을 이긴다는 것은 원래 어려운 일이다. 어느 직종에서나 프로의 세계에서 '중간'을 한다는 게 결코 쉬운 일이 아니라는 것을 안다면 이해가 어렵지는 않을 것이다. 다시 한번 말한다. 시장수익률을 이기는 것은 결코 쉬운 일이 아니다.

그렇다고 여기서 이 장을 끝내버리면 섭섭할 것 같아 몇 가지 투자 기법을 소개해 보려고 한다. 이 역시 만능 투자 기법은 아니다. 그저 지극히 단순한 논리에서 출발하여 장기적으로 효과를 보인 전략들이다. 전략에 따라 시장을 초과하는 수익률을 안겨주기도 하고, 수익은 덜하지만 폭락장에서 손실을 덜 보게 해주기도 한다. 다만 이는 어디까지나 '과거에 잘 먹혔던' 전략들일 뿐이지 앞으로도 효과가 있다는 보장은 없다. 하지만 뭐든 더 알아서 손해 볼 일은 없을 터. 우선, 뒤에 나오는 투자 기법들을 이해하기 위한 기초부터 알고 넘어가도록 하자. 바로 시작하겠다.

당신이 믿는 것은 사실인가, 백테스트

> "원칙을 포기하지 마라.
> 여러분이 믿지 않는 다른 무언가를 시도하지 마라."
> − 앤서니 볼턴

'백테스트Backtest'라는 것이 있다. 미래에 시도해 보려는 투자 전략이나 기법을 과거의 상황에 미리 적용하여 테스트하는 것을 말하는데, 이는 과거에 일어났던 현상이 미래에도 비슷하게 일어나리라는 가정을 전제로 한다. 그리고 이 가정은 적용하려는 논리가 상식적이고 단순할수록, 긴 기간 테스트가 통할수록 미래에도 비슷한 결과를 얻을 확률이 높다. 백테스트는 어떤 투자 전략이 과거에 잘 통했는지를 알아보기 위해서는 반드시 사용되는 개념이다. 이번에는 아주 단순한 상식을 나름의 전략으로 치환하여 검증해 보겠다.

주식은 쌀 때 사고 비쌀 때 팔면 되는 것 아닌가? 결론부터 말하자면 맞는 말이다. 다만 비싸다는 것과 싸다는 것이 무슨 뜻인지에 주목할 필요가 있다. 많은 경우 우리는 '싸다', '비싸다'를 절대적인 가격 개념으로 생각한다. 이를테면 어제까지 1만 원이던 상품이 오늘 1만 5,000원이 되면 비싸진 것이고 5,000원이 되면 싸진 것이다. 이것이 흔히 우리가 해오던 절대적 가치 개념에서의 '싸다', '비싸다'이다.

하지만 이런 일도 있다. 길을 가다가 점포 정리 중인 가게들을 많이 보았을 것이다. '티셔츠 2장에 1만 원', '양말 10켤레에 5천 원' 이런 식이다. 누군가는 '우와, 싸다!' 하면서 티셔츠와 양말을 샀을 것이고, 누군가는 '아무리 싸게 팔아도 저런 걸 누가 사?' 하면서 지나갔을 것이다. 그렇다. 우리는 물건을 살 때 '50% 세일'과 같은 문구에 항상 현혹되지는 않는다. 자기도 모르게 머릿속으로 그 가치를 매기고 있기 때문이다.

마찬가지로 '기업가치'라는 것은 회계장부만으로 매겨지는 것이 아니다. 미래 가치와 투자자의 심리를 반영하고 시장 상황에도 민감하게 반응한다. 그렇기에 우리는 주식의 '절대 가치'를 매기기 어렵다. 절대적인 가치를 매기기 어렵다 보니 역설적으로 절대적인 가격에만 반응하는 현상이 발생한다. '지금 싸네, 살까?', '엄청 올랐네. 더 떨어지면 사야겠다.'와 같이 단편적으로 반응하는 것이다. 그렇다면 주식에서 '싸다', '비싸다'의 기준을 어떻게 잡아야 하는가? 2가지 상황에 대입하여 생각해 보자.

1. 절대 가치 전략

상식선에서 생각해 보자. 위에서 말했던 절대 가치 개념에서 생각하는 것도 방법일 듯하다. 최근보다 가격이 많이 올랐으면 비싸니까 팔고,

최근보다 가격이 많이 떨어졌으면 싸니까 사보는 것이다.

2. 상대 가치 전략

다른 방면으로는 이렇게 생각해 보는 것이다. '비싼 건 다 이유가 있어.', '어휴, 역시 싼 건 다 이유가 있어.'와 같은 식으로 말이다.

2장에서 살펴보았듯 주식시장에는 '이동평균선'이라는 지표가 있다. 최근 5일의 평균값이 '5일 이동평균선의 값'이 되고, 20일간의 평균값이 '20일 이동평균선의 값'이 된다. 먼저 코스피지수 중 최근 1달 가격(20일)을 지표로 하여 과거부터 지금까지 1번 전략을 적용했을 때와 2번 전략을 적용했을 때의 결과를 살펴보자(갑자기 웬 국내 지수냐 할 수도 있겠지만 한국말은 끝까지 들어봐야 한다).

1. 절대 가치 전략 = 20일 이동평균선 하회 전략

- 매수 규칙: 금일 주가가 20일 이동평균선보다 낮으면 매수.
- 매도 규칙: 금일 주가가 20일 이동평균선보다 높으면 매도.

이 경우, (코스피지수를 주식으로 가정하고) 주가가 20일 이동평균선 아래로 떨어지면 당일 종가에 주식을 매수하고, 20일 이동평균선을 상향 돌파하면 당일 종가에 주식을 매도했다. 이 단순한 규칙을 1990년 1월 1일~2021년 1월 1일까지 반복해 보았다. 결과는 어땠을까?

20일 이동평균선 하회 전략과 코스피지수 수익률(1990~2021년)

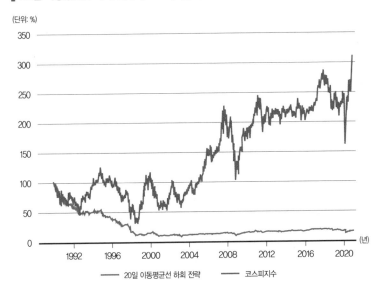

(단위: %)

— 20일 이동평균선 하회 전략   — 코스피지수

처참하다. 사서 가만히 들고만 있었어도 2배 넘는 수익을 올릴 수 있었는데 수익률은 −85%가 되었다. 완전히 틀린 전략이라는 증명이다. 즉, 절대 가치 개념으로 주가를 판단해서는 안 되었다! 반대로 2번 전략은 어떨까?

2. 상대 가치 전략 = 20일 이동평균선 상회 전략

- 매수 규칙: 금일 주가가 20일 이동평균선보다 높으면 매수.
- 매도 규칙: 금일 주가가 20일 이동평균선보다 낮으면 매도.

이 경우, 주가가 20일 이동평균선을 상향 돌파하면 당일 종가에 주식을 매수하고, 20일 이동평균선 아래로 떨어지면 당일 종가에 매도했다. 이 단순한 규칙을 같은 기간 동안 반복해 보았다. 결과는?

┃ 20일 이동평균선 상회 전략과 코스피지수 수익률(1990~2021년)

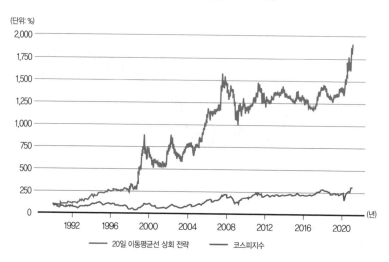

놀라운 결과다. 코스피지수가 2.37배 오르는 동안 2번 전략은 자산을 15.6배로 불려주었다.

"싼 데는 다 이유가 있고, 비싼 데도 다 이유가 있다."

결론은 위의 말에 가까웠다. 최소한 절대 가치로만 주가를 판단하는 것은 완전히 틀렸음을 증명했다. 설마 이 결과를 보고도 과거 30년과 앞으로는 다를 테니 반대로 하겠다는 생각이 드는가? 당신의 판단을 존중한다. 그렇게 꼭 의심하라. 그런 식으로 의심하면서 S&P500지수를 대상으로도 테스트해 보고, 개별 종목으로도 백테스트를 진행하면서 지평을 넓혀가길 바란다. 실제로 여기에서 코스피지수를 예로 든 이유는 같은 기간 S&P500지수에서만 해도 이렇게 잘 통할 것처럼 보이는 이 개념이 전혀 통하지 않기 때문이다. 사실 코스피지수조차도 2000년대부터는 이러한 단순한 전략으로는 알파를 거의 창출하지 못했다. 반대로 보면 1990~2000년까지만 통하는 전략이었을 수 있다는 뜻도 된다. 미국 주식시장은 국내에 비해 더 효율적인 시장이기에 이처럼 단순한 원리로는 알파를 창출하기가 더 어렵다. 백테스트를 통한 검증은 충분히 가치 있지만, 단순한 백테스트만으로 이 전략이 미래에 통할 것이라 단정짓지 말라는 것이 요지다.

앞으로는 이 백테스트의 개념을 바탕으로 각종 투자 기법들의 과거 성적들을 살펴보며, 지금까지 어떤 전략들이 성공적이었는지 소개하겠다.

리스크를 대비하라, 헤지

"불의의 사태 등 리스크에 늘 대비하라."
- 고레카와 긴조

주식에 관심이 있는 사람이라면 '헤지Hedge', '헤징Hedging'과 같은 단어를 많이 들어보았을 것이다. 모두 같은 이야기다. 못 들어봤다고 해도 괜찮다. '헤지'란 사전적으로 '울타리', '방어'라는 뜻인데 이 뜻대로 투자 시 위험을 방어하는 방법을 말한다. 어떻게 방어하느냐고? 차근차근 예를 들어 설명해 보겠다.

위험을 분산하라

1월 초, A와 B 자산에 각각 100만 원씩 투자했다고 가정해 보자.

1~12월까지 각 자산을 보유했을 때 각 월말의 수익이 어땠는지, 가상의 값이지만 먼저 같이 살펴보자.

▌ A와 B 자산에 100만 원씩 투자 시 월별 손익 추이

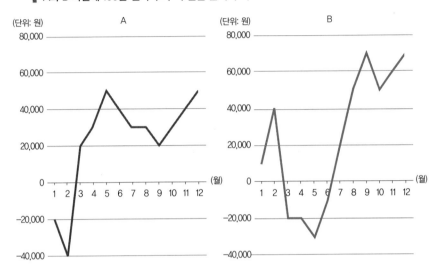

A 자산의 최종 수익은 5만 원이었고, B 자산의 최종 수익은 7만 원이었다. A 자산은 1, 2월에 손실을 본 반면, B 자산은 1, 2월에 수익을 보았다. 3월에는 결과가 반대로 나타났고 A 자산은 4~9월까지 횡보하다가 수익이 떨어지는 듯하더니 반등했고, B 자산은 3~5월까지는 성적이 좋지 않다가 6~9월에 상승하더니 10월에 약간 조정을 받고 다시 상승하는 추이를 보였다. 만약 이 두 자산에 50만 원씩 반반 투자한다면 어떤 결과가 나올까?

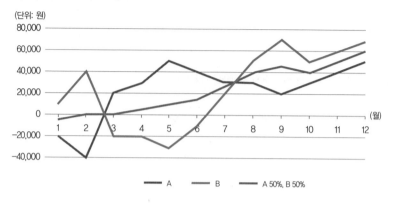

▌ 분산 투자 시 생기는 헤지의 효과

위의 빨간색 선은 A와 B 자산 각각에 반씩 투자했을 때의 손익이다. 1월과 10월에 그래프가 약간 하락한 것을 제외하고는 모두 수익을 보이는 전략으로 탈바꿈했다. A에 100만 원을 투자했을 때는 최대 4만 원 손실, 최대 5만 원 수익을 보았고, B에 100만 원을 투자했을 때는 최대 3만 원 손실, 최대 7만 원의 수익을 보았다. A, B에 각각 50만 원씩 투자했을 경우에는 최대 5천 원의 손실밖에 보지 않았으며 최대 6만 원의 수익을 냈다.

비유하자면 이는 겨울에 호떡을 파는 회사와 여름에 아이스크림을 파는 회사에 나누어 투자하는 격이라고 할 수 있다(호떡 회사는 겨울에 잘나갈 것이고, 아이스크림 회사는 여름에 잘나갈 것이다). 이렇듯 상관성이 낮은 자산 간의 헤지를 '잘'하게 되면 변동성이 줄어들고, 손실도 막아주면서, 수익도 지키는 마법을 부릴 수 있다.

가장 대표적인 헤지, 주식과 채권

이번에는 일반적인 자산으로 다시 환원해서 이야기해 보자. 장기적
으로 볼 때 일반적으로 주식과 채권의 가격은 반대로 움직인다. 다시
말해, 주식의 가격이 오를 때는 채권의 가격이 떨어
지고, 채권의 가격이 오를 때는 주식의 가격이 떨어
진다. 이렇게 두 수치가 서로 반대 방향으로 움직이
는 '음의 상관관계'를 가진 자산을 이용하거나, 선물
Futures Contract●이나 옵션Option●을 통해서도 이러한 헤
지 효과를 볼 수 있다.

채권과 주식의 예를 들어 보자. 당신은 미국 대표 대장주 애플의 주
식을 매수하려고 한다. 그런데 시장에서 거래되고 있는 대부분의 주식
이 큰 상승 추세에 있다. 당신은 애플의 주식이 매수하기에 매력적인
가격이라고 생각하지만, 혹시나 시장 전체에 버블이 껴 있는 것은 아
닌지 걱정이 된다. 아무래도 시장 전체가 내려앉으면 애플이라고 해도
안전할 것 같지가 않다. 고민 끝에 애플 주식 1,000만 원어치와 10년
이상의 장기채 1,000만 원어치를 매수했다. 이렇게 하면 갑자기 시장이
폭락하여 주식의 가치가 800만 원으로 감소해도 채권의 가치가 1,200
만 원이 되어 시장 폭락에 대한 리스크를 감소시킬 수 있기 때문이다.

그렇다면, 의문이 들 것이다. 그렇게 두 자산이 서로 반대로 가면 그
수익의 합은 계속 제자리가 아니냐고. 하지만 반대라고 해서 완벽한 반
대를 의미하는 것은 아니다. 게다가 이 두 자산은 서로 반대로 움직이
지만, 장기적으로는 우상향한다(최소한 지금까지는 그래왔다). 즉, 이 2가

지 자산을 잘 조합하면 서로 반대로 움직이는 상황에서도 각각의 리스크를 상쇄하며, 장기적으로 꾸준히 수익을 낼 수 있게 된다.

그렇다면, 무조건 헤지를 하는 것이 능사냐고? 그렇지는 않다. 앞의 예에서도 만일의 주식시장 폭락을 대비해서 채권을 함께 샀지만 주식시장이 폭락하지 않고 꾸준히 상승하기만 한다면 장기적으로 수익률이 높은 자산인 주식만 산 경우가 더 이익이기 때문이다. 하지만 우리는 이렇게 주식시장의 미래를 내다볼 능력이 없다. 본인이 능력이 있다고 생각한다면 이 부분을 건너뛰어도 좋다. 하지만 한 치 앞을 예상하기 어려운 주식시장에서 이 헤지 전략을 이용하면 리스크를 많이 줄일 수 있다. 주식시장에 갑자기 소나기가 내릴 때 든든한 우산이 되어 비를 막아줄 것이다.

오를 때 올라타고 내릴 때 빠지자, 모멘텀 투자

> "너무 올랐다는 이유로 못 살 것도 없고,
> 너무 내렸다는 이유로 못 팔 것도 없다."
> – 제시 리버모어

긴 역사 속에서 발견된 시장의 이례적인 현상으로는 '모멘텀momen-tum' 현상이 있다. 주식시장은 가격에 모든 정보가 빠르게 반영된다는 '효율적 시장 가설'의 창시자인 유진 파마조차도 모멘텀을 '제1의 시장 이례 현상'이라고 불렀다. 모멘텀은 사전적으로 '기세', '추진력'이라고 번역할 수 있고, 오를 때 계속 오르고 내릴 때는 계속 내리는 성질이라고 할 수 있다.

100년 전에도 '추세 추종Trend Following'이라고도 불린 모멘텀 전략을 말한 이가 많았으나, 이는 시장의 정설로 받아들여지지 못했다. 더군다나 효율적 시장 가설이 투자계를 지배하던 1900년대 후반에는 더더욱 받아들여지기 어려웠다. 하지만 모멘텀 전략을 통해 지속해서 큰 수익을 벌어들이는 투자자들이 나타났고, 이에 따라 모멘텀 현상을 분석하는 많은 연구 자료가 발표되었다. 21세기에 들어선 지금, 모멘텀 현상은 정설로 자리매김했다.

추세를 따르는 법

모멘텀 투자 전략은 결국 추세 추종 전략이다. 모멘텀 전략에는 크게 '절대 모멘텀 전략'과 '상대 모멘텀 전략'이 있다. 특정 자산의 최근 수익률을 확인해서 투자를 할지 말지 판단하는 것이 절대 모멘텀, 다른 자산과의 상대 수익률을 비교해서 어떤 자산에 투자를 할지 결정하는 것이 상대 모멘텀 전략이다.

먼저 절대 모멘텀 전략을 구체적으로 살펴보겠다. 대표적인 미국 주가지수인 S&P500지수를 추종하는 ETF인 'SPY^{SPDR S&P500 ETF Trust}'에 투자하기로 했다고 가정하자. 추세에 편승해서 안전하게 투자를 하고 싶다. 이때 절대 모멘텀 전략을 활용하는 것이다. 추세를 파악하려면 특정 기간 내 수익률이 플러스인지 마이너스인지만 보면 된다. 특정 기간을 설정하는 데에도 정해진 규칙은 없다. 모멘텀 투자 전략을 연구한 게리 안토나치는 미국 주식시장에서 12개월을 기준으로 추세를 파악했을 때 가장 높은 수익률을 보였다고 한다.

우리도 12개월을 기준으로 추세를 파악해 보자. 현 주가가 과거 12개월의 주가보다 높다면 투자하는 것이다. 그리고 이를 원하는 주기, 예컨대 매달 첫 거래일부터 12개월 내 수익률이 플러스인지 마이너스인지 확인해 플러스라면 그대로 두고, 마이너스면 현금을 보유하거나 대체 자산인 채권에 투자하는 것이 절대 모멘텀 전략이다. 쉽게 말해 절대 모멘텀 전략은 주가가 상승 추세일 때만 투자하고 하락 추세라고 판단한 경우 투자하지 않는 것이다.

절대 모멘텀 전략의 이점은 주가 하락 추세에서는 투자를 포기함으로써 손실을 줄일 수 있다는 점이다. 다만 하락 추세 이후 갑작스레 주가가 반등했을 때 수익 기회를 놓칠 수 있고, 앞의 예처럼 매달 전략을 체크한다고 가정했을 때 코로나19 사태 때와 같은 갑작스러운 주가 하락은 피하지 못할 수도 있다. 갑작스러운 주가 하락에 따른 손실을 예방하기 위해 절대 모멘텀 전략 적용 기간을 1달에서 1주 같은 식으로 줄이면 어떨까? 큰 하락을 비켜갈 수 있을지는 모르지만, 추세가 확실히 드러나지 않는 횡보장세의 경우는 계속해서 잘못된 거래를 하거나 잦은 거래에 따른 거래비용 때문에 손실을 크게 볼 수도 있다.

다음 그래프는 앞서 설명한 절대 모멘텀 전략으로 SPY에 투자하되, 투자하지 않는 기간에는 현금을 보유하는 전략을 백테스트한 것이다. 투자를 쉬고 있는 기간(닷컴버블, 세계 금융 위기)에는 수익률이 제자리에 멈춰 있는 것을 확인할 수 있다. 2000년 닷컴버블이 꺼지던 시절에 투자를 쉬고 있음을 확인할 수 있고, 2007~2008년 세계 금융 위기 때도 오랜 기간 투자를 쉬었다. 덕분에 큰 손실을 피했고 최종 수익률도 SPY를 매수 후 보유Buy & Hold®했을 때보다 높게 나타났다. 다만 코로나19 시기의 급격한 주가 하락은 안타깝게도 피해가지 못했다.

Q 매수 후 보유 매수보유, 매입 보유 전략이라고도 불린다. 단지 주식을 사서 계속 보유하고 있는 전략을 뜻한다.

▌ SPY 매수 후 보유와 절대 모멘텀 전략 수행시 자산 추이(위)와 최대 낙폭(아래)(2000~2021년)

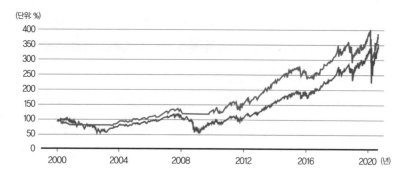

———— 절대 모멘텀 전략   ———— SPY

▌ SPY를 이용한 절대 모멘텀 전략과 매수 후 보유 시 성적 비교(2000~2021년)

(단위 : %)

전략	최종 수익률	연평균 성장률	최대 낙폭
SPY 절대 모멘텀	285.77	6.75	−33.72
SPY 매수 후 보유	251.99	6.28	−55.19

다음은 상대 모멘텀 전략이다. 상대 모멘텀 전략을 적용하기 위해서는 필연적으로 2종 이상의 자산을 선택해야 한다. 자산 간의 상대적 강도 차이를 이용한 투자 전략이기 때문이다. 미국 주식과 신흥 주식시장간의 상대적 강도 차이를 통한 상대 모멘텀 투자 전략을 생각해보겠다. 이번에는 SPY와 신흥 주식시장에 투자하는 블랙록Blackrock의 'EEMiShares MSCI Emerging Markets ETF'이라는 ETF를 골랐다.

이 경우도 기간을 설정해야 한다. 이번에도 마찬가지로 12개월을 기준으로 추세를 파악하겠다. 12개월 동안 SPY와 EEM 중 수익률이 더 높은 자산을 선택한 뒤, 앞으로도 한쪽 자산이 더 수익률이 높을 것이라고 가정하고 투자하는 것이다. 예를 들어 SPY가 수익률이 더 높았다면 SPY에 투자하고, 매달 혹은 매주와 같이 특정 기간을 설정하여 두 자산의 12개월 수익률을 확인한 후, 더 높은 자산으로 전량 갈아탄다 (배당금도 재투자한다).

상대 모멘텀 전략은 인기 있는 자산은 당분간 그 추세가 지속된다는 데 논리를 두고 있다. 이 전략은 수익률을 높이는 데 초점을 맞추고 있어 절대 모멘텀 전략과는 달리 리스크에는 여전히 취약하다. 연구 결과에 따르면 수익률 면에서는 확실히 성과를 보여왔으나 최대 손실 폭을 줄이는 데는 아무런 도움이 되지 않았다.

위에서 언급한 전략을 수행한 결과는 다음의 그래프와 같다(전략은 매달 말에 수행하는 것으로 했다). '동일 비중 포트폴리오'는 이 2개의 자산을 1:1로 섞어서 투자한 결과이며, 벤치마크 수익률로는 절대 모멘텀 전략 때와 마찬가지로 SPY를 매수 후 보유한 경우를 이용했다.

(단위 : %)

전략	최종 수익률	연평균 성장률	최대 낙폭
SPY, EEM 상대 모멘텀 전략	473.56	11.54	−59.66
SPY, EEM 동일 비중 포트폴리오	279.23	8.69	−55.63
SPY 매수 후 보유	325.81	9.48	−50.80

　확실히 상대 모멘텀 전략의 경우 수익률이 크게 증가했지만, 최대 낙폭도 −59.66%로 세 전략 중에 가장 컸다. 이처럼 절대 모멘텀 전략과 상대 모멘텀 전략은 각각 시점의 추세와, 자산의 추세를 추종하는 추세 추종 전략이라고 할 수 있다.

　그렇다면 시점과 자산 모든 면에서 추세를 추종하면 어떨까? 이것이 바로 게리 안토나치의 '듀얼 모멘텀 전략'이다. 이름만 듣고도 예상했겠지만, 절대 모멘텀 전략과 상대 모멘텀 전략의 조합이 듀얼 모멘텀 전략이다. 듀얼 모멘텀 전략은 2종 이상의 자산을 선택하고 특정 기간 동안 수익률이 가장 높은 자산을 선택하여 시장이 상승 추세일 때(일반적으로 선택한 자산의 수익률이 채권의 수익률보다 높을 때) 투자하는 전략이다. 시장의 상승 추세가 유지되고 있다면 전략 적용 기간에 따라 상대적으로 가장 수익률이 높은 자산을 골라가며 투자를 지속하고, 시장이 하락 추세에 접어들었다면 채권을 보유하여 자산을 지키는 데에 집중하는 것이다.

게리 안토나치는 이 듀얼 모멘텀 전략이 어떤 자산이나 전략의 보조 도구로 사용할 수 있다고 했다. 그는 듀얼 모멘텀을 '만능 추세 추종 보조 도구'라고 불렀다. 이번에도 투자자산으로는 SPY와 EEM을 선택하고, 상대 모멘텀 전략 때와 마찬가지로 최근 12개월 수익이 높은 자산에 전부 투자하되, 선택된 자산의 최근 12개월 수익이 마이너스면 국채 7~10년물 ETF인 IEF iShares 7-10 Year Treasury Bond ETF로 전량 갈아타는 절대 모멘텀 전략을 사용했다. 이것도 복잡하다면 현금을 들고 있으면 된다. 듀얼 모멘텀 전략은 생각보다 단순하다.

결과를 보자. 이번에는 최악의 해도 함께 비교해 보았다. 듀얼 모멘텀 전략의 경우 연평균 성장률도 가장 높았고, 최대 낙폭도 가장 낮았으며 최악의 해는 비교도 안 될 만큼 압도적인 방어력을 보여주었다. 최종 수익률은 상대 모멘텀 전략보다 조금 낮았다. 어떠한가? 듀얼 모멘텀 전략의 매력이?

하지만 주식 투자에서만큼은 기계적 중립을 주장하는 사람으로서

▌SPY와 EEM에 1만 달러 투자 시 전략별 자산 추이(2005~2021년)

(단위: 달러)

- SPY, EEM 듀얼 모멘텀 전략 ── SPY, EEM 동일 비중 포트폴리오 ── SPY

▌SPY와 EEM에 1만 달러 투자 시 전략별 결과(2005~2021년)

(단위 : %)

전략	최종 수익률	연평균 성장률	최악의 해	최대 낙폭
SPY, EEM 듀얼 모멘텀 전략	428.31	10.96	-9.21	-21.45
SPY, EEM 동일 비중 포트폴리오	279.23	8.69	-42.88	-55.63
SPY 매수 후 보유	325.81	9.48	-36.81	-50.80

김빠지는 주의사항을 당부하고자 한다. 절대 모멘텀 전략은 대부분 손실을 잘 피하니까 장기적으로 수익률이 더 높으리라고 생각할 수 있다. 하지만 이는 틀렸다. 대세 상승장에서는 조정장의 신호를 잘못 읽어 투자를 쉬게 될 수도 있고, 그 때문에 단기적인 급등을 놓치는 등 지속해서 수익을 놓칠 가능성도 있다.

또 상대 모멘텀 전략은 항상 수익 면에서 유리하느냐고 묻는다면 항상 그렇지는 않다. 오히려 한 자산만 들고 가는 것이 수익 면에서나 손실 면에서나 이득일 때도 있다. 하지만 상대 모멘텀 전략을 사용하는 경우 대부분은 수익률 면에서 장기적으로 이득을 보는 경우가 많다.

마지막으로 듀얼 모멘텀 전략은 정말 만능인가? 이 또한 항상 그렇지는 않다. 지속적인 등락과 함께 시장이 성장했던 대부분의 시기에서 듀얼 모멘텀 전략의 효과는 대단했지만, 미국 주식의 대세 상승장이었던 2010~2021년 사이 이 전략을 적용해 보면 결과는 실패에 가깝다.

▌SPY와 EEM에 1만 달러 투자 시 전략별 결과(2010~2021년)

(단위 : %)

전략	최종 수익률	연평균 성장률	최악의 해	최대 낙폭
SPY, EEM 듀얼 모멘텀 전략	124.75	7.64	−9.21	−20.41
SPY, EEM 동일 비중 포트폴리오	160.62	9.10	−9.89	−22.75
SPY 매수 후 보유	317.66	13.88	−4.56	−19.43

정리하자면 절대 모멘텀 전략은 하락장을 멋지게 피해가는 데 큰 도움이 되고, 상대 모멘텀 전략은 수익률을 극대화하는 데 도움이 되며, 듀얼 모멘텀 전략은 이 두 효과를 모두 가져갈 수 있는 좋은 전략이다. 하지만 언제나 듀얼 모멘텀 전략이 매수 후 보유 전략보다 좋은 것은 아니다. 하락장은 단기로 짧게 일어나고(코로나19 등) 대세 상승장만 이어진 2010~2021년 같은 경우에는 단순히 주식을 사서 보유하는 전략이 최고였다.

'핀비즈닷컴'에서 모멘텀 투자 종목 찾기

> "바닥과 천장은 알 수 없고 바닥과 천장을 찾으려고 너무 애쓰다 보면 기회를 놓칠 수도 있다.
> 따라서 우리가 실제로 활용해 투자 수익을 올릴 수 있는 방법을 배우는 데
> 관심을 집중하는 게 합리적이다."
> – 제럴드 로브

모멘텀 투자 종목 찾기

1. 3장에서 핀비즈닷컴 사용법을 간단히 살펴보았는데, 모멘텀 투자용으로도 준비했다. 앞서 성장주 투자 파트에서 래리 코너스의 전략을 소개했는데(연평균 성장률 18.7%), 약간의 차이는 있지만 거의 비슷하게 종목을 고르는 방법을 보일 것이다. 전략의 핵심대로 대표적인 퀄리티 지표인 ROE 지표만을 선택한 뒤, 모멘텀만으로 종목을 선택하자. 위험을 최대한 줄이기 위해 중형주 이상만을 선택해보겠다.

2. 핀비즈닷컴 'Screener'의 'Descriptive' 탭에서 'Market Cap.^{시가총액}'을

'+Mid(over $2bln)'로 선택하여 시가총액 20억 달러 이상의 기업만을 선택했다. 'Fundamental'탭에서는 'Return on Equity자기자본이익률'을 'Over +50%'로 설정했다(무료 버전에서 ROE 상위 50개에 최대한 가깝게 선택할 수 있는 조건이다). 'Technical' 탭에서는 최근 반년간 플러스 수익률을 보인 기업들만을 선택하도록 'Performance'에 'Half Up'을 선택했다.

▌ 올(All) 탭에서 본 모멘텀 지표 선택 화면

Filters: 3					Descriptive(1)	Fundamental(1)	Technical(1)	All(3)	
Exchange	Any	Index	Any	Sector	Any	Industry	Any
Market Cap.	+Mid (over $2bln)	P/E	Any	Forward P/E	Any	PEG	Any
P/B	Any	Price/Cash	Any	Price/Free Cash Flow	Any	EPS growth this year	Any
EPS growth past 5 years	Any	EPS growth next 5 years	Any	Sales growth past 5 years	Any	EPS growth qtr over qtr	Any
Dividend Yield	Any	Return on Assets	Any	Return on Equity	Over +50%	Return on Investment	Any
Quick Ratio	Any	LT Debt/Equity	Any	Debt/Equity	Any	Gross Margin	Any
Net Profit Margin	Any	Payout Ratio	Any	Insider Ownership	Any	Insider Transactions	Any
Institutional Transactions	Any	Float Short	Any	Analyst Recom.	Any	Option/Short	Any
Performance	Half Up	Performance 2	Any	Volatility	Any	RSI (14)	Any
20-Day Simple Moving Average	Any	50-Day Simple Moving Average	Any	200-Day Simple Moving Average	Any	Change	Any
20-Day High/Low	Any	50-Day High/Low	Any	52-Week High/Low	Any	Pattern	Any
Beta	Any	Average True Range	Any	Average Volume	Any	Relative Volume	Any
Price	Any	Target Price	Any	IPO Date	Any	Shares Outstanding	Any
After-Hours Close	Any	After-Hours Change	Any				

© 2021 Finviz.com

3. 전략대로 모멘텀 투자는 오름세가 강력한가가 중요하기 때문에 'Filters' 하단의 5번째 탭 'Performance'를 선택하고 'Perf Half최근 반년 수익률'로 내림차순 정렬을 했다.

4. 이처럼 도출된 기업 중 상위 10종목을 매달 새로 선택하여 S&P500지수가 상승 추세일 때만 투자하면 소개한 전략과 거의 유사하게 투자할 수 있다. 앞서 소개했던 전략이 듀얼 모멘텀 전략에 성장주 전략을 합쳐 자산을 10개 단위로 묶어서 투자한 것으로 볼 수 있다. 전략과는 다르더라도 '1주간 수익률이 가장 높은 기업 5개' 같은 식

모멘텀 투자 후보군 도출 화면

	Overview	Valuation	Financial	Ownership	Performance	Technical	Custom	Charts	Tickers

Total: 119 #1   save as portfolio | create alert   Auto Refresh: 3min | off

No.	Ticker	Perf Week	Perf Month	Perf Quart	▼ Perf Half	Perf Year	Perf YTD	Volatility W	Volatility M
1	AMC	-5.28%	4.76%	14.85%	204.21%	1337.04%	1913.21%	6.81%	6.62%
2	GSKY	-1.07%	-0.08%	50.44%	101.17%	228.49%	158.96%	1.52%	1.91%
3	AMD	-2.44%	30.65%	36.19%	96.79%	79.90%	59.73%	5.02%	4.52%
4	OAS	5.83%	23.42%	54.63%	76.56%	-	269.37%	3.27%	3.34%
5	CALX	-2.42%	24.25%	63.86%	75.01%	188.70%	139.52%	4.83%	5.21%
6	CROX	0.54%	29.38%	27.93%	74.38%	212.01%	183.27%	3.28%	4.18%
7	HMHC	-5.20%	20.49%	21.66%	71.75%	490.18%	387.39%	4.15%	4.51%
8	RPD	-5.44%	10.03%	20.72%	67.36%	91.11%	46.96%	3.36%	3.58%
9	SLAB	2.13%	41.07%	32.96%	66.62%	83.56%	62.51%	2.77%	3.75%
10	BHVN	-15.58%	-11.68%	-1.02%	65.36%	24.85%	37.67%	5.80%	4.10%
11	FTNT	-4.57%	6.29%	12.22%	64.08%	189.10%	125.63%	3.01%	3.33%
12	ETSY	4.55%	23.35%	40.36%	63.06%	118.32%	53.29%	4.66%	5.03%
13	BX	0.54%	16.07%	26.58%	62.11%	154.27%	120.34%	2.60%	2.66%
14	RSI	2.93%	4.84%	61.03%	61.28%	84.01%	-5.91%	5.62%	5.24%
15	HHR	14.38%	14.95%	23.49%	58.39%	144.48%	107.14%	6.20%	4.71%
16	FRHC	-1.74%	10.88%	11.13%	54.91%	118.59%	36.80%	1.78%	1.91%
17	MATX	2.36%	12.47%	25.32%	47.97%	62.71%	63.51%	2.42%	2.85%
18	IT	-0.06%	7.19%	7.69%	47.94%	111.20%	108.29%	2.08%	2.61%
19	MRNA	-3.93%	-27.49%	-41.50%	47.35%	162.97%	125.01%	5.44%	5.45%
20	DOMO	-2.91%	-2.91%	-1.10%	47.23%	148.10%	33.45%	4.09%	3.98%

Filters: cap:midover fa_roe:o50 ta_perf:26wup

으로 자신만의 기준을 두어 투자를 수행할 수도 있다. 혹은 1달, 분기, 반년, 1년 단위를 기준으로 점수와 등수를 매겨서 투자한다거나 하는 식으로 응용할 수도 있다. 물론 검증하려면 백테스트를 병행해야 하니 쉬운 일은 아닐 것이다.

이렇게 단순한 전략이 훌륭하게 작용할 수도 있다. 절대 모멘텀 전략이 잃지 않는 것에 집중하는 것임을 생각해 보았을 때, 이런 방식으로 투자 전략을 수립하고, 백테스트를 통해 충분한 검증을 거쳐서 실제 투자를 진행한다면 시장을 초과하는 수익률도 얻을 수 있을 것이라고 생각한다.

비중 조절의 마법, 리밸런싱과 자산 배분

"부동산은 물론 금, 은, 곡물 등 원자재도 챙겨보라."
– 토머스 로 프라이스

초보 투자자들이 이 책에서 리밸런싱Rebalancing과 자산 배분 방법에 대해 꼭 알아갔으면 한다. 특히 자산 배분의 중요성을 강조하고 싶은데, 자산 배분을 하려면 리밸런싱은 사실상 세트로 알아야 한다. 분산 투자를 아무리 잘해도 주식에만 분산해 투자한다면 주식시장 전체가 패닉에 빠졌을 때 피할 방법이 없다. 그렇기에 자산 배분은 보수적인 투자자들에게는 필수다.

균형을 잡아라, 리밸런싱

포트폴리오 내에서 각 종목의 비중을 조정하는 것을 '리밸런싱'이라고 한다. 말 그대로 '다시 균형을 잡는다'라는 뜻이다. 무슨 균형을 잡는 것일까? 앞서 헤지를 살펴보았다. 채권과 주식에 50:50의 비율로 투자하는 상황을 생각해 보자. 2018~2020년까지 투자하는 상황이고 가격 변동은 임의로 가정하겠다. 2018년 채권에 50%, 주식에 50% 투자를 했다. 2019년이 되자 채권 가격은 상승하고 주식 가격은 하락했다. 2019년 초, 가격 변동에 따라 채권 비중이 55%가 되었고, 주식 비중이 45%가 되었다. 이때 '리밸런싱을 한다'라는 것은 채권을 다시 50%, 주식도 다시 50% 비중으로 맞추는 것을 뜻한다. 다시 말해 채권을 5%만큼 매도하고, 주식을 5% 더 매수하는 것이다.

2020년이 되었다. 이번에는 채권 가격이 하락하고 주식 가격이 상승하여 채권 비중이 47%, 주식 비중이 53%가 되었다. 이번에도 역시 리밸런싱을 했다. 채권을 3% 더 매수하고, 주식은 3% 매도했다.

이제 리밸런싱을 어떻게 하는지 이해했으리라 생각한다. 이 과정을 유심히 지켜보면 항상 이득을 확정 짓고 손실은 확정 짓지 않았다. 이 전략의 핵심은 자산 일부가 과도하게 많아지거나 과도하게 작아지는 경우를 대비하는 것이다. 그래서 비중을 많이 초과할 정도로 가격이 비싸졌으면 일부를 매도하고, 비중이 많이 작아질 정도로 싸졌으면 비중이 커지도록 일부를 매수하는 것이다.

리밸런싱은 보통 월 단위나 연 단위로 많이 한다. 앞서 말했듯 과도한 비중의 변화를 예방하자는 뜻이니 뒤에서 소개할 자산 배분과 같은 수동적인 전략은 개인적으로는 연 단위로만 해도 충분하다고 생각한다. 실제로 미국 주식과 미국 장기채에 50:50으로 1978~2020년까지 투자했다고 가정했을 때, 매수 후 보유했을 때와 매년 리밸런싱을 했을 때 연평균 복리 수익률과 최대 낙폭은 어떻게 나왔을까?

리밸런싱을 하지 않은 경우 연평균 복리 수익률은 10.5%, 최대 낙폭은 −32.9%였다. 그리고 리밸런싱을 매년 수행하자 연평균 복리 수익률은 10.78%, 최대 낙폭은 −20.4%였다. 놀라운 결과다. 연평균 복리 수익률을 높이면서도 최대 낙폭을 무려 −12.5%나 낮춘 것이다. 하지만 투자 기간과 시점에 따라 상황은 달라질 수 있다. 항상 이와 같은 효과가 나타나는 것은 아니다. 다만 장기적으로 그리고 큰 틀에서는 이런 효과가 있다는 점을 알아두면 도움이 될 것이다.

리스크를 최소화하라, 자산 배분

앞서 '헤지'를 배울 때 우리는 자산 배분의 맛을 보았다. '자산 배분'이라는 것은 투자할 때 다른 자산들을 섞어서 포트폴리오를 구성하는 것을 말한다. 사실 자산 배분에서 주식은 하나의 자산일 뿐이고 일반적으로는 채권, 원자재, 부동산, 금과 같은 다양한 자산을 섞는다. 대체 주식 책에서 못 알아들을 이야기를 왜 하느냐고 물으신다면 역시나 책을 잘 고르셨다. 미국 주식시장에는 이 다양한 자산이 다양한 ETF로 증권거래소에 상장되어 있다. 즉, 다양한 성격의 자산들을 섞어서 주식처럼 투자할 수 있는 것이다.

드디어 이 책의 본론에 도달한 것 같다. 이 책은 주식 입문자, 특히 미국 주식에 투자하면 좋을 것 같은데 깊이 공부하기 어려워하는 사람들, 그리고 손실을 두려워하고 가격의 작은 등락에도 민감한 사람들을 위해 썼다. 만약 아래와 같이 생각하고 있었다면 자산 배분만큼은 꼭 시도해 보기를 바란다.

'미국 주식시장이 전반적으로 상승장인 건 알겠어. 그렇다고 지금 존재하는 미국 주식을 다 산다고 해도 폭락장은 예측할 수 없을 것 같고, 못 피할 것 같은데….'

이는 자산 배분을 통한 헤지 전략으로 극복할 수 있다. 구체적인 자산 배분 방법은 무엇일까? 부동산, 주식, 현금, 금과 같은 실물 자산이 있다고 가정해 보자. 이때 한 자산에만 투자하지 않고 부동산, 주식, 현금, 금과 같은 자산에 1:1:1:1로 분산 투자하는 것, 이것이 자산 배분이다. 이때 비중은 꼭 1:1:1:1이 아니라 임의로 조정하면 된다. 100번 듣는 것보다 1번 보는 것이 낫다. 1990~2020년까지 미국 주식 전체에 투자했을 때와 미국 장기채에 투자했을 때 그리고 각각에 50%씩 투자했을 때의 결과를 보자.

최종 수익률로만 놓고 보면 '하이 리스크, 하이 리턴'에 걸맞게 주식 100%가 가장 높은 수익률을 보였다. 하지만 닷컴버블 직후인 2000년 초와 세계 금융 위기 직후인 2008년 이후를 보라. 주식 100%의 자산 총합이 셋 중 가장 낮은 시기도 있었다. 이는 무엇을 뜻하는가? 투자 시점이 안 좋을 경우, 리스크가 훨씬 클 수도 있다는 뜻이다. 참고로

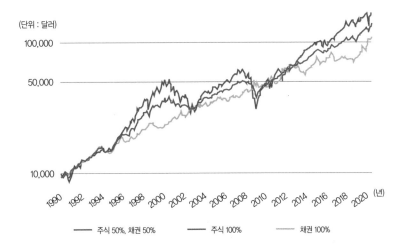

▌ 1만 달러 투자 시 주식, 채권 배분에 따른 잔고 변화(1990~2020년)

(단위 : 달러)

100,000

50,000

10,000

1990 1992 1994 1996 1998 2000 2002 2004 2006 2008 2010 2012 2014 2016 2018 2020 (년)

—— 주식 50%, 채권 50%　　—— 주식 100%　　—— 채권 100%

최대 낙폭은 주식 100%가 -51%, 채권 100%가 -17%, 주식 50% 채권 50%가 -25%였다. 그리고 연평균 복리 수익률이 각각 9.7%, 8.1%, 9.0% 였다. 이제 자산 배분을 활용한 헤지 전략이 뭔지 감이 조금 오는가?

주식에 올인한 경우 자산이 반토막 나기도 한다. 자산 전체가 반토막 나면 일반 투자자는 견디기 어렵다. 또 최종 연평균 성장률을 0.7% 앞서가는 대가로 최대 낙폭은 2배 이상 컸다. 차라리 이 0.7%를 반납하고 최악의 경우 수익률이 -25%가 되는 편이 더 안전하다고 생각하지 않는가?

추가로 자산의 상관관계를 분석한 표를 설명하고자 한다. 다음 표는 2006~2016년까지의 자산의 가격 등락에 따른 상관관계를 정리한 것이다. 빨간색에 가까울수록 상관관계가 높다. 즉, 가격이 같이 오르거나 내릴 가능성이 높다는 뜻이다. 그리고 녹색에 가까울수록 상관

(단위: 배)

	미국 주식 전체	미국 채권 전체	장기채	미국 부동산	금	원자재
미국 주식 전체	1	−0.14	−0.45	0.79	0.03	0.44
미국 채권 전체	−0.14	1	0.61	−0.12	0.15	−0.06
장기채	−0.45	0.61	1	−0.26	0.11	−0.29
미국 부동산	0.79	−0.12	−0.26	1	0.03	0.29
금	0.03	0.15	0.11	0.03	1	0.32
원자재	0.44	−0.06	−0.29	0.29	0.32	1

관계가 낮아 가격이 반대로 움직인다는 뜻이다.

보다시피 미국 주식 전체와 장기채는 강한 반비례 관계고, 미국 부동산과 주식은 강한 비례 관계다. 앞서 주식과 채권을 반반 나누어 투자한 이유가 바로 여기에 있다. 금은 대부분의 자산과 상관관계가 낮은 편이다. 그렇다면 이번에는 금도 한번 섞어보면 어떨까?

■ 1만 달러 투자 시 주식, 채권, 금 배분에 따른 잔고 변화(1990~2020년)

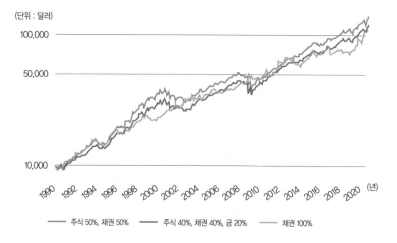

(단위 : 달러)

—— 주식 50%, 채권 50%   —— 주식 40%, 채권 40%, 금 20%   —— 채권 100%

이번에는 주식과 채권을 50:50으로 배분했을 때와 채권을 100%로 가져갔을 때 사이에 위치하는 그래프가 만들어졌다. 금이 섞인 경우는 연평균 성장률이 8.5%, 최대 낙폭이 -21%였다. 연수익률 8.5%에 근 30년간 주식시장이 가장 안 좋은 시기에 최대 낙폭 -21% 정도면 준수하지 않은가? 이것이 바로 헤지와 자산 배분의 힘이다.

아무 때나 사도
마음 편한 투자,
포트폴리오 만들기

"계란을 한 바구니에 담지 말라."
- 제임스 토빈

앞서 우리는 주식에 40%, 채권에 40%, 금에 20%씩 투자하는 자산 배분을 살펴보았다. ETF에도 각각의 자산을 다룬 상품이 있다. 미국 주식 전체를 추종하는 ETF가 있고, 장기채와 연동되는 ETF가 있으며, 금 가격과 연동되는 ETF까지 있다. 이제 앞서 ETF를 왜 살펴보았는지 이해가 더 잘 될 것이다.

미국 전체 주식시장을 추종하는 대표 ETF로는 뒤에서 더 자세히 다룰 VTI 외에도 'ITOT^iShares Core S&P Total U.S. Stock Market ETF' 등이 있다. 가장 큰 규모로 운용되는 것은 VTI이다. 대표적인 미국 장기채 추종 ETF는 'TLT^iShares 20+ Plus Year Treasury Bond ETF'와 'EDV^Vanguard Extended Duration Treasury ETF'가 있다. 운용 자산 규모로는 TLT가 가장 크다. 대

표적인 미국의 금 ETF는 운용 자산 규모순으로 'GLD$^{SPDR\ Gold\ Trust}$', 'IAU$^{iShares\ Gold\ Trust}$'가 있다.

앞서 주식과 채권, 금에 40:40:20의 비율로 투자하듯이 운용 자산 규모가 가장 큰 VTI, TLT, GLD를 골라서 투자하기로 결정하면 그 것이 바로 포트폴리오 구성이다. 종목은 3종목으로 보이지만, 실제로 VTI만 해도 모든 미국 주식에 골고루 투자하는 것이기에 엄청난 분산 투자라고 볼 수 있다.

이 포트폴리오로 대략 2005년부터 현재까지 투자했다면? 처음에 1만 달러어치를 매수하고 추가 매수 없이 매년 리밸런싱만 수행했을 때, 16년간 연평균 성장률 9.25%, 최대 낙폭이 -15%였다. 16년간 원금 이 4.4배로 불어난 것이다. 이는 10년 동안 들고 있었어도 2.4배가 불어 난 수익률이다.

이 정도 성적을 보아도 아직 '주식 투자는 위험하다'라는 생각이 드 는가? 그렇지 않다면 이제부터는 마음 편한 주식 투자를 시작할 수 있 을 것이다. 여러분은 이미 미국 주식 투자의 장점도 인지했으며, HTS 와 MTS 사용법을 익혀서 환전을 하고 주식을 사고파는 방법도 알게 되었다. 미국 대장주들도 살펴보았고, 주식 차트 보는 방법도 알게 되 었다. 게다가 모멘텀과 헤지, 리밸런싱을 이해했으며, 이제는 자산 배분 과 이를 위한 포트폴리오 구성법도 터득했다. 이제 미국 주식을 시작할 기본 준비는 모두 완료되었다. 이 장의 나머지 부분에서는 실전 투자에 도움이 되는 클래식하고도 강력한 포트폴리오를 추천해 보겠다.

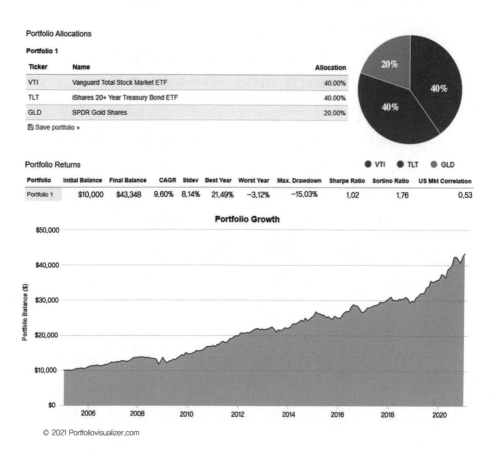

© 2021 Portfoliovisualizer.com

영구 포트폴리오

이번에 소개할 포트폴리오는 베스트셀러 작가이자 대통령 후보에
도 올랐던 투자 고문 해리 브라운이 고안한 전략이다. 해리 브라운은

영구 포트폴리오Permanent Portfolio를 제안했는데,[1] 이 포트폴리오는 다음과 같다.

▌ 영구 포트폴리오의 구성

(단위: %)

영구 포트폴리오는 말 그대로 '영구적으로 사용할 수 있는 포트폴리오'라는 뜻이다. 앞서 소개한 주식, 채권, 금 포트폴리오와 매우 유사한데 현금만 추가되었다. 일정 금액은 투자하지 않고 들고 있겠다는 것이다. 경기침체나 특히 스태그플레이션Stagflation◦ 같은 상황이 발생한다면 현금만큼 좋은 자산이 없기 때문이다. 이처럼 영구 포트폴리오는 주식이 상승장일 때는 주식으로, 주식이 하락장일 때는 채권으로 보완하며, 인플레이션일 때는 금으로 보완하고, 스태그플레이션 같은 불황에는 현금으로 방어하며 영구적으로 이용할 수 있다.

◦ 스태그플레이션 경기 후퇴라는 뜻의 스태그네이션Stagnation과 높은 물가상승을 뜻하는 인플레이션Inflation의 합성어로, 두 현상이 동시에 나타나는 경우를 뜻한다. 투자자에게 가장 좋지 않은 상황이다.

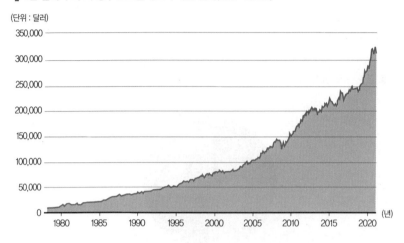

(단위 : 달러)

▌ 영구포트폴리오의 성적(1978~2021년)

(단위 : %)

전략	최종 수익률	연평균 성장률	최악의 해	최대 낙폭
영구 포트폴리오	3039.45	8.31	−5.20	−13.52

　영구 포트폴리오의 성적에 집중해 보자. 엄청난 성적이다. 44년간
투자 금액 대비 30배 넘게 올랐으며, 최악의 해가 −5.2%였고, 가장 최
악의 순간은 세계 금융 위기 때로 이때만 −13.52%였다. 어떤가? 이 정
도면 초보라도 믿고 투자할 만한 수준 아니겠는가?

올시즌스 포트폴리오

올웨더 포트폴리오All Weather Portfolio는 미국 최대의 헤지펀드 '브리지 워터 어소시에이츠(이하 브리지워터)'의 회장 레이 달리오가 창시한 포트폴리오다. 올웨더 포트폴리오는 깊게 들어가면 조금 복잡하기에 뒤에서 더 자세히 다룰 예정이다. 이 파트에서는 올웨더 포트폴리오의 간소화 버전인 '올시즌스 포트폴리오All Seasons Portfolio'를 영구 포트폴리오와 비교해 보겠다.

올시즌스 포트폴리오는 영구 포트폴리오보다 상황을 조금 더 미세하게 나눈다. 앞서 등장했던 것처럼 경기 사이클을 사계절로 나누었고 해당 계절마다 잘나가는 자산을 골라서 넣되 각각의 비중을 영구 포트폴리오처럼 동일 비중으로 두지 않았다. 포트폴리오 구성은 다음과 같다.

▌**올시즌스 포트폴리오의 구성**

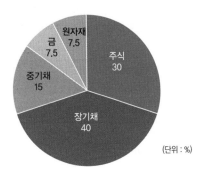

(단위 : %)

위의 도표에서 볼 수 있듯 금과 원자재의 비중은 각각 7.5%이다. 원자재 데이터의 한계로 인해 백테스트는 2007년부터 수행할 수밖에 없었다. 다소 아쉽긴 하지만 영구 포트폴리오와의 성적을 비교해 보겠다.

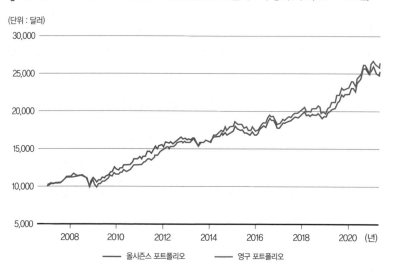

▌ 1만 달러 투자 시 영구 포트폴리오와 올시즌스 포트폴리오의 성적 비교(2007~2021년)

▌ 영구 포트폴리오와 올시즌스 포트폴리오의 성적 비교(2007~2021년)

(단위 : %)

전략	최종 수익률	연평균 성장률	최악의 해	최대 낙폭
영구 포트폴리오	167.11	6.85	-2.97	-13.52
올시즌스 포트폴리오	186.86	7.36	-3.66	-14.75

올시즌스 포트폴리오가 수익률 면에서는 근소하게 승리했다. 최대 낙폭이나 최악의 해는 영구 포트폴리오가 근소하게 더 잘 방어했다.

최악의 해는 두 포트폴리오 모두 무척 잘 방어해 낸 것을 확인할 수 있다. 개인적으로는 둘 다 비슷하게 훌륭하니 아무거나 사용해도 좋다고 생각한다(아무래도 주식만 들고 간 것에는 한참 못 미친다. 하지만 반토막이 날 수도 있는 주식이 무서운 초보 투자자들에게 이만큼 멋진 포트폴리오가 있을까).

올웨더
포트폴리오를
꾸려라

"현금은 쓰레기다$^{Cash\ is\ Trash}$."라는 명언으로 유명한 레이 달리오. 그는 《원칙^{Principles}》이라는 책의 저자로도 유명하다. 이 '원칙'은 바로 레이 달리오가 운영하는 세계 최고의 헤지펀드, 브리지워터의 회사 철학이기도 하다.

모든 상황에 유효한 포트폴리오

브리지워터는 2개의 펀드를 운용하고 있다. 하나는 퓨어알파$^{Pure\ Alpha}$, 나머지 하나는 그 유명한 '올웨더 포트폴리오'다. 올웨더 포트폴리오는 토니 로빈스의 《머니*Master the Game*》라는 책으로 널리 알려졌다. 이것은 '사계절 통하는 포트폴리오'라고 소개되어 '올시즌스'와 혼용되지만, 이 책에서는 앞에서 언급한 것처럼 '올시즌스'와 '올웨더' 포트폴리오를 구별해서 소개하겠다.

올시즌스 포트폴리오든 올웨더 포트폴리오든 큰 틀에서의 철학은 똑같다. 경기를 계절에 빗대어 4개로 나누어 표현한다. 사실 계절도 무 자르듯 정확하게 나뉘지는 않지만, 우리는 봄, 여름, 가을, 겨울로 계절을 나눈다(세부적인 내용은 앞서 섹터 순환 이론의 사계와는 별개다). 경제의 흐름도 계절과 마찬가지로 어떤 사이클을 타고 반복적으로 움직인다. 그래서 경기의 봄, 여름, 가을, 겨울을 나누고, 계절별로 유리한 자산을 고르고, 이 자산들에 골고루 분산 투자하여 마치 사계절용 옷이나 사계절용 이불처럼 사용할 수 있는 포트폴리오를 만들면 언제라도 마음 편하게 지낼 수 있다는 것이 올웨더 포트폴리오의 철학이다. 굉장히 매력적이지 않은가? 자산 배분의 끝판왕 같은 느낌이다.

이는 개인적으로도 초보자에게 가장 권하고 싶은 방법이다. 왜냐하면 지금껏 소개한 방법들 중 노력이 덜 들어가면서도 시장수익률에 근접한 수익을 올릴 수 있기 때문이다. 그럼 구체적으로 레이 달리오가 분류한 사계절에 해당하는 4가지 경제 상황을 모두 포괄하는 올시즌스 포트폴리오는 어떻게 구성되는지 알아보자. 먼저 레이 달리오가 분류한 4가지 경제 상황은 아래와 같다.

1. 기대했던 것보다 경제 성장률이 높을 때.
2. 기대했던 것보다 경제 성장률이 낮을 때.

3. 기대했던 것보다 인플레이션이 높을 때.

4. 기대했던 것보다 인플레이션이 낮을 때.

그리고 각 경제 상황에서 보유하기에 유리한 자산을 아래와 같이 분류했다.

▍올시즌스 포트폴리오의 상황별 추천 자산

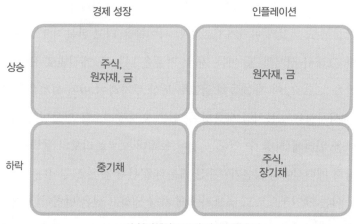

각 분면에서 25%의 리스크를 유지

올웨더 포트폴리오의 대표적인 철학은 '리스크 패리티Risk Parity'다. '패리티'는 '동등', '등량'과 같은 뜻을 가진 단어인데 말 그대로 리스크를 동일하게 한다는 뜻이다. 즉, 헤지 효과를 극대화하기 위해 각 자산의 리스크 또한 동일하게 맞춘다는 것이다. 각 사분면에서 25%의 리스크를 유지하는 것이다. 예컨대 2번의 상황에서 주식이 25% 떨어지는데 이를 방어하기 위해 채권으로만 리스크를 헤지한다고 가정하자.

그때 마찬가지로 채권도 25%가 오르고, 반대의 상황인 1번에서 채권이 25% 떨어지도록 포트폴리오를 설계하는 것이 리스크 패리티 전략이다.

반대로 설명하자면, 주식과 채권을 1:1로 섞는 포트폴리오는 주식과 채권이 (지금까지의 통계로 보았을 때) 1:1 비율로 등락하지 않기 때문에 금액 비중은 같을지라도 리스크는 같지 않아 리스크 패리티 전략이 아닌 것이다. 즉, 리스크 패리티 전략은 자산의 크기를 같게 하는 것이 아니라 리스크가 같아지도록 비율을 조절하는 전략을 말한다. 앞 장에서 소개한 올시즌스 포트폴리오를 대표적인 ETF로 치환하여 구성하면 다음과 같다.

▎ 올시즌스 포트폴리오의 구성

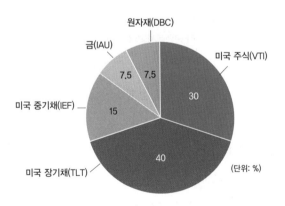

이는 올웨더 포트폴리오의 순한 맛 정도 되는 단순화 버전이라고 할 수 있다. 올시즌스 포트폴리오의 한계는 주식이 미국 주식으로만

한정되어 있다는 점, 채권도 중기채와 단기채 2가지로만 이루어져 있다는 점이다. 그래서 앞선 표를 회사채나 신흥국 채권, 부동산 등 다양한 자산을 포함하여 보완하면 아래와 같이 확장된다.

▍ 올웨더 포트폴리오의 상황별 추천 자산

	경제 성장	인플레이션
상승	주식, 회사채, 원자재, 금, 신흥국 채권	부동산, 원자재, 금, 물가 연동채, 신흥국 채권
하락	중기채, 물가 연동채	주식, 장기채

각 분면에서 25%의 리스크를 유지

회사채, 신흥국 채권, 부동산도 포함되었다. 이를 바탕으로 올시즌스 포트폴리오에 비해 조금 더 자산을 세분화시키고 상관성이 낮은 자산을 통해 조금 더 리스크를 효율적으로 헤지하는 포트폴리오가 바로 올웨더 포트폴리오다.

다음의 그림과 같은 올웨더 포트폴리오의 각 자산은 유사한 성격의 다른 자산으로 대체할 수도 있다. 예컨대 물가연동채 대신 리츠 자산을 편입한다든지 하는 응용도 가능하다(직접 부동산에 투자하지 않고도 부동산 관련 증권을 통해 투자할 수 있다). 그리고 리밸런싱 주기도 본인의 취향에 따라 1달, 1년과 같은 방식으로 얼마든지 응용할 수 있다. 물론 각 자산을 ETF로 투자하는 것도 가능한데, 최대한 비슷하게 구성하면 다음과 같다.

▎ 올웨더 포트폴리오의 자산 구성[2]

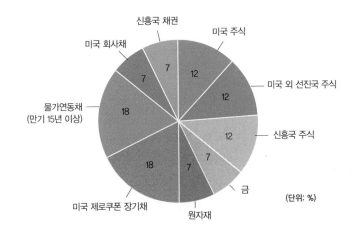

▎ 올웨더 포트폴리오 ETF로 구성하기[3]

자산 종류	ETF	비중
미국 주식	VTI	12
미국 외 선진국 주식	VEA	12
신흥국 주식	VWO	12
원자재	DBC	7
금	IAU	7
미국 제로쿠폰 장기채	EDV	18
물가연동채(만기 15년 이상)	LTPZ	18
미국 회사채	VCLT	7
신흥국 채권	EMLC	7

앞서 배운 많은 전략들이 있지만 단순하게 경기의 모든 계절에 활용 가능한 올웨더 포트폴리오는 초심자들에게 강력한 무기가 될 것이다. 다음 장에서는 이러한 올웨더 포트폴리오를 단 하나로 운용할 수 있는 ETF도 소개할 것이다.

'포트폴리오비주얼 라이저닷컴'으로 백테스트하기

"주식 투자는 손쉽게 돈을 벌 수 있는 길이라거나
어떤 특별한 훈련 없이도 가능하다는 어리석은 생각은 주식 투자를 할 때
범할 수 있는 치명적인 잘못이다."
– 조지 소로스

　앞에서 백테스트를 통해 이동평균선 상·하회 전략과 모멘텀 전략, 그리고 자산 배분 전략을 검증해 보았다. 과거의 자료가 미래를 보장해 주지는 않지만, 최소한 과거에 절대 통하지 않던 전략보다 과거에 잘 통했던 전략이 미래에도 잘 통할 가능성이 높지 않을까? '포트폴리오비주얼라이저닷컴'으로 지금까지 살펴본 포트폴리오를 백테스트하는 방법을 알아보자.

자산 배분(영구 포트폴리오)

1. 자산 배분 전략 중 대표적인 영구 포트폴리오를 이용해 백테스트를 수행해보겠다. 먼저 '포트폴리오비주얼라이저닷컴'(Portfoliovisualizer.com)에 접속, 'Backtest Portfolio'의 'Backtest Asset Allocation자산 배분 백테스트'를 클릭한다.

▌ 포트폴리오비주얼라이저닷컴의 첫 화면

© 2021 Portfoliovisualizer.com

2. 'Backtest Portfolio Asset Class Allocation자산 배분 포트폴리오 백테스트' 화면에서 메뉴를 먼저 확인해 보자.

- Portfolio View포트폴리오 뷰: 'List View리스트 뷰'와 'Table View테이블 뷰', 2가지 타입이 있다. '리스트 뷰'가 무난하다.

- Time Period^{기간}: 'Year-to-Year^{연간}'과 'Month-to-Month^{월간}'이 있다. '월간' 메뉴에서는 월 단위로 투자 기간을 세부 설정할 수 있는데 여기서는 '연간'으로 진행하겠다.

- Start Year / End Year^{시작 연도/ 종료 연도}: 투자 시작 연도와 종료 연도를 설정한다.

- Include YTD^{연초 누계 포함}: 'Year To Date'의 약어다. 말 그대로 '연초 누계 포함'을 말하니 결과에는 큰 영향을 주지 않는다. 그대로 두자.

- Initial Amount^{초기 투자 금액}: 시뮬레이션 상 크게 중요하지 않으니 1,000만 원에 가까운 금액인 10,000$ 그대로 두자.

- Cashflows^{유출·유입 자금}: 일정 기간마다 일부 금액을 인출하거나 추가하는 기능인데, 적립식 투자를 할 때는 요긴하게 쓰이나 이번에는 넣지 않도록 하겠다.

- Rebalancing^{리밸런싱}: 리밸런싱 주기를 설정한다. 년, 반년, 분기, 월, 밴드 단위가 있는데 여기서는 연단위로 설정하겠다.

- Benchmark^{벤치마크}: 테스트하려는 전략과 비교할 만한 벤치마크 대상을 고른다. 티커를 골라서 사용할 수도 있고, 벤치마크 포트폴리오와 비교할 수도 있다. 이번에는 'None^{없음}'으로 설정하겠다.

- Portfolio Names^{포트폴리오 이름}: Portfolio Name#1에 'Permanent Portfolio'를 입력하자.

▌ 자산 배분 포트폴리오 백테스트 화면

Backtest Portfolio Asset Class Allocation

This portfolio backtesting tool allows you to construct one or more portfolios based on the selected asset class level allocations in order to analyze to three different portfolios against the selected benchmark, and you can also specify any periodic contribution or withdrawal cashflows and the pre

You can also use the portfolio backtesting tool to build and compare portfolios based on specific mutual funds, ETFs, and stocks.

Portfolio View ❶	List View ▼
Time Period ❶	Year-to-Year ▼
Start Year ❶	1972 ▼
End Year ❶	2021 ▼
Include YTD ❶	No ▼
Initial Amount ❶	$ 10000 .00
Cashflows ❶	None ▼
Rebalancing ❶	Rebalance annually ▼
Benchmark ❶	None ▼
Portfolio Names ❶	Default ▼

© 2021 Portfoliovisualizer.com

3. 'Asset Allocation^{자산 배분}' 칸에서 자산 종류를 선택한다. 앞서 설명한 영구 포트폴리오에 따라 US Stock Market^{미국 주식 전체} 25%, Long Term Treasury^{장기채} 25%, Gold^금 25%, Cash^{현금} 25%를 선택하겠다. 총 100%가 입력되면 'Total^{총계}' 칸이 초록색으로 표시된다.

▌ 자산 배분 칸에 영구 포트폴리오에 해당하는 자산군 입력 모습

Asset Allocation 🗑	Asset Class	Portfolio #1 ⚙▾	
Asset 1	US Stock Market ▼	25	%
Asset 2	Long Term Treasury ▼	25	%
Asset 3	Gold ▼	25	%
Asset 4	Cash ▼	25	%
Asset 5	Select asset class... ▼		%
Asset 6	Select asset class... ▼		%
Asset 7	Select asset class... ▼		%
Asset 8	Select asset class... ▼		%
Asset 9	Select asset class... ▼		%
Asset 10 (Add More)	Select asset class... ▼		%
Total		100	%

Analyze Portfolios   Cancel

© 2021 Portfoliovisualizer.com

4. 'Analyze Portfolios^{포트폴리오 분석}'을 클릭해 백테스트를 수행한다.

5. 'Portfolio Returns^{포트폴리오 수익}'에서 해당 전략의 대표 성적이 표시된다. CAGR^{연평균 성장률}과 STDEV^{표준편차}, Best Year^{최고 해의 성적}, Worst Year^{최악 해의 성적}, Max. Drawdown^{최대 낙폭}, Sharpe Ratio^{샤프지수}, 그리고 Sortino Ratio^{소티노지수}와 US Mkt Correlation^{미국 주식 전체와의 상관성}이 표로 표시된다.

6. 'Portfolio Growth^{포트폴리오 성장}'에서는 투자 기간 동안 자산이 얼마나 증가했는지, 그 추이가 나타난다. 'Annual Returns^{연 단위 수익률}'에서는 'Trailing Returns^{연 단위 추적 수익률}'의 연 단위 평균 수익률을 알 수 있다. 'Full'은 'Portfolio Returns^{포트폴리오 수익률}'의 'CAGR'과 같은 것이고, 최근 연 단위별 연평균 수익률을 한눈에 볼 수 있다.

▌백테스트 수행 결과

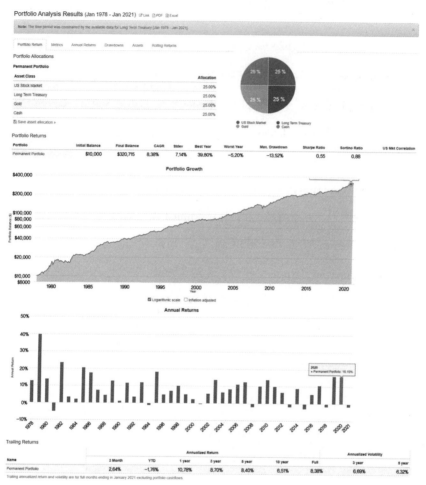

Portfolio Analysis Results (Jan 1978 - Jan 2021) 📎Link 📄PDF 📊Excel

Note: The time period was constrained by the available data for Long Term Treasury [Jan 1978 - Jan 2021]. ✕

Portfolio Return   Metrics   Annual Returns   Drawdowns   Assets   Rolling Returns

Portfolio Allocations

Permanent Portfolio

Asset Class	Allocation
US Stock Market	25.00%
Long Term Treasury	25.00%
Gold	25.00%
Cash	25.00%

💾 Save asset allocation »

● US Stock Market   ● Long Term Treasury
● Gold   ● Cash

Portfolio Returns

Portfolio	Initial Balance	Final Balance	CAGR	Stdev	Best Year	Worst Year	Max. Drawdown	Sharpe Ratio	Sortino Ratio	US Mkt Correlation
Permanent Portfolio	$10,000	$320,715	8.38%	7.14%	39.80%	−5.20%	−13.52%	0.55	0.88	

Portfolio Growth

☑ Logarithmic scale ☐ Inflation adjusted

Annual Returns

2020
• Permanent Portfolio: 16.10%

Trailing Returns

Name	Annualized Return						Annualized Volatility	
	3 Month	YTD	1 year	3 year	5 year	10 year	Full	3 year	5 year
Permanent Portfolio	2.64%	−1.76%	10.78%	8.70%	8.40%	6.51%	8.38%	6.69%	6.32%

Trailing annualized return and volatility are for full months ending in January 2021 excluding portfolio cashflows.

자산 배분(올시즌스 포트폴리오)

1. 이번에는 '올시즌스 포트폴리오'의 백테스트를 진행해 보자. 이번엔 '포트폴리오비주얼라이저닷컴' 첫 화면에서 'Backtest Portfolio'를 클릭하자.

▌포트폴리오 백테스트 메뉴

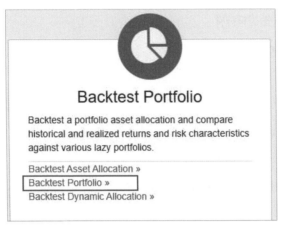

© 2021 Portfoliovisualizer.com

2. 앞에서 보았던 초기 설정을 모두 기본값으로 두자. 다만 이번에는 앞의 '자산 배분 백테스트'와 다른 메뉴가 있는 것을 볼 수 있다. 각각을 설정해 보자.

Reinvest Dividends ❶	Yes ▼
Display Income ❶	No ▼
Factor Regression ❶	No ▼

© 2021 Portfoliovisualizer.com

- Reinvest Dividends^{배당금 재투자}: 배당금 재투자 여부를 묻는 칸으로 현실감 있게 'Yes'를 선택하자.
- Display Income^{배당 수익 표시}: 배당 수익을 표시할지를 선택할 수 있다. 'No'로 표시해 보자.
- Factor Regression^{팩터 회귀분석}: '자산 팩터 모델^{Equity Factor Model}'을 통해 회귀분석을 하는 것이다. 'No'로 설정해 확인하지 않겠다.

3. 설정이 완료되었다면 'Portfolio Assets^{자산 포트폴리오}'에서 자산 종류를 선택한다. 올시즌스 포트폴리오의 자산은 미국 주식 전체 30%, 장기채 40%, 중기채 15%, 원자재 7.5%, 금 7.5%였다. 이를 대표적인 ETF로 치환하여 입력해 보겠다. 순서대로 VTI, EDV, IEF, DBC, IAU로 선택했다.

▌ 올시즌스 포트폴리오를 ETF로 구현한 화면

Portfolio Assets 🗑			Portfolio #1 ⚙▾	
Asset 1	VTI	🔍	30	%
Asset 2	EDV	🔍	40	%
Asset 3	IEF	🔍	15	%
Asset 4	DBC	🔍	7.5	%
Asset 5	IAU	🔍	7.5	%
Asset 6	Ticker symbol	🔍		%
Asset 7	Ticker symbol	🔍		%
Asset 8	Ticker symbol	🔍		%
Asset 9	Ticker symbol	🔍		%
Asset 10 (Add More)	Ticker symbol	🔍		%
Total			100	%

© 2021 Portfoliovisualizer.com

4. 'Analyze Portfolios^{포트폴리오 분석}'를 클릭해 백테스트 결과를 즐겁게 분석해 보자.

듀얼 모멘텀

1. 절대 모멘텀 전략과 상대 모멘텀 전략의 집합체인 듀얼 모멘텀 전략의 백테스트 방법이다. 포트폴리오비주얼라이저닷컴의 첫 화면 우측 하단부에 있는 'Timing Models' 중 'Dual Momentum^{듀얼 모멘텀}'을 선택한다.

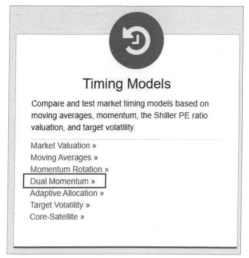

© 2021 Portfoliovisualizer.com

2. 미국 대표 ETF인 SPY와 EEM으로 테스트하겠다. 'Tickers^{티커}'란에 띄어쓰기를 포함하여 'SPY EEM'를 적어 넣는다(돋보기 아이콘을 이용해 종목을 검색해도 되지만, 티커를 알고 있다면 이 방법이 더 편하다).

■ Tickers에 상대강도지수를 비교할 자산을 선택

Tickers ❶	SPY EEM	🔍	⚙▾

© 2021 Portfoliovisualizer.com

3. 나머지 옵션은 아래와 같이 설정한다.

■ Single Absolute Momentum^{단일 절대 모멘텀 전략}: 하나의 자산으로 절대 모
멘텀 전략을 수행하려면 'Yes'를 선택하고, 추가되는 입력 상자에 원
하는 티커를 입력한다. 이번에는 'No'를 선택하여 듀얼 모멘텀 전략
을 바로 수행하겠다.

■ Out of Market Asset^{시장 외 자산}: 시장에서 빠져나왔을 때 선택할 자산
을 고른다. 기본값은 'Cash^{현금}'으로 되어 있는데, 'Select Asset···^{자산 선택}'
을 선택하여 나오는 입력 상자인 'Specify out of Market Asset^{시장을 빠져나}
^{올 때 자산 선택}'에 중기채 ETF인 'IEF'를 입력하자.

■ Performance Periods^{성과 기간}: 'Single Period^{단일 기간}'와 'Multiple Period
^{복수 기간}'가 있다. '단일 기간'은 하나의 기간 조건으로만 판단하는 것이
고 '복수 기간'은 여러 개의 기간에 가중치를 부여하여 점수를 매긴
다. 간단하게 '단일 기간'을 선택하자.

■ Timing Period^{타이밍 기간}: 모멘텀 전략을 수행할 기간을 고른다. 1년 단
위로 주가를 살피기 위해 '12 months^{12개월}'을 선택한다.

■ Exclude Previous Month^{지난 달 제외}: 최근 1개월을 백테스트에서 제외
할지를 선택할 수 있다. 'No'를 선택한다.

■ Assets to Hold^{보유 자산}: 보유할 자산의 개수로 상대 모멘텀으로 고른
하나의 자산만을 선택하기 위해 1로 둔다.

■ Trading Frequency^{매매 빈도}: 1개월에 1번만 매매하도록 'Monthly^{매달}'을
선택한다.

■ Trade Execution^{매매 실행}: 실제 매매를 어떻게 할지를 선택하는 것으로,

Trade at end of month price를 선택해 해당 달의 종가로 거래하는 것으로 한다.

- Compared Allocation^{자산 배분 대조군}: 자산 배분 결과를 비교할 대조군을 'Default^{디폴트}'로 두면 동일 비중 포트폴리오로 시뮬레이션한 결과와 비교할 수 있다.
- Benchmark^{벤치마크}: 비교 대상이 되는 자산 종류를 선택할 수 있다. 'Specify Ticker^{상세 티커}'를 선택, 'SPY'를 입력하자.

4. 'Run Test^{테스트 하기}' 버튼을 누르면 앞에서와 마찬가지로 백테스트가 수행되며, 각종 결과를 확인할 수 있다.

▌ 듀얼모멘텀 백테스트 결과 그래프

Portfolio	Initial Balance	Final Balance	CAGR	Stdev	Best Year	Worst Year	Max. Drawdown	Sharpe Ratio	Sortino Ratio	US Mkt Correlation
Dual Momentum Model	$10,000	$52,292	10.83%	15.84%	33.31%	-9.21%	-21.45% ❶	0.65	1.05	0.65
Equal Weight Portfolio	$10,000	$38,331	8.71%	17.42%	46.61%	-42.88%	-55.53% ❶	0.50	0.74	0.92
SPDR S&P 500 ETF Trust	$10,000	$42,147	9.36%	14.70%	32.31%	-36.81%	-50.80% ❶	0.60	0.88	1.00

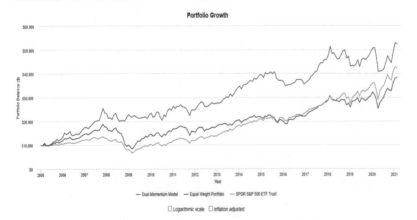

재무제표, 투자 지표를 고루 살피며 종목을 선정하거나 적절한 ETF를 찾아 백테스트를 통해 전략을 검증해 투자한다면, 분명 한 단계 높은 차원의 투자자가 될 것이라고 생각한다. 건투를 빈다.

손실 회피 편향과
손익의 비대칭성

'주식 투자'라는 말을 들었을 때 어떤 부정적 이미지가 떠오르는지 생각해 보자. 대부분 모니터나 스마트폰을 온종일 들여다보며 안절부절못하는 장면을 떠올릴 것이다. 인간에게는 손실을 (비이성적으로) 두려워하는 습성이 있어서 이런 장면을 먼저 떠올린다. 이처럼 투자자는 손실을 보기 시작하면 부화뇌동하여 잘못된 선택을 내릴 수 있다. 떨어지는 칼날을 붙잡듯 가격이 하락하는 주식을 계속 매수하는 '물타기'를 한다든지, 특정 종목에서의 손실을 만회하기 위해 더 위험한 종목을 매수하거나 단기적인 주가 하락에 화들짝 놀라 좋은 종목을 팔아버린다든지(이를 '뇌동매매'라고 부른다) 하는 것이다.

인간은 100을 얻었을 때의 기쁨보다 100을 잃었을 때의 슬픔을 더 크게 느낀다. '손실 회피 편향Loss Aversion Bias'으로 불리는 인간의 심리 때문에 같은 금액 대비 잃는 슬픔이 얻는 기쁨보다 1.5~2.5 배 정도 더 크다는 연구 결과도 있다.[4] 그래서 우리는 수익률보다도 투자금을 잃지 않는 전략에 초점을 두어야 한다.

투자금을 잃지 않는 데 집중해야 하는 이유가 하나 더 있다. 주식시장에서 발생하는 손익은 비대칭적이다. 예를 들어 내가 매수한 주식의 수익률이 -50%가 되면 주가가 50% 올라야 원금이 복구되는 것이 아니다. 주가가 100% 올라야 겨우 본전이 된다.

예를 들어보자. 내가 가지고 있는 A 주식의 가격이 오늘 30% 하락했다. 그럼 내일 이 주식의 가격이 30% 상승하면 나는 원금을 회복할까? 아니다. 1,000원짜리 주식이 -30%가 되면 주가는 700원이다. 다음 날 주가가 30% 오르면 910원(700×1.3)이 된다. 나의 매수가인 1,000원에서 -9%인 상태가 되는 것이다. 본전을 찾으려면 42.86%(1,000÷700)의 수익이 필요하다. 이것이 바로 '손익의 비대칭성'이다. 이를 인지하지 못하면 손실률과 이익률의 크기만을 보게 되어 쌓여가는 손실의 양을 제대로 인식할 수가 없다. 그래서 투자에서는 수익도 중요하지만 잃지 않는 것이 무엇보다 중요하다.

"아픈 역사를 되풀이하지 않기 위해서는 아픈 역사를 잊어서는 안 된다."라는 말이 있다. 주식 투자도 마찬가지다. 아픈 역사를 되풀이하지 않기 위해 아픈 역사를 되돌아보고, 아픔을 다시 겪지 않기 위한 방법을 찾아야 한다.

종목 보기

귀찮으면 ETF

5장

종목 분석 못하겠으면 ETF를 사자

"인덱스펀드에 투자하겠다면 전체 시장에 투자하는 펀드를 사야지
개도국, 업종, 원자재 또는 레버리지나 인버스펀드에 투자해서는 안 된다."
– 존 보글

이번 파트에서는 앞서 숲을 보는 투자에서 소개했던 투자 방법을 집중적으로 다루고자 한다. 개인적으로 초보자에게 가장 추천하는 투자 방법이다. 주식의 '주'자도 몰라도 이해할 수 있기 때문이다. 대부분의 주식 투자법들은 최소한 기업이 무엇인지 해당 기업이 어떤 사업을 하는지는 알고 투자하는 방법을 알려주게 마련이다. 혹은 재무제표와 같이 기업을 분석하는 데 필요한 자료를 읽는 방법도 공부해야 하고, 개별 종목을 선정하기 위해 각종 지표도 활용할 줄 알아야 한다. 하지만 이번에는 지금까지의 내용을 다 이해하지 못해도 바로 투자할 수 있는 방법을 소개하겠다. 바로 'ETF 투자하기'다.

이 세상 제일 쉬운 세 글자, ETF

'ETF'는 앞서 주식처럼 사고팔 수 있는 펀드라고 했다. 주식의 '주'자를 몰라도 'ETF'만 알면 투자할 수 있다. 특히나 숲만 보고 투자하기에는 ETF가 제격이다. 나무 이름은 하나도 몰라도 된다. 앞서 열심히 설명한 인덱스펀드와 같은 ETF에는 어떤 것이 있을까? 예를 들어 미국 증권거래소에는 미국 주식을 대표하는 지수인 S&P500지수를 추종하는 ETF가 상장해 있다. 포트폴리오를 설명할 때 등장했던 'SPY'라는 티커를 쓰는 ETF가 그것이다. 'SPY'라는 ETF만 사면 S&P500지수를 구성하는 500개의 종목에 골고루 분산 투자 하는 효과를 누릴 수 있다(낮은 비율의 운용 보수와 기타 비용만 지불하면 된다). S&P가 지정한 500개의 종목을 직접 매수하는 것은 엄청나게 고된 작업일뿐더러, S&P500지수를 산정하는 방식으로 리밸런싱도 해주어야 하기 때문에 개인 투자자가 해당 전략을 구사하기는 사실상 불가능하다. 하지만 ETF는 이를 가능하게 해준다. 또 다양한 ETF를 섞는 방식까지 활용하면 체계적인 포트폴리오를 구성할 수 있다.

지금까지 알려진 바로는 시장 초과수익률을 얻기 위해 펀드매니저의 역량이 개입된 액티브펀드^{Active Fund} 보다 시장수익률만을 추구하는 패시브펀드^{Passive Fund●}가 오히려 수익률이 높다. 따라서 ETF를 고르는 데 너무 고민하지 말자(단순함이 복잡함을 이길 수 있는 법). SPY라든지, 나스닥100지수를 추종하는 'QQQ^{Invesco QQQ Trust}' 같은 종목을 사면 분산 투자 효과를 누리면서도 많은 액티브펀드의 수익률을 뛰

Q **패시브펀드** 액티브펀드처럼 외부 역량이 적극 개입되지 않고 특정 지수를 추종하는 수동적인 방법으로 운용되는 펀드.

어넘은(시장수익률을 뛰어넘는 액티브펀드가 없는 것은 아니지만) 시장수익률을 추종할 수 있기 때문이다.

ETF를 선택할 때 주로 봐야 하는 것

ETF는 주식들을 모아둔 펀드인 만큼, 규모를 표현할 때 시가총액이 아닌 '운용 자산 규모Assets Under Management, AUM'라고 표현하며, 주로 약어인 'AUM'이라고 표기한다. 일반적으로 운용 자산 규모는 클수록 좋다. ETF의 AUM은 기업의 시가총액과 유사하게 높을수록 인기가 많고, 많은 사람이 큰 규모로 투자하고 있다는 뜻이다. 일반적으로 규모가 커질수록 고객이 부담하는 ETF 운용 비용이 줄어들며, 세심한 포트폴리오 조정이 가능하여 괴리율*이 줄어든다. 그러니 되도록이면 AUM이 높은 ETF를 사는 것이 마음도 편하다. ETF는 펀드와 같으므로 각종 수수료와 기타 비용을 합친 전체 수수료인 운용 비용이 발생한다. ETF 1주 단위의 가격 대비 발생하는 모든 비용의 비율을 '비용지급비율Expense Ratio, 이후 비용 비율'이라고 한다(국내 ETF에서 '총보수'라고 표현하는 것과 같다).

> 🔍 **괴리율** 시장 가격과 순자산가치Net Asset Value, NAV의 차이를 나타내는 지표. ETF가 특정 지수를 추종하는 과정에서 ETF는 지수와의 괴리가 필연적으로 발생하게 되며, 이 차이의 비율을 괴리율이라 부른다.

일반 펀드 상품에서 발생하는 수수료에 비해서 ETF의 비용 비율은 매우 저렴한 편이다. 대부분의 ETF는 특정 지수를 추종하도록 설계되어 있다. 특정 지수를 추종하려면 계속해서 종목들의 비중을 조절해야 하기 때문에 지속적인 리밸런싱이 필요하다. 일반 투자자가 이를 직접 하기엔 매우 번거로운 데다가 수수료가 많이 발생하고 추가로 세금까지 발생할 수 있다. 이런 점을 생각하면 ETF 투자는 오히려 수수료를 아끼는 효과까지 있어 개인 투자자에게 상당한 이점이 있다.

ETF를 선택할 때 주로 고려해야 할 첫 번째는 운용 규모와 운용사다. 주식에서도 시가총액이 높은 기업을 우량주라고 생각하듯, ETF에서도 마찬가지다. 유명한 운용사*가 엄청나게 큰 금액의 자금을 운용하고 있는 ETF라면 이는 해당 ETF에 대한 투자자들의 기대감과 신뢰감의 방증이라 할 수 있다.

두 번째는 비용 비율이다. 개인 투자자라면 조금이라도 더 비용을 절감하는 것이 좋다. 그렇기에 비슷한 종목 구성의 ETF라면 비용 비율이 적을수록 좋다.

세 번째는 종목 구성이다. 패시브 ETF들은 결국 모두 인덱스 ETF이다. S&P500지수와 같은 주가지수가 아닐지라도 특정하게 구성된 지수를 추종하기 때문이다. 그리고 이러한 지수를 추종한 것의 결과가 구성 종목이 된다. 추종되는 지수의 산출 방식을 알면 더 좋기에 이 책에서는 간략하게나마 이 부분을 설명하려고 한다. 다만, 일일이 찾아보기엔 번거로운 면이 있으니 투자하기 전에 종목 구성이라도 살펴보는 것을 추천한다. 최소한 내가 어떤 섹터나 종목에 얼마만큼의 비중으로 투자하고 있는지는 알면 마음이 더 편하지 않겠는가?

주가지수 ETF

대표적인 패시브펀드로 미국의 대표 주가 지수를 추종하는 ETF들을 소개하겠다.

● SPDR S&P500 ETF Trust: SPY

1. ETF 소개

미국 주식시장을 대표하는 S&P500지수를 추종해 각 각 종목을 시가총액 비중대로 담고 있다. 1993년 1월 22일에 출시되었고, 미국에 존재하는 ETF 중 가장 오래되었으며, 운용 자산 규모도 약 3,964억 달러로 가장 크다. 수수료인 비용 비율은 0.09%로 ETF 중에서 저렴한 편이다(블랙록에서 운용하는 IVV를 활용하면 비용 비율 0.03%로 SPY와 유사하지만 보다 저렴한 수수료로 투자할 수 있다. 뱅가드도 경쟁하듯 VOO라는 거의 동일한 상품을 판매하고 있다. 개인 투자자 입장에서는 IVV, VOO 투자가 더 낫다). 스테이트스트리트 글로벌어드바이저스가 운용하고 있다.

2. 특징

ETF의 대장이라고 할 수 있다. 일반인이 S&P500지수에 포함된 500 종목을 지속해서 리밸런싱하면서 지수를 추종하려면 수수료가 훨씬 많이 발생하는 것을 고려하면 S&P500지수를 따라가기에는 SPY와 같은 ETF가 최적의 선택이 된다. 섹터별 비중과 포함된 종목의 비중은 실제 S&P500지수에 포함된 기업들을 보면 되지만, ETF를 통해 살펴보는 것도 매우 편리하니 다음의 표를 참고하시라.

▌ SPY의 섹터별 비중과 상위 비중 10종목

SPY Top 10 Sectors

Technology	35.47%	Consumer Non-C...	5.59%
Consumer Cyclicals	14.78%	Utilities	2.53%
Financials	13.45%	Energy	2.41%
Healthcare	13.14%	Basic Materials	2.37%
Industrials	8.76%	Telecommunicati...	1.32%

SPY Top 10 Holdings [View All]

Microsoft Corpor...	6.02%	Facebook, Inc. Cl...	2.07%
Apple Inc.	5.98%	Tesla Inc	1.76%
Amazon.com, Inc.	3.80%	NVIDIA Corporati...	1.43%
Alphabet Inc. Cla...	2.25%	Berkshire Hathaw...	1.38%
Alphabet Inc. Cla...	2.11%	JPMorgan Chase ...	1.29%
		Total Top 10 Weig...	28.11%

© 2021 ETF.com

● **Invesco QQQ Trust: QQQ**

1. ETF 소개

나스닥 상위 100개 종목의 주가를 나타내는 지수인 나스닥100지수를 추종하는 상품으로, 시가총액 비중대로 구성된다. 1999년 3월 10일에 출시되었고 비용 비율은 0.2%, 나스닥지수 추종 ETF 중 운용 자산 규모가 약 1,891억 달러로 가장 크다. 인베스코가 운용하고 있다(같은 운용사에서 2020년 10월 13일 한 주당 가격이 저렴하고 비용 비율도 조금 더 저렴한(0.15%) 'QQQM'이라는 상품을 출시했다).

2. 특징

최근 10년간 성장률이 압도적으로 높다. 2010년부터 QQQ만 들고 있었다면 연평균 성장률 20% 이상을 취할 수 있었으며, 자산이 8.7배 이상 증가했을 것이다. 나스닥지수를 추종하여 기술주의 비중이 64%나 되고, 이름을 모르기 어려운 기업들로 가득하다. 기술주 다음으로는 경기순환주(자유 소비재)가 약 20%를 차지하고 있다.

▎ QQQ의 섹터별 비중과 상위 비중 10종목

QQQ Top 10 Sectors

Technology	64.42%
Consumer Cyclicals	20.05%
Healthcare	6.41%
Consumer Non-C...	3.35%
Industrials	3.08%
Telecommunicati...	1.16%
Utilities	0.89%

QQQ Top 10 Holdings [View All]

Apple Inc.	10.91%
Microsoft Corpor...	10.42%
Amazon.com, Inc.	7.87%
Tesla Inc	4.76%
Alphabet Inc. Cla...	4.14%
Alphabet Inc. Cla...	3.88%
NVIDIA Corporati...	3.79%
Facebook, Inc. Cl...	3.53%
PayPal Holdings, I...	2.19%
Adobe Inc.	2.02%
Total Top 10 Weig...	53.51%

© 2021 ETF.com

● SPDR Dow Jones Industrial Average ETF Trust: `DIA`

1. ETF 소개

다우지수를 추종하는 ETF다. 과거에는 미국의 대표 주가지수였지만 현재는 그 자리를 S&P500지수에 내준 만큼 운용 자산 규모도 약 296억 달러로 '상대적으로' 규모가 작다. 1998년 1월 14일에 출시되었으며 비용 비율은 0.16%로 QQQ보다 조금 저렴하다. 스테이트스트리트 글로벌어드바이저스가 운용하고 있다.

2. 특징

다우지수가 시가총액 가중이 아닌 가격 가중 방식으로 산출되는 만큼 같은 방식으로 종목이 편입된다. 오래된 다우지수를 추종하는 ETF답게 여러 섹터가 상당히 고르게 분포되어 있다. 기술 섹터가 가장 비중이 크지만 자유 소비재, 금융, 헬스케어, 산업 섹터도 상당한 비중을 차지하고 있다.

● iShares Russell 2000 ETF: `IWM`

1. ETF 소개

러셀2000지수를 추종하는 ETF다. 러셀2000지수는 미국의 중소형주를 대표하는 지수라고 할 수 있으므로 IWM을 매수하면 미국의 대표 중소형주들에 투자하는 셈이다. 2000년 5월 22일 출시되었고, 약 692억 달러로 운용 자산 규모가 크다. 비용 비율은 0.19%다. 블랙록이 운용하고 있다.

▌ DIA의 섹터별 비중과 상위 비중 10종목

DIA Top 10 Sectors

▌ Technology	22.46%	▌ Consumer Non-C...	7.43%
▌ Consumer Cyclicals	16.96%	▌ Energy	1.78%
▌ Financials	16.73%	▌ Basic Materials	1.17%
▌ Healthcare	16.61%	▌ Telecommunicati...	1.02%
▌ Industrials	15.84%		

DIA Top 10 Holdings [View All]

▌ UnitedHealth Gro...	7.98%	▌ McDonald's Corp...	4.52%
▌ Goldman Sachs G...	7.57%	▌ Visa Inc. Class A	4.31%
▌ Home Depot, Inc.	6.53%	▌ Honeywell Intern...	4.11%
▌ Microsoft Corpor...	5.67%	▌ Boeing Company	4.05%
▌ salesforce.com, inc.	5.44%	▌ Amgen Inc.	3.87%
		Total Top 10 Weig...	54.04%

© 2021 ETF.com

▌ IWM의 섹터별 비중과 상위 비중 10종목

IWM Top 10 Sectors

▌ Financials	21.42%	▌ Energy	3.89%
▌ Healthcare	18.71%	▌ Basic Materials	3.82%
▌ Technology	14.89%	▌ Consumer Non-C...	3.12%
▌ Industrials	13.49%	▌ Utilities	2.39%
▌ Consumer Cyclicals	12.79%	▌ Telecommunicati...	1.16%

IWM Top 10 Holdings [View All]

▌ AMC Entertainme...	0.70%	▌ Crocs, Inc.	0.29%
▌ Ovintiv Inc	0.34%	▌ Tetra Tech, Inc.	0.29%
▌ Asana, Inc. Class A	0.31%	▌ BJ's Wholesale Cl...	0.27%
▌ Lattice Semicond...	0.31%	▌ Scientific Games ...	0.27%
▌ Intellia Therapeut...	0.30%	▌ Digital Turbine, Inc.	0.26%
		Total Top 10 Weig...	3.35%

© 2021 ETF.com

2. 특징

IWM은 많은 중소형주를 포함하는 만큼 다양한 섹터로 구성되어 있다. 그 때문인지 대형 IT 기업들에 편중된 대형주^{Large-Cap} 위주의 ETF와 달리 기술주의 비중이 상대적으로 작아 보인다. 상위 비중 10종목을 보아도 일반인에게 익숙한 기업은 찾아보기 힘들다. 중소형주의 특성을 좇아 투자하기에는 가장 인기 있는 선택지다.

● iShares Russell 1000 ETF: **IWB**

1. ETF 소개

러셀1000지수를 추종한다. 러셀1000지수는 미국의 시가총액 상위 1,000개 대기업의 주가를 나타낸다. 물론 1,000개의 종목을 추종하다 보니 중견기업쯤 되는 미드캡^{Mid-Cap} 규모의 회사도 포함한다. 2000년 5월 15일에 출시되었고, 운용 자산 규모는 약 312억 달러, 비용 비율은 0.15%이다. 블랙록이 운용하고 있다.

2. 특징

러셀1000지수를 추종하기 때문에 대기업에 편중될 수밖에 없다. 특히 상위 10종목 구성을 보면 QQQ, SPY와 거의 비슷하다는 느낌도 들 것이다. 아니, 느낌이 아니라 사실이다. 역시나 현재는 기술주 비중이 가장 크다.

▌ IWB의 섹터별 비중과 상위 비중 10종목

IWB Top 10 Sectors

▌ Technology	34.97%	▌ Consumer Non-C...	5.33%
▌ Consumer Cyclicals	14.80%	▌ Utilities	2.44%
▌ Financials	14.15%	▌ Energy	2.34%
▌ Healthcare	12.98%	▌ Basic Materials	2.18%
▌ Industrials	9.02%	▌ Telecommunicati...	1.18%

IWB Top 10 Holdings [View All]

▌ Apple Inc.	5.40%	▌ Alphabet Inc. Cla...	1.87%
▌ Microsoft Corpor...	5.37%	▌ Tesla Inc	1.59%
▌ Amazon.com, Inc.	3.46%	▌ NVIDIA Corporati...	1.23%
▌ Alphabet Inc. Cla...	1.99%	▌ Berkshire Hathaw...	1.22%
▌ Facebook, Inc. Cl...	1.88%	▌ JPMorgan Chase ...	1.16%
		Total Top 10 Weig...	**25.17%**

다른 운용사에서도 지금까지 소개한 것들과 유사한 상품이 많이 나와 있다. 이 책에서 소개한 ETF는 미국 내 가장 대표적인 지수를 추종하는 대표 ETF들일 뿐이다. '이티에프닷컴(ETF.com)'과 같은 웹사이트에 가면 다른 정보를 쉽게 얻을 수 있으니 운용 규모나 상품들을 꼼꼼히 따져보며 투자하기를 권한다.

미국/글로벌 시장 ETF

미국 대표 주가지수말고 미국 주식시장 전체나 글로벌 주식시장 전체에 투자하는 ETF는 없을까? 물론 있다!

● Vanguard Total Stock Market ETF: **VTI**

1. ETF 소개

미국 주식 전체를 대상으로 하여 시가총액 비중대로 구성된다. 이 하나의 ETF를 사는 것만으로 미국 주식시장 전체의 추이를 그대로 따라갈 수 있다. 2001년 5월 24일에 출시되었고, 운용 자산 규모는 약 2,725억 달러로 매우 크며, 비용 비율은 0.03%로 매우 낮다. 투자자들에게 인기가 있을 만한 ETF이다. 뱅가드에서 운용 중이다.

2. 특징

다시 한번 말하지만, 이 하나의 ETF를 사는 것만으로 미국 주식시장 전체의 추이를 그대로 따라갈 수 있다는 점이 커다란 장점이다.

▌VTI의 섹터별 비중과 상위 비중 10종목

VTI Top 10 Sectors

Technology	33.37%	Consumer Non-C...	5.16%
Consumer Cyclicals	14.53%	Basic Materials	2.58%
Financials	14.52%	Energy	2.41%
Healthcare	13.26%	Utilities	2.41%
Industrials	9.42%	Telecommunicati...	1.14%

VTI Top 10 Holdings [View All]

Apple Inc.	5.16%	Alphabet Inc. Cla...	1.72%
Microsoft Corpor...	4.88%	Tesla Inc	1.22%
Amazon.com, Inc.	3.19%	NVIDIA Corporati...	1.14%
Facebook, Inc. Cl...	1.95%	Berkshire Hathaw...	1.06%
Alphabet Inc. Cla...	1.86%	JPMorgan Chase ...	1.04%
		Total Top 10 Weig...	23.21%

© 2021 ETF.com

SPY, DIA, QQQ에서 본 미국 대표 주식들이 모두 상위 비중 10개 이 내에 있다. 그리고 역시나 최근 추세에 따라 기술주가 30%를 넘는 압 도적인 비중을 보이고 있다.

● **Vanguard Total World Stock ETF: VT**

1. ETF 소개

전 세계 주식을 시가총액 비중별로 편입한 ETF다. 글로벌 주식의 시가총액 가중 지수를 추종하며, 미국을 포함하여 선진 주식시장과 신흥 주식시장을 모두 포함하는 ETF다. 이 하나의 ETF를 사는 것만 으로 전 세계 주식시장에 투자할 수 있다. 2008년 6월 24일에 출시되 었고, 운용 자산 규모는 약 246억 달러로 크며, 비용 비율은 0.08%로 저렴하다. 뱅가드에서 운용 중이다.

2. 특징

이 ETF 하나만으로 전 세계 주식에 골고루 투자할 수 있다. 다만, 시가총액 비중대로 하다 보니 현재는 미국 대표 주식들이 모두 상위 비중 10개 내에 있다. 그리고 마찬가지로 최근 추세에 따라 기술주가 25%를 넘는 비중을 보이고 있다. 만약 다른 나라의 기업이 급부상한 다면 자연스럽게 리밸런싱되며 상위 종목으로 올라올 것이기에 더 넓 은 차원의 분산 투자를 하기에 적절한 ETF다.

VT Top 10 Countries

United States	58.90%	Canada	2.55%
Japan	6.50%	Switzerland	2.40%
United Kingdom	3.96%	Germany	2.31%
Hong Kong	3.88%	Taiwan, Province ...	1.94%
France	2.56%	Australia	1.93%

VT Top 10 Sectors

Technology	26.58%	Consumer Non-C...	6.32%
Financials	17.37%	Basic Materials	5.13%
Consumer Cyclicals	13.31%	Energy	3.37%
Healthcare	11.27%	Utilities	2.69%
Industrials	10.97%	Telecommunicati...	1.80%

VT Top 10 Holdings [View All]

Apple Inc.	3.06%	Alphabet Inc. Cla...	1.08%
Microsoft Corpor...	2.92%	Tesla Inc	0.73%
Amazon.com, Inc.	1.94%	NVIDIA Corporati...	0.69%
Facebook, Inc. Cl...	1.17%	U.S. Dollar	0.63%
Alphabet Inc. Cla...	1.10%	JPMorgan Chase ...	0.62%
		Total Top 10 Weig...	13.93%

© 2021 ETF.com

● Vanguard FTSE All-World ex-US ETF: VEU

1. ETF 소개

미국을 제외한 글로벌 주식시장에 시가총액 가중으로 투자하는
ETF다. 이 ETF를 통해 미국을 제외한 전 세계에 골고루 투자할 수 있
다. 2007년 3월 2일에 출시되었고, 운용 자산 규모는 약 358억 달러로
크며, 비용 비율은 0.08%로 준수하다. 뱅가드에서 운용 중이다.

2. 특징

앞서 소개한 ETF들과 함께 구성하면 포트폴리오 분산 차원에서 장점이 있다. 앞서 소개한 ETF들은 대부분 미국 기술주들이 주로 상위권에 포진되어 있지만, 이 ETF의 경우는 미국을 제외하였기 때문에 분산 투자의 이점을 누릴 수 있다. 일본 비중이 가장 높고, 홍콩이 다음 순이며, 한국의 증시도 4% 수준의 비중을 차지하고 있다.

▎**VEU의 국가, 섹터별 비중과 상위 비중 10종목**

VEU Top 10 Countries

Japan	15.91%	Germany	5.78%
Hong Kong	9.92%	Canada	5.23%
United Kingdom	9.42%	Australia	4.63%
France	6.68%	Taiwan, Province ...	4.39%
Switzerland	6.12%	Korea, Republic of	3.73%

VEU Top 10 Sectors

Financials	21.73%	Basic Materials	8.37%
Technology	16.24%	Consumer Non-C...	8.16%
Industrials	12.87%	Energy	4.83%
Consumer Cyclicals	11.09%	Utilities	3.01%
Healthcare	8.88%	Telecommunicati...	2.87%

VEU Top 10 Holdings [View All]

Tencent Holdings ...	1.28%	Roche Holding Ltd	0.96%
Nestle S.A.	1.23%	Taiwan Semicond...	0.89%
ASML Holding NV	1.14%	Toyota Motor Corp.	0.74%
Alibaba Group Ho...	1.03%	Novartis AG	0.68%
Taiwan Semicond...	1.01%	LVMH Moet Henn...	0.64%
		Total Top 10 Weig...	9.61%

섹터별 ETF

앞서 섹터 순환이론을 통해 경기 사이클에 따른 강세 섹터를 알아본 바 있다. 이러한 사이클의 흐름에 편승하여 섹터별 투자 비중을 조절하는 전략도 있다. 이에 각 섹터 전체에 투자하는 섹터별 ETF를 소개한다. 섹터별 운용 자산 규모가 가장 큰 ETF를 1종씩 이름만 간단히 소개하겠다(정보기술 섹터는 운용 자산 규모가 비슷하여 2개를 적었다).

1. 에너지: XLE^{Energy Select Sector SPDR Fund}

2. 자재: XLB^{Materials Select Sector SPDR ETF}

3. 산업: XLI^{Industrial Select Sector SPDR Fund}

4. 자유 소비재: XLY^{Consumer Discretionary Select Sector SPDR Fund}

5. 필수 소비재: XLP^{Consumer Staples Select Sector SPDR Fund}

6. 헬스케어: XLV^{Health Care Select Sector SPDR Fund}

7. 금융: XLF^{Financial Select Sector SPDR Fund}

8. 정보기술: VGT^{Vanguard Information Technology Index Fund ETF}
   XLK^{Technology Select Sector SPDR Fund}

9. 통신서비스: VOX^{Vanguard Communication Services ETF}

10. 유틸리티: XLU^{Utilities Select Sector SPDR Fund}

11. 부동산: VNQ^{Vanguard Real Estate Index Fund ETF}

이제는 ESG에 주목하라

지금까지 기업이 나아가야 할 방향과 이에 따른 기존 투자 패러다임은 단지 '돈을 많이 버는 것'이었다. 하지만 미래에 기업이 나아가야 할 방향이 달라지고 있다. 이제는 단지 돈만 많이 버는 것만으로는 부족하다. 주주의 이익뿐 아니라 직원 복지나 친환경적 사업 여부 등 공공선을 향한 기여도 기업의 책임이 되어가고 있다. 그래서 등장한 것이 바로 'ESG'다.

ESG의 주요 주제

ESG는 기후변화·탄소 배출 및 환경오염·자원 고갈·폐기물·에너지 효율 문제 등을 다루는 환경Environment의 'E', 노사관계·노동환경·개인정보보호·인권과 성별 및 다양성·지역사회 관계·건강 및 안전 등을 다루는 사회Social의 'S', 정치 기부금 및 로비·기업 윤리와 세무 전략 등을 다루는 지배구조Governance의 'G'를 딴 단어다. 이미 ESG로의 경영 패러다임 전환은 시작되고 있었는데, 코로나19로 인해 더 가속화되고 있다. 실제 팬데믹 이후 엄청난 규모의 자금이 ESG 투자로 이어지고 있다.

글로벌지속가능투자연합GSIA에 따르면 2020년 상반기를 기준으로 전 세계 ESG 투자자산은 40조 5,000억 달러(약 4경 5,000조 원)에 이른다. 2018년 30조 6,800억 달러(약 3경 4,000조 원)였던 것과 비교하면 1년 반 만에 약 10조 달러가 늘어난 것이다.

또한 2020년 7월 미국증권거래위원회SEC는 ESG 펀드의 포트폴리

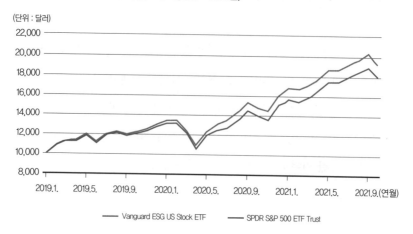

© 2021 ETF.com

오가 ESG 목적에 부합하는 투자를 수행하고 있는가를 명시하도록 발표했고[1], 2015년에는 불과 69개, 운용 자산 규모도 60억 달러에 불과했던 글로벌 ESG ETF가 최근에는 370개로 불어났으며, 운용 자산 규모가 1,000억 달러 수준으로 비약 성장했다.[2] 그 예로 S&P500지수를 추종하는 ETF인 SPY와 주가 흐름이 유사한 뱅가드의 ESGV^Vanguard ESG

US Stock ETF, 블랙록의 ESGU^{iShares ESG Aware MSCI USA ETF} 등이 SPY보다 좋은 성적을 보이고 있다. 이처럼 ESG는 포스트 코로나 시대에 글로벌 경제 질서를 지배할 새 키워드가 될 것이다. 이제는 '이티에프닷컴^{ETF.com} 사이트에서 ETF들의 MSCI ESG 등급 표시도 확인하자.

ETF가
투자 만능
도구인 이유

"수많은 종목으로 포트폴리오를 구성해서 개별 종목의 리스크를 완전히 제거하고
오직 시장 리스크만을 남겨놓아야 한다."
– 존 보글

　앞서 지수를 추종하는 인덱스 ETF가 얼마나 훌륭한 상품인지 논의했다. 이 밖에도 세계 증시 전체에 투자할 수 있는 ETF나 섹터 순환 이론을 응용하기 위해 사용할만한 섹터 ETF도 간단하게나마 살펴보았다. 그런데 이 책에서 ETF를 투자 만능 도구라고 칭한 이유는 단지 이 정도 수준에서 그치지 않기 때문이다. 나무를 보는 투자의 컨셉이나 4장 주식 거래의 기술에서 설명한 기술들을 ETF로 실현할 수도 있다. 이번 파트에서는 가치주, 성장주, 배당주를 각기 묶음으로 포트폴리오를 꾸릴 수 있도록 도와주는 ETF들과 모멘텀 투자를 도와주는 ETF, 또한 자산 배분을 한 방에 해결해 주는 ETF까지 소개하려고 한다. 마지막으로는 핫한 성장 산업과 같이 테마별로 투자할 수 있는 ETF까지 설명했다. 이들 ETF에는 기본적으로 모두 리밸런싱이 들어간다. 그리고 자산 배분 ETF의 경우에는 헤지는 물론, 당연히 자산 배분 전략도 포함되어 있다. 즉, 앞에서 소개한 것을 완전하게 따라 할 수 있는 것은 아니지만, ETF 하나를 사는 것만으로도 앞서 살펴본 투자전략과 유사한 효과는 낼 수 있다. 앞선 전략의 개략적인 내용은 이해했으나 직접 수행하기가 어렵거나 번거롭겠다고 판단했다면 이 ETF들도 좋은 선택이 되리라 생각한다.

가치주 ETF

앞서 설명한 가치주를 묶어서 투자할 수 있는 가치주 ETF를 소개하겠다.

● **Vanguard Value ETF: VTV**

1. ETF 소개

대표적인 가치주 ETF다. 가치주 ETF 중 운용 자산 규모도 약 859억 달러로 가장 크다. 대형주들 중 P/B, P/E, P/S와 주가 배당 비율 Dividend-to-Price Ratio을 통해 산출한 가치주가 포함되어 있다. 보유 구성은 대략 2주의 시차를 두고 매월 공개 된다. 2004년 1월 26일 출시되었으며 비용 비율은 0.04%로 매우 저렴하다. 뱅가드에서 운용하고 있다.

2. 특징

과거의 가치 평가 방식으로는 기술주가 대부분 고평가의 지표를 갖는 경우가 많기에 VTV의 구성 종목을 보면 기술주의 비중이 크지 않다. 금융주가 가장 비중이 크고, 헬스케어 섹터가 뒤를 바짝 쫓는 형태다.

▌ VTV의 섹터별 비중과 상위 비중 10종목

VTV Top 10 Sectors

Financials	26.45%	Consumer Cyclicals	6.30%
Healthcare	19.63%	Utilities	5.71%
Industrials	12.02%	Energy	4.82%
Consumer Non-C...	10.99%	Basic Materials	3.01%
Technology	7.80%	Telecommunicati...	2.88%

VTV Top 10 Holdings [View All]

Berkshire Hathaw...	2.98%	Bank of America ...	1.88%
JPMorgan Chase ...	2.83%	Comcast Corpora...	1.63%
Johnson & Johnson	2.66%	Pfizer Inc.	1.51%
UnitedHealth Gro...	2.30%	Exxon Mobil Corp.	1.35%
Procter & Gamble...	2.04%	Abbott Laborator...	1.31%
		Total Top 10 Weig...	20.48%

© 2021 ETF.com

● Vanguard Small-Cap Value ETF: VBR

1. ETF 소개

앞서 저P/B 소형주나 저P/E 소형주의 수익률이 높았던 것을 살펴본 바 있다. 소형주 중에서 P/B나 P/E를 기준으로 만든 ETF 상품이 있으니 VBR이 그렇다. VBR은 시가총액 하위 15% 주식의 5가지의 가치 팩터Factors를 통해 구성된다. 정확히는 P/B와 선행 P/EForward P/E ⁰와 역사적 EPSHistoric EPS, 배당수익률과 P/S로 결정된다. 펀드의 구성 종목은 분기별로 재구성되고 재조정된다. 이 ETF는 2004년 1월 26일에 출시되었고, 운용 자산 규모는 약 257억 달러다. 비용 비율은 0.07%로 저렴하다. 뱅가드에서 운용하고 있다.

> 🔍 선행 P/E 미래 추정 이익을 기반으로 한 P/E.

2. 특징

3장 가치주 챕터에서 소개한 기준 대부분을 사용하여 종목을 선정한 점이 특징이다. 소형주에서도 마찬가지로 금융 섹터의 비중이 가장

▌ VBR의 섹터별 비중과 상위 비중 10종목

VBR Top 10 Sectors

Financials	30.73%	Healthcare	5.98%
Industrials	15.90%	Utilities	4.19%
Consumer Cyclicals	14.71%	Energy	4.08%
Technology	8.25%	Consumer Non-C...	3.67%
Basic Materials	8.01%	Telecommunicati...	0.37%

VBR Top 10 Holdings [View All]

U.S. Dollar	0.73%	Novavax, Inc.	0.49%
IDEX Corporation	0.54%	Signature Bank	0.48%
VICI Properties Inc	0.53%	Quanta Services, I...	0.45%
Nuance Communi...	0.50%	Williams-Sonoma,...	0.45%
Molina Healthcare...	0.50%	Diamondback En...	0.45%
		Total Top 10 Weig...	5.13%

크다. 산업과 자유 소비재 섹터가 그 뒤를 잇는다. 종목이 많고 비중이 골고루 분산되어 있기 때문에 상위 비중 10종목에 특별한 의미가 있지는 않다.

● **iShares Russell 2000 Value ETF: IWN**

1. ETF 소개

중소형 가치주에 집중한 대표적인 ETF다. 러셀2000지수를 구성하는 종목 중 P/B와 배당수익률이 상대적으로 낮은 종목으로 구성된다. 2000년 7월 24일에 출시되었고, 운용 자산 규모는 약 164억 달러이며, 비용 비율은 0.24%로 앞서 소개한 다른 ETF들보다는 약간 높은 편이다. 블랙록이 운용하고 있다.

2. 특징

러셀2000지수의 가치주 ETF인 뱅가드의 VTWV^{Vanguard Russell 2000 Value ETF}와 상당히 유사하고, 금액대도 별로 차이가 없으며, 수익률도 매우 비슷하니 아무거나 선택해도 무방하다(비용 비율은 VTWV가 약간 더 저렴하다. 운용 자산 규모는 IWN이 훨씬 크다). IWN도 VBR과 전체적인 수익률은 거의 유사하며, 이 경우에도 상위 비중 10종목의 구성은 특별히 의미가 있지 않다.

IWN Top 10 Sectors

Financials	35.90%	Energy	5.61%
Industrials	13.55%	Basic Materials	4.73%
Consumer Cyclicals	10.96%	Utilities	4.53%
Healthcare	9.95%	Consumer Non-C...	3.14%
Technology	5.94%	Telecommunicati...	0.76%

IWN Top 10 Holdings [View All]

AMC Entertainme...	1.42%	Chesapeake Ener...	0.41%
Ovintiv Inc	0.66%	Tenet Healthcare ...	0.41%
Avis Budget Grou...	0.52%	Range Resources ...	0.39%
Macy's Inc	0.51%	EMCOR Group, Inc.	0.38%
STAG Industrial, I...	0.47%	Valley National B...	0.37%
		Total Top 10 Weig...	5.55%

● **iShares Russell Mid-Cap Value ETF: IWS**

1. ETF 소개

중형 가치주 ETF이다. 러셀1000지수에서 시가총액 하위 800개의 기업 중 가치 팩터 기반으로 선출된 기업들로 구성했다. IWN과 같은 가치 팩터를 통해 편입 종목이 결정된다. 2001년 7월 17일에 출시되었고, 운용 자산 규모는 약 146억 달러이며, 비용 비율은 0.23%다. 블랙록이 운용하고 있다.

2. 특징

가치주에 중형주를 모은 ETF라 생소한 기업이 많은데 트위터가 포함된 것이 눈에 띈다. 현재 보유 종목 수가 679개로 굉장히 많고, 중형주들만 모아두어 섹터별 비중이 고른 것을 확인할 수 있다. 중형주의 경우에도 금융 섹터가 가장 비중이 큰 것이 최근 가치주 ETF의 특징이다.

▌ IWS의 섹터별 비중과 상위 비중 10종목

IWS Top 10 Sectors

Financials	27.00%	Utilities	7.26%
Industrials	14.47%	Basic Materials	6.64%
Consumer Cyclicals	14.42%	Consumer Non-C...	5.82%
Technology	9.77%	Energy	4.49%
Healthcare	7.56%	Telecommunicati...	0.02%

IWS Top 10 Holdings [View All]

Marvell Technolo...	0.76%	Motorola Solution...	0.56%
IHS Markit Ltd.	0.64%	SVB Financial Gro...	0.54%
Twitter, Inc.	0.63%	KKR & Co. Inc.	0.52%
Prudential Financ...	0.59%	First Republic Bank	0.51%
Marathon Petrole...	0.58%	Aflac Incorporated	0.51%
		Total Top 10 Weig...	5.85%

© 2021 ETF.com

가치주 ETF들은 출시 이후 전체적으로 비슷한 추세를 보여왔으나 중형 가치주 ETF인 IWS가 다른 가치주 ETF에 비해 수익률과 샤프지수 모두 우세하게 나타났다.

성장주 ETF

근 10년간은 바야흐로 성장주의 시대였다. 성장주를 묶음으로 투자할 수 있는 ETF를 한번 살펴보자.

● Vanguard Growth ETF: `VUG`

1. ETF 소개

해당 ETF는 6가지 팩터를 기반으로 대형주부터 중형주까지 성장성을 평가하고 결정하여 구성된다. 이 팩터는 '장기간 예상 성장 EPS', '단기간 예상 성장 EPS', '3년간의 EPS 성장률', '3년간의 주당매출액 성장률', '현재 자산 대비 투자자산 비율', 그리고 'ROA'다. 2004년 1월 26일 출시되었다. 운용 자산 규모는 약 688억 달러로 큰 편이고 비용 비율은 0.04%로 저렴한 편이다. 뱅가드가 운용하고 있다.

2. 특징

2000년대 미국 주식시장은 성장주가 강세를 보였던 만큼 가치주 ETF들은 물론 S&P500지수의 수익률도 넘어섰다. 성장주들의 성적이 좋았던 만큼 다들 유명한 기업으로 성장했다 보니 SPY와 구성 종목이 상당히 유사하다(반면, 가치주 ETF인 VTV와는 상위 비중 10종목이 전혀 겹치지 않는다). 현재까지 최종수익률은 SPY보다 높게 나타났다. 블랙록에서 운영하는 S&P500종목 중 성장주를 산출한 IVW[iShares S&P500 Growth ETF]나 러셀1000지수를 추종하는 성장주 ETF인 IWF[iShares Russell 1000 Growth ETF]도 구성이나 성적이 유사하니 대체할 수 있다.

VUG Top 10 Sectors

▌ Technology	57.12%	▌ Basic Materials	1.62%
▌ Consumer Cyclicals	20.72%	▌ Consumer Non-C...	1.27%
▌ Healthcare	8.13%	▌ Energy	0.38%
▌ Industrials	6.19%	▌ Telecommunicati...	0.03%
▌ Financials	3.67%		

VUG Top 10 Holdings [View All]

▌ Apple Inc.	10.48%	▌ Alphabet Inc. Cla...	3.49%
▌ Microsoft Corpor...	9.90%	▌ Tesla Inc	2.47%
▌ Amazon.com, Inc.	6.48%	▌ NVIDIA Corporati...	2.31%
▌ Facebook, Inc. Cl...	3.96%	▌ Visa Inc. Class A	1.63%
▌ Alphabet Inc. Cla...	3.79%	▌ Home Depot, Inc.	1.51%
		Total Top 10 Weig...	46.02%

© 2021 ETF.com

● **iShares Russell 2000 Growth ETF: IWO**

1. ETF 소개

러셀2000지수를 구성하는 종목들 중 2가지 성장 팩터, '2년간 성장 전망Growth Forecasts'과 '5년간 주당 매출 성장Sales-Per-Share Growth'을 기준으로 종목을 구성한다. 2000년 7월 24일에 출시되었고, 운용 자산 규모는 약 120억 달러, 비용 비율은 0.24%이다. 블랙록이 운용하고 있다.

2. 특징

헬스케어와 기술 섹터가 비중의 절반 이상을 차지하며, 중소형주 지수인 러셀2000지수의 종목들로 구성되기 때문에 주식 투자자가 아니고서는 친숙하지 않은 기업들이 많다. 소형주만 담는 시가총액 하위 2%부터 15%까지 소형성장주 ETF로 뱅가드사의 VBK도 있다. 최근 몇 년간은 대형성장주가 워낙 좋았기에 소형성장주의 매력이 없어 보인다. 하지만 소형성장주가 변동성이 더 큰 만큼 일반적으로 오를 때는 더 오른다는 점을 알아두자. VBK의 경우는 보다 확연한 차이를 기대할 수 있다.

▌IWO의 섹터별 비중과 상위 비중 10종목

IWO Top 10 Sectors

Healthcare	27.00%	Consumer Non-C...	3.09%
Technology	23.32%	Basic Materials	2.96%
Consumer Cyclicals	14.52%	Energy	2.24%
Industrials	13.42%	Telecommunicati...	1.54%
Financials	7.81%	Utilities	0.37%

IWO Top 10 Holdings [View All]

Lattice Semicond...	0.60%	Scientific Games ...	0.53%
Intellia Therapeut...	0.60%	Digital Turbine, Inc.	0.52%
Crocs, Inc.	0.58%	EastGroup Proper...	0.48%
Tetra Tech, Inc.	0.57%	Omnicell, Inc.	0.46%
Asana, Inc. Class A	0.57%	WillScot Mobile M...	0.46%
		Total Top 10 Weig...	5.35%

© 2021 ETF.com

● iShares Russell Mid-Cap Growth ETF: IWP

1. ETF 소개

러셀1000지수의 1,000개 종목 중 시가총액이 가장 작은 800개의 종목에서 IWO와 같은 2개의 성장 팩터를 이용해 포트폴리오를 구성한다. 2001년 7월 17일에 출시되었고, 운용 자산 규모는 약 164억 달러, 비용 비율은 0.23%이다. 블랙록이 운용하고 있다.

2. 특징

대형주 상위 200종목을 제외한, 중형 성장주 내에서 구성한 ETF여서인지 굉장히 고른 분포도로 종목을 구성했다. 하지만 역시나 성장성 면에서는 기술 섹터가 가장 뛰어났고, 비중도 36% 수준으로 매우 높다.

❚ IWP의 섹터별 비중과 상위 비중 10종목

IWP Top 10 Sectors

Technology	35.85%	Consumer Non-C...	2.59%
Consumer Cyclicals	17.69%	Energy	2.02%
Healthcare	16.50%	Basic Materials	1.91%
Industrials	15.56%	Utilities	0.17%
Financials	5.82%	Telecommunicati...	0.10%

IWP Top 10 Holdings [View All]

CrowdStrike Hold...	1.30%	Palo Alto Networ...	1.14%
IDEXX Laboratori...	1.26%	Lululemon Athleti...	1.11%
DexCom, Inc.	1.24%	Fortinet, Inc.	1.04%
DocuSign, Inc.	1.21%	Match Group, Inc.	1.03%
Chipotle Mexican ...	1.20%	Veeva Systems In...	1.02%
		Total Top 10 Weig...	11.54%

2000년대 성적으로 보았을 때 성장주 ETF는 대형주, 중형주, 소형주 순으로 샤프지수나 수익률이 좋게 나타났다. 즉, 2000년대는 대형 성장주의 시대였다(사실 나스닥지수를 추종하는 ETF인 QQQ가 더 최고의 성적을 냈다).

배당주 ETF

배당주는 사업이 안정적이고 오래된, 탄탄한 기업을 고르면 지속적으로 배당을 받을 수 있다는 점이 묘미다. 이러한 배당주들을 ETF로 매수하여 묶음으로 배당을 받을 수도 있다. 배당주 ETF를 소개한다!

● **Vanguard High Dividend Yield ETF: VYM**

1. ETF 소개

높은 배당수익률을 추구하는 ETF다. 이 지수는 리츠주를 제외하고 고배당 회사의 주식을 편입한다. 추후 12개월간의 예상 배당금에 따라 주식의 순위를 매기고 시가총액 비중으로 구성한다. 2006년 11월 10일에 출시되었고, 운용 자산 규모는 약 390억 달러, 비용 비율은 0.06%다. 뱅가드가 운용하고 있다.

2. 특징

섹터별 대장주들이 눈에 띈다. 대부분 오래되었고 꾸준히 배당금을 지급해 온 대표 배당주들로 구성되어 있다. 배당수익률은 2.78%이다.

VYM Top 10 Sectors

▌Financials	22.22%	▌Consumer Cyclicals	8.89%
▌Consumer Non-C...	14.05%	▌Utilities	7.81%
▌Healthcare	13.45%	▌Energy	6.14%
▌Technology	10.29%	▌Basic Materials	4.53%
▌Industrials	9.08%	▌Telecommunicati...	3.17%

VYM Top 10 Holdings [View All]

▌JPMorgan Chase ...	3.55%	▌Comcast Corpora...	2.04%
▌Johnson & Johnson	3.37%	▌Pfizer Inc.	1.90%
▌Home Depot, Inc.	2.59%	▌Cisco Systems, Inc.	1.84%
▌Procter & Gamble...	2.56%	▌Exxon Mobil Corp...	1.70%
▌Bank of America ...	2.32%	▌Verizon Communi...	1.68%

Total Top 10 Weig... **23.56%**

© 2021 ETF.com

● **Schwab U.S. Dividend Equity ETF: SCHD**

1. ETF 소개

시가총액 비중대로 100개의 배당주로 편성된다. SCHD는 10년간의 배당 이력만을 포함하여, 현금흐름 대 부채비율$^{cash-flow\ to\ debt\ ratio}$, ROE, 배당수익률$^{dividend\ yield}$, 배당증가율$^{dividend\ growth\ rate}$ 등을 고려하여 포트폴리오를 구성한다. 이 방식 덕에 소비재주와 산업재주에 편중되면서 리츠주는 배제되었다. 2011년 10월 20일에 출시되었고, 운용 자산 규모는 약 289억 달러, 비용 비율은 0.06%다. 찰스 슈왑이 운용하고 있다.

2. 특징

소비재(자유 소비재, 필수 소비재)와 금융, 산업 섹터의 비중이 크다. 상위 10종목에는 역시나 익숙한 기업들이 많이 포진하고 있고, 비중도 상당히 고르다. 배당수익률은 2.91%다.

▌ SCHD의 섹터별 비중과 상위 비중 10종목

SCHD Top 10 Sectors

Financials	21.69%	Consumer Cyclicals	8.85%
Technology	19.14%	Telecommunicati...	3.83%
Consumer Non-C...	14.49%	Basic Materials	3.61%
Industrials	14.10%	Energy	1.59%
Healthcare	12.41%		

SCHD Top 10 Holdings [View All]

Merck & Co., Inc.	4.14%	Broadcom Inc.	4.01%
Home Depot, Inc.	4.14%	Coca-Cola Comp...	3.86%
International Busi...	4.12%	BlackRock, Inc.	3.85%
Texas Instruments...	4.06%	Cisco Systems, Inc.	3.78%
PepsiCo, Inc.	4.05%	Verizon Communi...	3.77%
		Total Top 10 Weig...	39.78%

© 2021 ETF.com

● SPDR S&P Dividend ETF: SDY

1. ETF 소개

최소 20년 연속 배당금을 늘려온 기업들의 수익률 비중에 따라 구성된다. 즉 배당수익률이 높은 기업에 더 큰 비중을 두어 종목을 편입시키는 것이다. 앞서 소개한 VYM과는 가중치를 두는 방식도 다르고,

종목 편입 기준도 다르다. 2005년 11월 8일에 출시되었고, 운용 자산 규모는 약 196억 달러, 비용 비율은 0.35%로 높은 편이다. 스테이트스트리트 글로벌어드바이저스가 운용하고 있다.

2. 특징

배당수익률 기준으로 종목을 편성하다 보니 중형주가 상당수 포함되어 있다. 대표적인 통신 배당주 AT&T와 섹터 비중이 높지는 않지만 1장에서 소개한 에너지 대장주가 사이좋게 상위 2, 3위로 들어가 있다. 배당수익률은 2.76%이다.

▌ SDY의 섹터별 비중과 상위 비중 10종목

SDY Top 10 Sectors

▌ Financials	22.15%	▌ Consumer Cyclicals	5.95%
▌ Industrials	16.38%	▌ Healthcare	4.97%
▌ Consumer Non-C...	16.36%	▌ Energy	4.09%
▌ Utilities	14.60%	▌ Telecommunicati...	3.92%
▌ Basic Materials	8.87%	▌ Technology	2.72%

SDY Top 10 Holdings [View All]

▌ AT&T Inc.	2.69%	▌ Consolidated Edi...	1.78%
▌ Exxon Mobil Corp...	2.49%	▌ Amcor PLC	1.76%
▌ Chevron Corpora...	2.37%	▌ Realty Income Co...	1.73%
▌ People's United F...	2.12%	▌ AbbVie, Inc.	1.71%
▌ International Busi...	1.81%	▌ National Retail Pr...	1.68%
		Total Top 10 Weig...	20.14%

• iShares Select Dividend ETF: DVY

1. ETF 소개

배당수익률을 기반으로 소규모 기업을 포함한 약 100개의 주식으로 이루어졌다. 5년간의 배당성장률, 배당성향과 배당 이력 등을 바탕으로 배당이 꾸준하면서도 배당금을 높이고 있는 기업의 주식들로 포트폴리오를 구성한다. 리츠주가 포함되었다는 점이 앞의 ETF들과 사뭇 다르다. 2003년 11월 3일에 출시되었고, 운용 자산 규모는 약 185억 달러, 비용 비율은 0.39%로 약간 높다. 블랙록이 운용하고 있다.

2. 특징

유사한 상품 중 가장 순수하게 배당에 집중한 듯한 ETF이다. 구성 종목도 배당수익률 비중대로 편성했기에 익숙하지 않은 이름의 기업들도 보인다. 배당수익률이 3.23%로 앞서 소개한 ETF들보다 높다.

• Vanguard Dividend Appreciation ETF: VIG

1. ETF 소개

배당증가율에 초점을 맞추어 배당을 10년 이상 늘려온 기업들을 시가총액 비중에 따른 비율로 포트폴리오를 구성한다. 2006년 4월 21일 출시된 배당주 ETF로, 운용 자산 규모가 약 627억 달러로 배당주 ETF 중 가장 크다. 비용 비율은 0.06%로 저렴한 편이다. 뱅가드가 운용하고 있다.

DVY의 섹터별 비중과 상위 비중 10종목

DVY Top 10 Sectors

Utilities	27.32%	Consumer Cyclicals	6.71%
Financials	22.39%	Industrials	5.01%
Consumer Non-C...	9.23%	Technology	4.48%
Energy	7.58%	Healthcare	4.35%
Basic Materials	7.02%	Telecommunicati...	3.23%

DVY Top 10 Holdings [View All]

ONEOK, Inc.	2.88%	Prudential Financ...	1.83%
Altria Group Inc	2.29%	AT&T Inc.	1.83%
PPL Corporation	1.91%	International Busi...	1.77%
Exxon Mobil Corp...	1.88%	Pfizer Inc.	1.60%
Philip Morris Inter...	1.86%	Interpublic Group...	1.52%
		Total Top 10 Weig...	19.37%

VIG의 섹터별 비중과 상위 비중 10종목

VIG Top 10 Sectors

Technology	19.39%	Consumer Non-C...	13.46%
Industrials	17.54%	Financials	12.36%
Healthcare	15.29%	Basic Materials	3.76%
Consumer Cyclicals	15.16%	Utilities	3.04%

VIG Top 10 Holdings [View All]

Microsoft Corpor...	4.45%	Visa Inc. Class A	3.00%
JPMorgan Chase ...	3.72%	Home Depot, Inc.	2.84%
Johnson & Johnson	3.67%	Procter & Gamble...	2.83%
Walmart Inc.	3.38%	Comcast Corpora...	2.24%
UnitedHealth Gro...	3.19%	Oracle Corporation	2.12%
		Total Top 10 Weig...	31.44%

2. 특징

배당성장률과 시가총액 비중으로 종목을 선택하다 보니 대표적인 배당주들이 대거 포함되어 있으면서도 주가 성장성도 어느 정도 갖춘 포트폴리오를 구성하고 있다. 실제로 출시 이후 지금까지 연평균 성장률이 무려 9.6%이지만, 배당수익률은 1.6%로 다른 배당 ETF에 비해 낮은 편이다. 성장과 배당, 2마리 토끼를 다 잡고 싶은 고객들이 몰려 운용 자산 규모가 가장 크지 않나 생각한다.

● iShares Core Dividend Growth ETF: `DGRO`

1. ETF 소개

배당, 배당성장률과 배당성향에 가중치를 두어 구성했다. 5년 이상 꾸준히 배당을 늘려온 기업과 배당성향 75%를 넘지 않는 기업들의 주식을 담는다. 2014년 6월 10일에 출시되었고, 운용 자산 규모는 약 204억 달러이며, 비용 비율은 0.08%로 저렴한 편이다. 블랙록이 운용한다.

2. 특징

익숙한 대장주들이 많이 보이고, 배당주 ETF 중에서는 기술주 비중도 상당히 높은 편이다. 배당과 성장 2마리 토끼를 모두 잡으려는 것으로 보이며, 비교적 최근 출시된 만큼 2015~2020년의 연평균 성장률이 12.58%에 달했다. 배당수익률도 2.02%로 낮지 않다.

DGRO Top 10 Sectors

▌Technology	20.40%	▌Consumer Non-C...	9.59%
▌Financials	17.40%	▌Utilities	7.59%
▌Healthcare	17.18%	▌Basic Materials	2.92%
▌Industrials	12.20%	▌Telecommunicati...	2.60%
▌Consumer Cyclicals	10.06%		

DGRO Top 10 Holdings [View All]

▌Microsoft Corpor...	3.04%	▌Verizon Communi...	2.65%
▌JPMorgan Chase ...	2.90%	▌Pfizer Inc.	2.47%
▌Apple Inc.	2.69%	▌Home Depot, Inc.	2.27%
▌Procter & Gamble...	2.66%	▌Merck & Co., Inc.	2.19%
▌Johnson & Johnson	2.65%	▌PepsiCo, Inc.	1.90%
		Total Top 10 Weig...	25.43%

● ProShares S&P500 Dividend Aristocrats ETF: NOBL

1. ETF 소개

S&P500의 배당 귀족들로 구성된 ETF다. 최소 25년 이상 배당을 높여온 기업들만 포함해 동일한 비중으로 포트폴리오를 구성한다. 다른 배당 ETF들에 비해 구성법이 매우 단순하고 이해하기도 쉽다. 2013년 10월 9일 출시되었고, 운용 자산 규모는 약 92억 달러이며, 비용 비율은 0.35%다. 프로셰어스ProShares가 운용하고 있다.

2. 특징

NOBL에는 현재 64개의 종목이 담겨 있다. NOBL 내 구성 종목만 추적해도 미국 주식시장의 배당 귀족들을 모두 알 수 있다(배당왕 포함). 구성 종목들의 비중은 대부분 동일하지만, 이따금 주가 변동에 따라 약간의 차이를 보인다(배당주로 분류되는 대부분의 종목은 등락이 크지 않은 편이지만 말이다). 배당수익률은 1.92%다. ESG등급이 AA로 높다.

▎ NOBL의 섹터별 비중과 상위 비중 10종목

NOBL Top 10 Sectors

Consumer Non-C...	21.46%	Consumer Cyclicals	8.88%
Industrials	20.19%	Utilities	4.78%
Financials	14.60%	Technology	4.53%
Basic Materials	11.61%	Energy	2.92%
Healthcare	9.56%	Telecommunicati...	1.48%

NOBL Top 10 Holdings [View All]

Albemarle Corpor...	1.87%	Chevron Corpora...	1.69%
People's United F...	1.79%	Walgreens Boots ...	1.68%
Sysco Corporation	1.74%	Exxon Mobil Corp...	1.67%
Archer-Daniels-Mi...	1.70%	Lowe's Companie...	1.66%
Chubb Limited	1.70%	Nucor Corporation	1.65%
		Total Top 10 Weig...	17.15%

● **ProShares S&P MidCap 400 Dividend Aristocrats ETF: REGL**

1. ETF 소개

최소 15년 이상 배당을 늘려온 기업들 중 중형주만 동일 비중으로 구성한다. 2015년 2월 5일에 출시되었고, 운용 자산 규모는 약 10억 달러로 앞서 소개한 다른 ETF들에 비해서는 규모가 작다. 비용 비율은 0.41%고 프로셰어스가 운용 중이다.

5장 종목 보기 귀찮으면 ETF / **359**

2. 특징

중형 배당주로 편성된 만큼 앞에서 소개한 다른 ETF들과 구성 종목이 완전히 다르니 살펴보자. 배당수익률은 2.48%이다.

▌ REGL의 섹터별 비중과 상위 비중 10종목

REGL Top 10 Sectors

Financials	29.40%	Consumer Non-C...	8.66%
Industrials	25.88%	Consumer Cyclicals	3.67%
Utilities	19.98%	Telecommunicati...	1.59%
Basic Materials	10.81%		

REGL Top 10 Holdings [View All]

Cullen/Frost Ban...	2.34%	National Fuel Gas...	2.15%
FactSet Research...	2.29%	Regal Rexnord C...	2.11%
Williams-Sonoma,...	2.24%	Sensient Technol...	2.10%
Ryder System, Inc.	2.23%	Bank OZK	2.10%
UMB Financial Co...	2.20%	Prosperity Bancs...	2.09%
		Total Top 10 Weig...	21.85%

배당주 ETF를 많이 소개하는 이유는 앞의 대표적인 가치주, 성장주 ETF들은 편입 종목들은 다르지만 시가총액, 가치 팩터, 성장 팩터 면에서 성격이 유사하고, 주가 경향도 매우 유사한 데 반해 배당주 ETF들은 종목별 특성은 물론 수익률 차이도 크기 때문이다. 배당주 ETF가 더 중요하다고 생각해서 많이 소개한 것이 아니니 결코 오해 없기를 바란다.

모멘텀 ETF

앞서 살펴본 것처럼 모멘텀 전략도 ETF를 통해 간단히 실행할 수 있었다. 아쉬운 점은 대부분 상대 모멘텀 전략에 가깝다는 것이다. 하지만 절대 모멘텀 전략만을 손수 수행하기만 하면('해당 ETF의 주가나 S&P500지수가 12개월 전보다 낮다면 전량 매도'와 같은 방식) 듀얼 모멘텀 전략을 비슷하게 구현할 수 있다. 그래도 ETF 종류별로 다양한 방식의 모멘텀 포트폴리오를 구성하고 있으니 참고하기를 바란다.

● **iShares MSCI USA Momentum Factor ETF: MTUM**

1. ETF 소개

가장 대표적인 모멘텀 ETF다. MTUM은 대형주와 중형주 중 지난 3년간 변동성을 고려하여 각각 6개월, 12개월 동안 수익률이 높은 종목을 선택한다. 샤프비율을 사용하여 변동성이 낮고 일관된 상승 추세를 가진 주식들을 포함한다. 2013년 4월 16일에 출시되었고, 운용자산 규모는 약 164억 달러로 큰 편이다. 비용 비율은 0.15% 정도로 직접 모멘텀 투자를 하는 것이 상당히 번거롭다는 점을 생각하면 저렴한 수준이다. 블랙록이 운용하고 있다.

2. 특징

역시 모멘텀을 기준으로 하니 테슬라의 비중이 가장 높다. 2020년은 테슬라의 해였다고 말해도 과하지 않을 정도였으니 말이다. 덕분에 출시된 이후 지금까지 연평균 성장률은 16.19%로 엄청난 추세를 보이

고 있다. 다만 이 전략은 상대 모멘텀 전략에 가깝기 때문에 최대 낙폭
이 −17.9%로 낮지는 않다. 그럼에도 SPY보다 수익률도 월등히 높으면
서 최대 낙폭은 더 낮다.

▌ MTUM의 섹터별 비중과 상위 비중 10종목

MTUM Top 10 Sectors

▌ Financials	31.74%	▌ Basic Materials	3.21%
▌ Technology	25.72%	▌ Energy	2.05%
▌ Consumer Cyclicals	15.78%	▌ Consumer Non-C...	1.47%
▌ Industrials	12.55%	▌ Utilities	0.19%
▌ Healthcare	6.67%		

MTUM Top 10 Holdings [View All]

▌ Tesla Inc	6.66%	▌ PayPal Holdings, I...	3.49%
▌ JPMorgan Chase ...	4.55%	▌ Wells Fargo & Co...	3.15%
▌ Bank of America ...	4.35%	▌ Alphabet Inc. Cla...	2.84%
▌ Berkshire Hathaw...	4.18%	▌ Applied Materials,...	2.77%
▌ Walt Disney Com...	4.02%	▌ Alphabet Inc. Cla...	2.70%
		Total Top 10 Weig...	38.72%

● **Invesco DWA Momentum ETF: PDP**

1. ETF 소개

대형주와 중형주 100개 중에 상대적 수익률에 가중을 두어 종목을
구성하는 ETF다. 2007년 3월 1일에 출시되었고, 운용 자산 규모는 약
18.4억 달러, 비용 비율은 0.62%로 약간 높은 편이다. 인베스코가 운용
하고 있다.

2. 특징

중형주가 상당히 포함되어 있고, PDP 특유의 모멘텀 팩터를 통해 종목을 구성하는 특징이 있다. 출시 이후 지금까지의 성적은 SPY와 유사하지만, 수익률이나 샤프지수 면에서 다소 뒤떨어지는 모습을 보였다. 2020년, 코로나19로 폭락한 이후의 장과 같이 주가가 폭발적으로 성장하는 장에서는 PDP가 압도적으로 우세했다. 말 그대로 모멘텀을 탈 때 유용한 ETF다.

▌ PDP의 섹터별 비중과 상위 비중 10종목

PDP Top 10 Sectors

Technology	29.78%	Consumer Non-C...	3.78%
Industrials	19.87%	Energy	3.39%
Consumer Cyclicals	17.28%	Basic Materials	1.38%
Healthcare	14.59%	Telecommunicati...	0.66%
Financials	8.20%		

PDP Top 10 Holdings [View All]

Mirati Therapeuti...	2.79%	Paycom Software...	2.42%
American Tower ...	2.78%	West Pharmaceut...	2.41%
NVIDIA Corporati...	2.60%	Copart, Inc.	2.33%
Celsius Holdings,	2.49%	NIKE, Inc. Class B	2.17%
Domino's Pizza, I...	2.49%	Danaher Corporat...	1.97%
		Total Top 10 Weig...	24.44%

© 2021 ETF.com

● Alpha Architect U.S. Quantitative Momentum ETF: QMOM

1. ETF 소개

미국 주식시장에서 시가총액이 큰 1,500개의 종목 중 최근 1달을 제외한 최근 12개월의 수익률 상위 10% 주식들로 구성된다. 또한 12개월 동안 마이너스 수익률이 깊은 종목은 제외한다. 40~50개 정도의 주식들을 동일 가중으로 편입하는 것을 목표로 한다. 종목 구성을 위한 지표는 2월에 시작하여 분기마다 새로 산출한다. QMOM은 액티브 ETF로 출시되었지만, 현재는 패시브 ETF로 운영되고 있다. 2015년 12월 2일 출시되었고, 운용 자산 규모는 약 8,880만 달러로 작고, 비용 비율은 0.49%이다. 엠피리컬파이낸스^{LLCEmpirical Finance LLC}가 운용하고 있다.

▌ QMOM의 섹터별 비중과 상위 비중 10종목

QMOM Top 10 Sectors

Financials	23.63%	Basic Materials	8.03%
Consumer Cyclicals	21.12%	Industrials	7.87%
Healthcare	20.58%	Energy	3.97%
Technology	12.73%		

QMOM Top 10 Holdings [View All]

Asana, Inc. Class A	3.34%	Western Alliance ...	2.34%
Bill.com Holdings,...	2.65%	Evercore Inc Clas...	2.30%
Targa Resources ...	2.50%	Signet Jewelers L...	2.28%
SVB Financial Gro...	2.40%	SeaWorld Enterta...	2.26%
Revolve Group, In...	2.39%	Olin Corporation	2.17%
		Total Top 10 Weig...	24.61%

© 2021 ETF.com

2. 특징

2021년 초까지는 헬스케어와 기술 섹터 비중이 컸으나 현재는 금융과 자유 소비재 섹터 비중이 더 커졌다. 모멘텀을 따라가기에 추세가 강한 섹터로 비중이 옮겨가며 자연스럽게 섹터 순환을 따라가는 모습이다.

● Invesco S&P Midcap Momentum ETF: XMMO

1. ETF 소개

S&P중형주400모멘텀지수^{S&P MidCap 400 Momentum Index}를 추종하며, 시가총액과 모멘텀에 가중치를 두어 종목을 편입한다. QMOM과 마찬가지로 가장 최근 달을 제외한 12개월 실적을 바탕으로 가장 높은 모멘텀 점수를 가지고 변동성이 낮은 80개 종목을 고르는 것을 목표로 한다. 2005년 3월 3일에 출시되었고, 운용 자산 규모는 9억 8538만 달러, 비용 비율은 0.33%다. 인베스코가 운용하고 있다.

2. 특징

중형주 모멘텀 ETF는 섹터 구성 비중이 사뭇 다르다. 경기순환주, 헬스케어, 산업재 순으로 섹터 비중이 크다. 마찬가지로 섹터 비중은 옮겨가고 있다. 모멘텀이 좋은 종목을 담다 보니, 논란의 중심에 있던 게임스탑^{GME} 주식이 가장 높은 비중으로 구성되어 있다.

▌ XMMO의 섹터별 비중과 상위 비중 10종목

XMMO Top 10 Sectors

▌ Consumer Cyclicals	25.88%	▌ Basic Materials	7.25%
▌ Healthcare	23.19%	▌ Consumer Non-C...	6.51%
▌ Industrials	13.70%	▌ Financials	1.35%
▌ Technology	10.85%	▌ Telecommunicati...	1.19%
▌ Energy	10.09%		

XMMO Top 10 Holdings [View All]

▌ GameStop Corp. ...	3.43%	▌ Steel Dynamics, I...	2.41%
▌ Cleveland-Cliffs Inc	2.95%	▌ Darling Ingredien...	2.27%
▌ Camden Property...	2.62%	▌ Capri Holdings Li...	2.25%
▌ Crocs, Inc.	2.53%	▌ Olin Corporation	2.25%
▌ Signature Bank	2.44%	▌ Jones Lang LaSall...	2.15%
		Total Top 10 Weig...	25.29%

모멘텀 ETF는 경기 회복 초반 주가가 크게 반등할 때 더욱 강력한 효과가 있다. 절대 모멘텀 전략을 통해 경기침체를 피했다면, 경기회복 시기에는 모멘텀 ETF로 높은 수익률을 추구할 수 있다. 듀얼 모멘텀 전략의 상대 모멘텀 전략을 소개한 ETF로 대체하면 쓸만할 것이다.

자산 배분 ETF

자산 배분을 해둔 ETF들도 있다. 앞서 알아본 자산 배분 전략을 하나의 ETF를 매수하는 것만으로도 수행할 수 있다는 뜻이다. 자산 배분 ETF 중 블랙록이 운영하는 'AO 시리즈'는 주식과 채권의 비중에 따라 다른 상품을 선택할 수 있는 시리즈 ETF다.

AOA 〉AOR 〉AOM 〉AOK

수익률은 위의 순서대로인데, 주식과 채권 비중이 순서대로 각각 8:2, 6:4, 4:6, 3:7로 구성되어 있다. 하지만 기본 성격은 동일하니 이 중 운용 자산 규모가 가장 큰 AOR만 설명하겠다.

● **iShares Core Growth Allocation ETF: `AOR`**

1. ETF 소개

60%의 주식과 40%의 채권으로 구성된다. 고전적으로 가장 인기가 많고 성적도 좋은 주식과 채권이 60:40으로 구성되는 포트폴리오다. 2008년 11월 4일에 출시되었고, 운용 자산 규모는 약 20억 달러, 비용 비율은 0.15%다. 블랙록이 운용하고 있다.

2. 특징

출시된 후 현재까지 연평균 성장률이 8.98% 수준이었고, 최대 낙폭은 -13.5%, 최악의 해는 -5.83%였다. 채권이 섞이는 만큼 수익률이 내려가고, 변동성은 줄어들며, 최대 낙폭도 줄어드는 경향이 있다.

위의 4개 자산 배분 ETF의 주가 추이를 보면 '하이 리스크, 하이 리턴'의 진정한 의미를 확인할 수 있다. 투자자의 성향에 따라 적절한 ETF를 골라서 투자하면 된다.

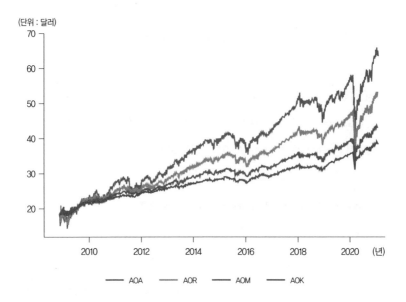

(단위 : 달러)

━━ AOA ━━ AOR ━━ AOM ━━ AOK

● RPAR Risk Parity ETF: `RPAR`

1. ETF 소개

리스크 패리티 ETF로 자산들의 리스크를 동일하게 가져가는 ETF다. 앞서 소개한 올웨더 포트폴리오와 같은 철학을 가지고 있다. 그도 그럴 것이 이 ETF를 개발한 어드밴스드리서치 인베스트먼트솔루션스ARIS의 공동창업자인 데이미언 비세리어가 레이 달리오가 운영하는 헤지펀드인 브리지워터 출신이기 때문이다. 이 ETF는 글로벌 주식, 원자재, 미국 국채, 물가 연동채TIPS, 미국 국채 선물 간의 위험 균형을 균등하게 맞추어 구성되어 있다.

2019년에 출시되었기에 기록이 별로 없는 것이 단점이다. 하지만 벌써 운용 자산 규모가 14.8억 달러에 달하고 있다. 비용 비율은 0.51%이다. 토로소인베스트먼트^{Toroso Investments}가 운용하고 있다.

2. 특징

채권 35.1%, 글로벌 자산 25.0%, 물가연동채 35.8%, 금 9.2%, 원자재 14.9%로 구성되어 있다(2021년 6월 30일 기준). 구성 비율은 동적으로 변하며 분기마다 공시자료를 통해 확인할 수 있다. RPAR은 자산의 총합이 100%를 초과하는데, 변동성과 리스크가 더 적은 자산에 레버리지를 사용하여 리스크를 동일하게 맞추기 때문이다. 이는 브리지워터의 올웨더 포트폴리오와 같은 방식이다. 과거 20년간 각 자산의 성적표도 ARIS에서 제공하고 있다.

▌ RPAR의 자산 배분 구성

	6/30/21 Allocation	Long-Term Target Allocation	6/30/21 Allocation
RPAR Risk Parity ETF	119.9%	120.0%	
Global Equities (글로벌 주식)	25.0%	25.0%	
Commodity Producers (원자재)	14.9%	15.0%	
Physical Gold (금)	9.2%	10.0%	
Treasuries (국채)	35.1%	35.0%	
TIPS (물가연동채)	35.8%	35.0%	

자산 배분을 직접 하기 귀찮을 때도 ETF로 해결할 수 있다. 고전적으로는 주식/채권 조합이 익히 알려진 안정적인 자산 배분이었지만, 저금리 시대에 들어 채권 금리도 0으로 수렴해 가고 있기에 트렌드가 다소 변하는 모습이다. 이러한 점을 감안했을 때 RPAR같은 자산 배

분 포트폴리오는 훌륭한 대안이 될 수 있다.

테마별 ETF

섹터별 ETF가 있듯이, 테마별 ETF도 존재한다. 올해 초 뜨거웠던 아크인베스트^{ARK Invest}의 혁신 기업 ETF ARKK 와 같은 상품이나 전기차 관련 테마주라든지, 최근 핫한 메타버스 ETF 등이 테마별 ETF라고 할 수 있겠다. 최신 트렌드를 반영하되, 너무 최신에만 치우치지 않는 선에서 몇 가지 테마별 ETF를 소개하는 것으로 ETF 파트를 마치려고 한다.

★ 메타버스 ETF

● Roundhill Ball Metaverse ETF: META

1. ETF 소개

메타버스는 가공·추상을 의미하는 '메타^{meta}'와 현실세계를 뜻하는 '유니버스^{universe}'의 합성어다. 가상세계와 현실이 뒤섞인 세계를 말한다. META는 하드웨어, 컴퓨팅, 네트워킹, 가상 플랫폼, 교환 표준, 결제 및 콘텐츠, 자산 및 ID 서비스 7가지 범주에 관하여 평가하여 종목을 구성한다. 2021년 6월 30일에 출시되어 아직 AUM은 1억 1139만 달러 수준이고, 비용 비율은 0.75%로 높다. 라운드힐인베스트먼트 Roundhill Investments에서 운용 중이다.

2. 특징

최근 가장 핫한 테마로 부상했다. 상품명에 직접적으로 '메타버스'를 명시한 최초의 ETF다. 반도체와 소프트웨어와 같은 IT 관련 기업들이 주를 이룬다.

▌ META의 섹터별 비중과 상위 비중 10종목

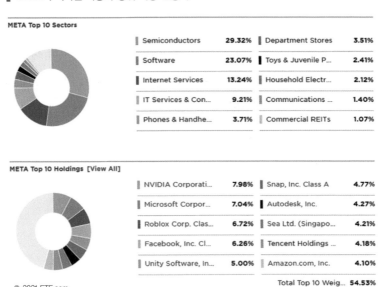

META Top 10 Sectors

Semiconductors	29.32%	Department Stores	3.51%
Software	23.07%	Toys & Juvenile P...	2.41%
Internet Services	13.24%	Household Electr...	2.12%
IT Services & Con...	9.21%	Communications ...	1.40%
Phones & Handhe...	3.71%	Commercial REITs	1.07%

META Top 10 Holdings [View All]

NVIDIA Corporati...	7.98%	Snap, Inc. Class A	4.77%
Microsoft Corpor...	7.04%	Autodesk, Inc.	4.27%
Roblox Corp. Clas...	6.72%	Sea Ltd. (Singapo...	4.21%
Facebook, Inc. Cl...	6.26%	Tencent Holdings ...	4.18%
Unity Software, In...	5.00%	Amazon.com, Inc.	4.10%
		Total Top 10 Weig...	54.53%

© 2021 ETF.com

★ 전기자동차 & 미래이동수단 ETF

요새 미래 자동차의 방향이 전기자동차라는 것에는 세계적으로 이견이 별로 없는 듯하다. 그만큼 전기차 산업은 미래의 이동수단을 책임질 것으로 여겨지며, 배터리 분야와 같은 전자장비 산업과 자율주행과 같은 소프트웨어 산업과 함께 미래를 책임질 사업으로 평가받고 있다. 바로 이러한 전기차와 미래 이동수단에 미래를 걸고 있는 기업들을 담은 ETF들을 알아보도록 하자.

● KraneShares Electric Vehicles and Future Mobility Index ETF: KARS

1. ETF 소개

KARS는 전기차 또는 미래 이동성을 향상시킬 수 있는 기타 새로운 방식의 생산과 관련된 주식을 담는다. 결과적으로 전기 자동차, 에너지 저장 기술, 자율주행 기술, 리튬 및 구리 채굴, 수소 연료 전지에서 상당한 수익을 창출하는 글로벌 회사의 주식을 보유하고 있다. AUM이 2억 8336만 달러 수준이며, 비용 비율은 0.7%로 다소 높은 편이다. 크레인셰어즈가 운용하고 있다.

2. 특징

미국과 중국의 기업이 비슷한 비중으로 구성되어 있다. 이 외에도 홍콩, 일본, 독일, 대한민국을 포함한 글로벌 주식도 골고루 담긴 ETF다. 출시 이후 다소 부진한 성적을 보였고, 2020년 이후에 좋은 성적을 보여 출시 시점 대비 2배 정도의 가격이 형성되어 있다.

▋ KARS의 국가별 비중과 상위 비중 10종목

KARS Top 10 Countries

United States	27.97%	Korea, Republic of	4.82%
China	25.88%	Australia	2.94%
Hong Kong	16.85%	Canada	2.38%
Germany	8.28%	Belgium	2.17%
Japan	6.38%	Chile	1.34%

KARS Top 10 Holdings [View All]

Tesla Inc	5.78%	NIO Inc. Sponsor...	4.59%
Contemporary A...	5.49%	Nidec Corporation	4.46%
Daimler AG	5.22%	NXP Semiconduc...	4.46%
Analog Devices, I...	4.91%	Ford Motor Comp...	2.84%
General Motors C...	4.60%	Infineon Technolo...	2.54%
		Total Top 10 Weig...	44.88%

© 2021 ETF.com

● **SPDR S&P Kensho Smart Mobility ETF: HAIL**

1. ETF 소개

HAIL은 자율주행 차량 기술, 드론 기술, 고급 운송 추적 및 운송 최적화 시스템에 중점을 두어 종목을 편입한다. 이 때 추적하는 지수는 널리 알려진 인공지능 켄쇼^{Kensho}의 자연어 처리 알고리즘을 통해 산정된다. 적격 회사는 혁신적인 운송에 대한 참여 수준에 따라 핵심 또는 비핵심으로 분류된다. 2017년 12월 26일에 출시되었다. AUM이 1억 7901만 달러 수준이며, 비용 비율은 0.45%이다. 스테이트스트리트 글로벌어드바이저스가 운용하고 있다.

2. 특징

미국 주식이 80% 이상을 차지하며, 기업 비중이 상당히 골고루 분산되어 있다. 앞의 다른 전기차 테마 ETF들과 유사한 수익률 성적을 보였다.

▌ HAIL의 상위 비중 10종목

HAIL Top 10 Holdings [View All]

Avis Budget Grou...	2.91%	Gentherm Incorp...	1.92%
Ambarella, Inc.	2.90%	Allegro MicroSyst...	1.89%
Aspen Aerogels Inc	2.51%	Li Auto, Inc. Spon...	1.83%
Tesla Inc	2.32%	XPeng, Inc. ADR ...	1.81%
Veoneer, Inc.	2.26%	Yandex NV Class A	1.79%
		Total Top 10 Weig...	22.16%

© 2021 ETF.com

● Global X Autonomous & Electric Vehicles ETF: DRIV

1. ETF 소개

인공지능을 사용하여 자율 및 전기차의 개발, 생산 또는 지원 기술과 관련된 글로벌 주식을 선택하는 ETF다. 보다 자세하게는 전기차^{EV}, 전기차 부품^{EVC} 및 자율 자동차 기술^{AVT}의 3가지 부문 중 하나에 속하는 회사를 인공지능으로 식별하여 선택한다. EV 상위 15개 기업, EVC 상위 30개 기업, AVT 상위 30개 기업으로 구성된다. 2018년 4월 13일에 출시되어 AUM이 11억 달러이고, 비용 비율은 0.68%로 높은 편이다. 미래에셋 글로벌이 운용하고 있다.

2. 특징

출시된 지 오래되지 않았으나 2020년 이후 본격적으로 상승하여 현재 출시 시점 대비 2배 정도 상승한 가격에서 거래되고 있다. ETF 자체는 전기차 관련 테마이지만, 결국 전기차에 들어가는 반도체와 소프트웨어가 중요하기 때문에 익숙한 미국 IT 대장주들이 대거 포진해 있다.

■ DRIV의 상위 비중 10종목

DRIV Top 10 Holdings [View All]

▍ Tesla Inc	3.79%	▍ Toyota Motor Corp.	2.81%
▍ NVIDIA Corporati...	3.19%	▍ Intel Corporation	2.80%
▍ Alphabet Inc. Cla...	3.16%	▍ Qualcomm Inc	2.49%
▍ Microsoft Corpor...	3.11%	▍ General Electric C...	1.99%
▍ Apple Inc.	2.86%	▍ Honeywell Intern...	1.87%
		Total Top 10 Weig...	28.07%

© 2021 ETF.com

★ 친환경 신재생 에너지 ETF

현 미국 대통령 조 바이든은 친환경 정책을 공약으로 내세우고 이행하고 있는 만큼, 미국 주식에서의 친환경과 신재생 에너지 테마 등은 핫하다. ESG에서도 환경이 첫 번째 요소인 만큼, 주목받고 있는 분야인 친환경과 신재생 에너지 관련 ETF들을 소개한다.

- **iShares Global Clean Energy ETF:** ICLN

1. ETF 소개

바이오 연료, 에탄올, 지열, 수력 발전, 태양열 및 풍력 산업과 관련된 기업으로 글로벌 청정에너지 기업에 투자하는 ETF다. 에너지를 생산하는 지주 회사 외에도 공정에 사용되는 기술 및 장비를 개발하는 회사도 포함된다. 2008년 6월 24일에 출시되었으며 AUM이 62억 달러 수준이고, 비용 비율은 0.42%이다. 블랙록이 운용하고 있다.

2. 특징

ESG 점수 최고등급인 AAA를 받았다. 대표적인 청정에너지 기업들로 구성되어 있다. 출시 직후의 가격을 아직도 회복하지 못했지만,

▌ICLN의 분야별 비중과 상위 비중 10종목

ICLN Top 10 Sectors

Electric Utilities	46.18%	Renewable Fuels	1.19%
Renewable Energ...	32.05%	Semiconductor E...	0.31%
Independent Pow...	6.91%	Electrical Compo...	0.26%
Multiline Utilities	2.48%	Semiconductors	0.22%
Heavy Electrical E...	1.27%	Industrial Machin...	0.14%

ICLN Top 10 Holdings [View All]

Vestas Wind Syst...	7.94%	SolarEdge Techn...	4.36%
Orsted	6.91%	Xcel Energy Inc.	3.94%
Enphase Energy, I...	6.50%	Iberdrola SA	3.62%
Plug Power Inc.	4.75%	Enel SpA	3.45%
NextEra Energy, I...	4.40%	SSE plc	3.16%
		Total Top 10 Weig...	49.02%

© 2021 ETF.com

2020년부터 많이 반등했다. ESG 정책과 최근 세계의 친환경적인 정책 방향을 보았을 때는 미래 전망을 기대할 만하다.

● Invesco MSCI Sustainable Future ETF: ERTH

1. ETF 소개

이름부터 지구^{Earth}와 유사한 ERTH는 전 세계적으로 제한된 천연 자원을 보다 효율적으로 사용하는 회사들로 포트폴리오를 구성하고 있다. 특히 대체 에너지, 에너지 효율성, 친환경 건물, 지속 가능한 물, 오염 방지 및 통제, 지속 가능한 농업의 6가지 환경 관련 주제와 관련하여 선별된다. ESG와도 관련이 깊다. 2006년 10월 24일에 출시되었고 4억 2천만 달러 수준의 AUM을 운용하고 있으며, 비용 비율은 0.55% 이다. 인베스코가 운용하고 있다.

2. 특징

다양한 국가, 다양한 섹터, 다양한 기업으로 구성되어 있다. 연평균 성장률도 출시 이후 현재까지 8% 수준으로 준수하다.

ERTH Top 10 Countries

United States	35.84%	France	4.75%
Hong Kong	12.79%	Ireland	3.05%
China	9.73%	Spain	2.94%
Japan	6.21%	Singapore	2.59%
Denmark	5.74%	Canada	2.52%

ERTH Top 10 Sectors

Energy	19.17%	Basic Materials	6.14%
Consumer Cyclicals	18.82%	Consumer Non-C...	2.46%
Financials	17.55%	Technology	1.98%
Industrials	14.39%	Healthcare	0.06%
Utilities	8.07%	Telecommunicati...	0.03%

© 2021 ETF.com

● Invesco Solar ETF: TAN

1. ETF 소개

TAN은 태양광 관련 사업에서 발생한 수익을 기반으로 선정된 글로벌 태양 에너지 기업들로 구성된다. 모든 태양광 기술(결정질 및 박막 태양광과 태양열)과 전체 가치 사슬(원자재, 설치, 금융) 및 관련 태양광 장비(전력 인버터 및 캡슐화) 기업들을 포함한다. 2008년 4월 15일에 출시되어, 32억 달러 수준의 AUM을 운용하고 있으며, 비용 비율은 0.69%로 높은 편이다. 인베스코가 운용하고 있다.

2. 특징

신재생 에너지답게 ESG펀드 등급이 AA로 높다. 출시 직후 쭉 부진한 성적을 이어오다 근래 들어 친환경관련 기업들이 수혜를 받으면서 성적이 좋아졌다.

▌ TAN의 분야별 비중과 상위 비중 10종목

TAN Top 10 Sectors

Renewable Energ...	66.78%	Semiconductor E...	1.73%
Independent Pow...	11.11%	Construction Sup...	0.89%
Electric Utilities	6.27%	Electrical Compo...	0.76%
Commercial REITs	2.69%	Construction & E...	0.56%
Semiconductors	2.18%	Multiline Utilities	0.50%

TAN Top 10 Holdings [View All]

SolarEdge Techn...	11.04%	Daqo New Energ...	3.64%
Enphase Energy, I...	10.65%	Shoals Technolog...	3.38%
First Solar, Inc.	7.12%	Sunnova Energy I...	3.13%
Sunrun Inc.	7.07%	Hannon Armstron...	3.04%
Xinyi Solar Holdin...	6.35%	SunPower Corpor...	2.99%
		Total Top 10 Weig...	58.39%

© 2021 ETF.com

★ 게임 ETF

● **VanEck Vectors Video Gaming and eSports ETF:** **ESPO**

1. ETF 소개

이름부터 e-스포츠^e-Sports의 앞글자를 따서 만들어진 ETF다. ESPO는 비디오 게임 및 e-스포츠와 관련된 최소 25개의 주식 포트폴리오를 보유하고 있다. 게임 개발, 게임 관련 소프트웨어 또는 하드웨어, 스트리밍 서비스를 비롯한 관련 산업에서 수익의 절반 이상을 차지하는 기업들을 시가총액 비중대로 구성했다. 2018년 10월 16일에 출시되어, AUM은 6억 5천만 달러 수준이며, 비용 비율은 0.55%이다. 반에크^{VanEck}에서 운용 중이다.

2. 특징

게임을 좋아하는 사람이라면 누구나 알만한 기업들로 구성되어 있다. 구성 종목이 25개 수준이라 유명한 글로벌 게임 기업들로만 구성되어 있다고 보아도 무방하다. 비대면 시대에 게임 산업은 더 성장하여 코로나19 발생 이후 폭발적인 수익을 보였다.

▌ESPO의 국가별 비중과 상위 비중 10종목

ESPO Top 10 Countries

United States	46.68%	Sweden	2.80%
Japan	17.73%	France	1.72%
Hong Kong	15.95%	Taiwan, Province ...	1.47%
Singapore	8.63%	Poland	1.22%
Korea, Republic of	3.82%		

ESPO Top 10 Holdings [View All]

NVIDIA Corporati...	8.08%	Activision Blizzar...	5.46%
Tencent Holdings ...	7.89%	Nintendo Co., Ltd.	5.42%
Advanced Micro ...	7.83%	Take-Two Interact...	5.00%
Sea Ltd. (Singapo...	6.96%	Unity Software, In...	4.89%
NetEase, Inc. Spo...	5.70%	BANDAI NAMCO ...	4.63%
		Total Top 10 Weig...	61.85%

© 2021 ETF.com

★ 바이오테크 ETF

● iShares Biotechnology ETF: IBB

1. ETF 소개

주요 미국 생명공학 기업으로 구성되며 여기에는 치료제의 연구개발에 종사하지만, 의약품의 상업화 및 대량 생산에 중점을 두지 않는 회사가 포함된다. 생명공학 관련 도구나 시스템의 생산에 종사하는 회사도 포함된다. 각 종목을 시가총액 비중대로 구성하며 2001년 2월 5일에 출시되어, 101억 달러의 큰 규모를 운용 중이다. 비용 비율이 0.45%이고 블랙록에서 운용한다.

2. 특징

2010년까지는 횡보 추세를 보이다가 2010년대부터 현재까지는 우상향 중인 ETF. 미국 주식이 주를 이루며, 모더나와 암젠같은 유명 바이오 기업들이 상위에 자리 잡고 있다.

● SPDR S&P Biotech ETF: XBI

1. ETF 소개

GICS가 정의한 미국 생명공학 주식에 투자하는 ETF로, XBI는 각 종목들이 동일 비중으로 구성되어 이 부문의 다른 펀드와 잘 겹치지 않는 작은 제약 회사까지 포함한 순수한 생명공학 분야 ETF다. 2006년 1월 31일에 출시되어 67.6억 달러 규모를 운용 중이다. 비용 비율은 0.35%이며, 스테이트스트리트 글로벌어드바이저에서 운용 중이다.

▌ IBB의 분야별 비중과 상위 비중 10종목

IBB Top 10 Sectors

▌ Bio Therapeutic ...	36.35%	▌ Testing & Measuri...	2.54%
▌ Biotechnology & ...	29.07%	▌ Bio Diagnostics &...	2.42%
▌ Pharmaceuticals -...	8.17%	▌ Diagnostic & Testi...	1.99%
▌ Advanced Medica...	7.99%	▌ Medical Equipme...	1.41%
▌ Biopharmaceutic...	6.57%	▌ Medical Equipment	0.87%

IBB Top 10 Holdings [View All]

▌ Amgen Inc.	8.05%	▌ Vertex Pharmace...	3.83%
▌ Moderna, Inc.	7.77%	▌ IQVIA Holdings Inc	3.78%
▌ Gilead Sciences, I...	6.71%	▌ BioNTech SE Spo...	3.54%
▌ Regeneron Pharm...	4.52%	▌ Biogen Inc.	3.19%
▌ Illumina, Inc.	3.97%	▌ Mettler-Toledo Int...	2.61%
		Total Top 10 Weig...	**47.99%**

▌ XBI의 분야별 비중과 상위 비중 10종목

XBI Top 10 Sectors

▌ Bio Therapeutic ...	45.54%	▌ Bio Diagnostics &...	3.25%
▌ Biotechnology & ...	30.96%	▌ Diagnostic & Testi...	2.12%
▌ Pharmaceuticals -...	7.13%	▌ Medical Devices ...	0.34%
▌ Biopharmaceutic...	6.68%	▌ Specialty & Adva...	0.26%

XBI Top 10 Holdings [View All]

▌ Chemocentryx, Inc.	1.75%	▌ Kodiak Sciences, I...	0.91%
▌ Acceleron Pharm...	1.01%	▌ Seagen, Inc.	0.89%
▌ Ocugen Inc	0.95%	▌ Iovance Biothera...	0.88%
▌ Cytokinetics, Inco...	0.94%	▌ ACADIA Pharmac...	0.87%
▌ bluebird bio, Inc.	0.91%	▌ Ironwood Pharma...	0.85%
		Total Top 10 Weig...	**9.96%**

2. 특징

미국 주식으로만 구성되어 있으며, 200개가량의 종목이 골고루 들어가 있다. 출시 이후 전체적으로 우상향하는 경향을 보여 세계 금융 위기를 겪고도 연평균 성장률 15.7%의 아주 높은 성과를 보였다.

★ 로봇 및 인공지능 ETF

● Global X Robotics & Artificial Intelligence ETF: BOTZ

1. ETF 소개

로봇 공학 및 인공지능의 개발 및 생산에 종사하는 회사를 편입한다. 조건으로는 선진국에 상장되어 있으며 로봇 공학 또는 인공지능 분야에서 수익의 상당 부분을 얻거나 명시된 비즈니스 목적이 있어야 한다. 이 분야에는 드론 개발에서 의료 로봇 및 예측 분석 소프트웨어에 이르기까지 다양한 응용 분야가 포함된다. 2016년 9월 12일에 출시되었으며, 운영 규모는 28억 달러 수준이다. 비용 비율은 0.68%이다. 미래에셋 글로벌에서 운용 중이다.

2. 특징

ESG등급도 AA로 높은 펀드이며, 미국과 일본 기업이 주를 이룬다. 36개 종목으로 구성되어 있다.

BOTZ Top 10 Countries

▌United States	44.52%	▌Canada	1.79%
▌Japan	35.72%	▌Finland	1.65%
▌Switzerland	11.83%	▌Israel	1.34%
▌United Kingdom	2.89%	▌Korea, Republic of	0.25%

BOTZ Top 10 Holdings [View All]

▌Upstart Holdings,...	12.13%	▌Fanuc Corporation	6.58%
▌NVIDIA Corporati...	8.49%	▌OMRON Corporat...	5.00%
▌Keyence Corpora...	8.45%	▌Daifuku Co., Ltd.	4.16%
▌Intuitive Surgical, ...	8.20%	▌Brooks Automati...	4.14%
▌ABB Ltd.	7.48%	▌SMC Corporation	4.08%
		Total Top 10 Weig...	68.71%

© 2021 ETF.com

● **iShares Robotics and Artificial Intelligence Multisector ETF: IRBO**

1. ETF 소개

IRBO는 로봇 공학 및 인공지능과 관련된 선진국 및 신흥 시장의 회사를 따르는 글로벌 펀드이다. 2018년 6월 26일 출시되었으며, 4억 5천만 달러 수준을 운용 중이며, 비용 비율은 0.47%이다. 블랙록에서 운용한다.

2. 특징

절반 이상이 미국 기업으로 구성되었고 그 외에는 선진국과 신흥시장 등으로 골고루 분포되어 있다. 많은 종목이 고르게 편입되어 상위 10개 종목이 14% 수준에 그친다.

▌ IRBO의 국가별 비중과 상위 비중 10종목

IRBO Top 10 Countries

▌ United States	58.48%	▌ Korea, Republic of	3.58%
▌ Japan	9.54%	▌ France	2.78%
▌ China	6.20%	▌ Germany	2.36%
▌ Hong Kong	5.32%	▌ Israel	1.80%
▌ Taiwan, Province ...	4.54%	▌ Switzerland	1.36%

IRBO Top 10 Holdings [View All]

▌ Ambarella, Inc.	1.56%	▌ Nemetschek SE	1.35%
▌ HubSpot, Inc.	1.45%	▌ Snowflake, Inc. Cl...	1.32%
▌ Splunk Inc.	1.41%	▌ Advanced Micro ...	1.31%
▌ MicroStrategy Inc...	1.38%	▌ Teradata Corpora...	1.30%
▌ Alchip Technologi...	1.37%	▌ Parade Technolog...	1.30%
		Total Top 10 Weig...	13.76%

● ROBO Global Robotics and Automation Index ETF: `ROBO`

1. ETF 소개

이름부터 로봇Robot의 앞글자를 딴 ETF다. ROBO는 로봇 및 자동화 관련 회사의 수익을 포착하도록 설계되어 모든 유형의 로봇, 인공지능, 무인 차량, 3D 프린터 및 내비게이션 시스템용 장치 또는 센서를 제공하는 회사가 포함된다. 업계에서 창출된 수익 비율, 성장 잠재력, ESG 기준 및 시가총액을 기준으로 65~200개 종목 중에서 선택한다. 2013년 10월 22일에 출시되어, 19억 달러 수준을 운용 중이다. 비용 비율은 0.95%로 매우 높다. 익스체인지트레이디드콘셉트Exchange Traded Concepts에서 운용 중이다.

2. 특징

절반은 미국 주식, 그다음으로 일본 주식의 비중이 높으며 그 외 다른 선진국들이 뒤를 잇는다. 출시 이후 지금까지 12%의 연평균 성장률을 보였다.

▌ROBO의 국가별 비중과 상위 비중 10종목

ROBO Top 10 Countries

United States	49.36%	United Kingdom	4.02%
Japan	19.14%	Sweden	2.28%
Germany	7.03%	Canada	1.87%
Taiwan, Province ...	5.56%	China	1.53%
Switzerland	4.72%	Korea, Republic of	1.39%

ROBO Top 10 Holdings [View All]

iRhythm Technolo...	2.15%	Intuitive Surgical, ...	1.66%
Brooks Automati...	2.11%	ServiceNow, Inc.	1.59%
Kardex Holding AG	1.87%	Rockwell Automa...	1.57%
Stratasys Ltd.	1.87%	Cognex Corporati...	1.57%
iRobot Corporation	1.76%	Ambarella, Inc.	1.55%
		Total Top 10 Weig...	17.71%

© 2021 ETF.com

★ 혁신 기업 ETF

● ARK Innovation ETF: `ARKK`

1. ETF 소개

근래 들어 가장 뜨거웠던 ETF라고 말해도 과언이 아니다. ARKK

는 전 세계적으로 '파괴적 혁신'에 관여하거나 그 혜택을 받는 회사로부터 장기적인 자본 성장을 추구하며 능동적으로 관리되는 액티브 ETF다. 포트폴리오는 유전체학, 자동화, 운송, 에너지, 인공지능 및 재료, 공유 기술, 인프라 및 서비스, 금융 서비스를 보다 효율적으로 만드는 기술과 관련된 회사에 중점을 둔다. 2014년 10월 31일 출시되어 현재 215억 달러 수준의 매우 큰 운용규모를 보이고 있으며, 비용 비율은 0.75%로 다소 높은 편이다. 투자자 캐시 우드가 대표를 맡은 것으로 유명한 아크인베스트에서 운용하고 있다.

2. 특징

현재 2020년 저점 대비 3배 이상 오른 가격에 거래되고 있다. 테슬라와 대표적인 게임 개발 환경이자 엔진인 유니티, 코로나 이후 비대면 시대의 대표적인 화상 회의 소프트웨어로 유명한 줌 등이 있다. 아크 인베스트의 ETF는 이 외에도 분야별 혁신 기업 모음으로 ARKG, ARKW, ARKF, ARKQ, ARKX, PRNT 등이 있으니 뒤에서 소개하는 이티에프닷컴 사용법을 활용하여 참고하면 좋다.

❚ ARKK의 상위 비중 10종목

ARKK Top 10 Holdings [View All]

Tesla Inc	10.19%	Zoom Video Com...	4.51%
Teladoc Health, Inc.	6.16%	Square, Inc. Class...	3.90%
Coinbase Global, ...	6.05%	Spotify Technolo...	3.80%
Roku, Inc. Class A	5.82%	Shopify, Inc. Class...	3.75%
Unity Software, In...	5.25%	Twilio, Inc. Class A	3.53%
		Total Top 10 Weig...	52.94%

© 2021 ETF.com

● **SPDR S&P Kensho New Economies Composite ETF:** KOMP

1. ETF 소개

'신경제' 기술의 혁신과 발전을 주도하여 경제를 변화시키고 있는 선진국 및 신흥 시장의 기업을 찾아 자율주행차, 3D 프린팅, 유전 공학, 나노기술 등과 같은 주제를 중심으로 구성된다. 켄쇼 인공지능을 사용하여 구성 요소를 선택한다. 2018년 10월 22일에 출시되었고, 21억 달러 수준을 운용하고 있으며, 비용 비율은 0.2%이다. 스테이트스트리트 글로벌어드바이저스가 운용 중이다.

2. 특징

상위 10개 종목이 전체 비중 11%밖에 차지하지 않는다. 그만큼 골고루 다양한 기업에 투자하고 있으며, 출시된 직후와 비교했을 때, 현재 2배 정도의 가격을 형성하고 있다.

▌ KOMP의 상위 비중 10종목

KOMP Top 10 Holdings [View All]

▌ Bruker Corporation	1.87%	▌ Asana, Inc. Class A	0.88%
▌ Teledyne Technol...	1.62%	▌ Leidos Holdings, I...	0.88%
▌ Upstart Holdings,...	1.19%	▌ Avis Budget Grou...	0.85%
▌ LendingClub Corp	1.10%	▌ Nano Dimension ...	0.84%
▌ Ambarella, Inc.	1.01%	▌ Elbit Systems Ltd	0.84%
		Total Top 10 Weig...	11.09%

● **Direxion Moonshot Innovators ETF:** MOON

1. ETF 소개

'문샷Moonshot'은 인간의 미래를 바꿀 거대한 아이디어를 현실로 바꾸는 작업을 뜻한다. 문샷의 앞글자를 딴 MOON은 혁신적이고 파괴적인 기술을 추구하는 미국 기업인 '문샷 혁신가'를 대상으로 포트폴리오를 구성한다. 켄쇼의 인공지능으로 산출된 지수와 무선 통신이나 인터넷 분야 등의 지수를 통해 종목을 선정한다. 2020년 11월 12일에 출시된 따끈따끈한 펀드로 1억 5천만 달러 수준의 AUM을 운용하며, 비용 비율은 0.65%이다. 디렉시온Direxion에서 운용한다.

2. 특징

상위 기업 10개 중에도 생소한 기업들이 많은데, 개발자 입장에서는 친숙한 기업도 보인다. 소프트웨어나 바이오 테크 기업 등으로 구성되어 있다. 출시된 지 1년밖에 되지 않았는데 주가는 횡보 추세이다. 여담으로 오잔 바롤의 《문샷Think Like a Rocket Scientist》이라는 책을 읽어보면 괜히 더 투자하고 싶어지는 ETF다.

▌ MOON의 상위 비중 10종목

MOON Top 10 Holdings [View All]

▌ Asana, Inc. Class A	7.05%		▌ BIT Mining Limite...	2.91%
▌ LendingClub Corp	4.81%		▌ Arcturus Therape...	2.87%
▌ Ambarella, Inc.	4.04%		▌ Varonis Systems, ...	2.85%
▌ MongoDB, Inc. Cl...	3.41%		▌ ProQR Therapeut...	2.68%
▌ Sohu.com Limited...	2.93%		▌ Radware Ltd.	2.64%
			Total Top 10 Weig...	36.19%

© 2021 ETF.com

'이티에프닷컴'에서 ETF 정보 찾아보기

"액티브펀드에 투자하는 것은 바보같은 일이며,
액티브펀드가 시장보다 높은 수익률을
장기간 기록할 거라고 생각하는 것도 바보 같은 일이다."
− 존 보글

이 책에서 다른 무엇보다도 ETF 투자법을 꼭 알아가기를 당부한다. 그만큼 쉬운 데다가, 분산 투자의 장점이 있고, 투자 전략을 세우기도 매우 유용하기 때문이다. 앞에서 여러 ETF를 소개했는데 ETF 투자 시 관련 정보들을 어떻게 얻었는지 소개하려고 한다.

이티에프닷컴

1. 대표적인 ETF 정보 사이트인 이티에프닷컴에서는 다이어그램과 표를 활용하여 ETF 정보를 쉽게 살펴볼 수 있다. 이티에프닷컴에 접속

해 검색창에 원하는 ETF명이나 티커를 입력한다.

▌ 이티에프닷컴의 검색창과 메뉴 화면

2. 앞서 살펴본 미국 대표 ETF인 SPY를 검색해 보았다. 아래 그림처럼 해당 ETF의 종합 점수도 나오고, 인기 비교 종목이나 검색한 ETF가 어떤 분류에 속해 있는지가 나온다. 이 외에도 기본 정보와 앞서 소개한 ESG 점수, 포트폴리오의 더 자세한 정보도 확인할 수도 있다. SPY는 인덱스펀드이기 때문에 추종하는 지수의 정보는 물론 실제 S&P500지수나 MSCI 미국 대형주 지수와의 수익률 비교표 등도 제공한다.

▌ SPY의 종합 점수

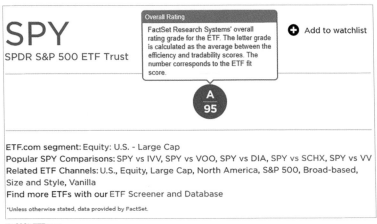

▎ SPY의 기본정보(Overview) 화면

Overview	Efficiency	Tradability	Fit	Options

PY Fund Description

PY tracks a market-cap-weighted index of US large- and midcap stocks selected by the S&P ommittee.

PY Factset Analytics Insight

PY is the best-recognized and oldest US listed ETF and typically tops rankings for largest AUM and reatest trading volume. The fund tracks the massively popular US index, the S&P 500. Few realize at S&P's index committee chooses 500 securities to represent the US large-cap space - not ecessarily the 500 largest by market cap, which can lead to some omissions of single names. Still, the idex offers outstanding exposure to the US large-cap space. It's important to note, SPY is a unit vestment trust, an older but entirely viable structure. As a UIT, SPY must fully replicate its index (it robably would anyway) and forgo the small risk and reward of securities lending. It also can't einvest portfolio dividends between distributions, the resulting cash drag will slightly hurt erformance in up markets and help in downtrends. SPY is a favored vanilla trading vehicle.

PY MSCI ESG Analytics Insight

ISCI
SG RATINGS   A

| CC | B | BB | BBB | A | AA | AAA |

PDR S&P 500 ETF Trust has an MSCI ESG Fund Rating of A based on a score of 6.16 out of 10. The ISCI ESG Fund Rating measures the resiliency of portfolios to long-term risks and opportunities rising from environmental, social, and governance factors. ESG Fund Ratings range from best (AAA) o worst (CCC). Highly rated funds consist of companies that tend to show strong and/or improving anagement of financially relevant environmental, social and governance issues. These companies ay be more resilient to disruptions arising from ESG events.

he fund's Peer Rank reflects the ranking of a fund's MSCI ESG Fund Quality Score against the cores of other funds within the same peer group, as defined by the Thomson Reuters Lipper Global lassification. SPDR S&P 500 ETF Trust ranks in the 46th percentile within its peer group and in the 2nd percentile within the global universe of all funds covered by MSCI ESG Fund Ratings.

SPY Summary Data

Issuer	State Street Global Advisors
Brand	SPDR
Inception Date	01/22/93
Legal Structure	**Unit Investment Trust**
Expense Ratio	0.09%
Assets Under Management	**$396.43B**
Average Daily $ Volume	**$29.94B**
Average Spread (%)	0.00%
Competing ETFs	IVV, VOO, DIA, SCHX, VV
Fund Home Page	

SPY Portfolio Data

Weighted Average Market Cap	**$601.46B**
Price / Earnings Ratio	28.60
Price / Book Ratio	4.72
Distribution Yield	1.28%
Next Ex-Dividend Date	N/A
Number of Holdings	499

어설픈 지식은 독이 되어
과신과 능력 착각

경제적, 정치적 상황을 논평하고 조언하는 전문가들을 대상으로 미래를 예측하게 한 실험이 있었다. 예컨대 앞으로 경기가 현 상황을 유지할지, 성장할지, 공황을 맞이할지를 맞추는 것이었다. 결과는 참담했다. 각 미래가 찾아올 확률은 1/3이었는데 전문가들의 예측 결과는 이 수치만 못했다. 전문가들은 본인들의 지식을 믿고 자신감을 보였으나 결과는 주사위 던지기만 못했던 것이다.[3] 오죽하면 침팬지가 다트 판에 화살을 던져서 투자한 종목과 펀드매니저가 고른 종목의 수익률을 비교했을 때 침팬지가 이겼다는 연구 결과도 있지 않은가?

'지식의 저주'라는 말이 있다. 어설픈 지식은 독이 되어 내 생각이 옳다는 확증편향만 가져다줄 수 있다. 과신은 투자 실패로 이어지기 쉽다. 내가 너무 뛰어나다고 착각하지 말자.

사실, 제일
중요한 것은
멘탈과 마인드

6장

나도 주식에 투자해도 될까

"곤경에 빠지는 이유는 뭔가를 몰라서가 아니다.
뭔가를 확실히 안다는 착각 때문이다."
– 마크 트웨인

주식 투자 시 절대 해서는 안 되는 행동이 있다. 최소한 그 행동만
피해도 수익률 상위권의 투자자가 될 수 있다. 주식 투자에 정답은 없
지만, 오답은 있다. 이번 파트를 주식 투자의 오답 노트라고 생각하고
읽어가기를 바란다.

나 종목 하나만 추천해 줘, 그리고 리딩방

"나 종목 하나만 추천해 줘."

주식을 처음 시작하는 사람들이 많이 하는 말이다. 아마 '주식으로

일확천금을 번 사람도 있다던데, 나도 좋은 종목 하나 추천받아서 투자하면 돈 벌지 않을까?', '주식 투자를 잘하는 사람이 추천해 주는 종목을 사면 괜찮지 않을까?' 이런 생각일 것이다. '큰 욕심은 부리지 말고 조금만 벌어봐야지' 하는 생각일지라도 말이다. 아니라면 나에게 연락해 주길 바란다. "나는 돈을 잃기 위해 종목을 추천 받는 거야." 하는 사람일 테니 말이다.

그렇다. 우리는 돈을 벌기 위해 주식에 투자한다. 하지만 돈을 벌기 위해 종목을 추천받는 행위는 투자자로서 자격 미달이다. 왜 이렇게 투자를 시작하면 안 될까? 주식을 사면 2가지 결과만이 따른다. 주가가 오르거나, 내리거나(제자리는 잠시 잊어달라). 종목을 추천해 달라고 하는 사람들의 머릿속에는 주가가 오르는 시나리오만이 있을 것이다.

하지만 문제는 전문가조차도 단기적인 주가의 흐름은 예측할 수 없다는 것이다. 세상 어떤 전문가도 자신이 추천한 종목의 가격이 오를지 내릴지 장담하지 못한다(물론 장기적으로는 근거 있는 이야기일 수는 있다). 만약에 S&P500지수는 계속해서 상승하는데, (전문가가 추천했다고 할지라도) 추천받은 종목이 1년 동안 가격이 내리고 있다면 당신은 그 믿음을 유지할 수 있겠는가?

전문가도 아닌 주식 '리딩방'에서 추천받는 것은 더 심각한 문제다. 리딩방은 주식 종목을 추천해 주면서 단기적으로 큰 수익을 낼 수 있다고 꼬드긴다. 대부분 음성적인 오픈 채팅방 등의 형태로 운영된다. 리딩방을 운영하는 목적은 주식을 미리 사놓고 매수 추천을 해서 가격을 올려 운영자 본인들의 수익을 챙기기 위함일 수도 있지만, 적은 금액으로도 가격 왜곡을 가져올 수 있는 초소형주를 통해 주가 조작으로 본인들의 수익을 챙기려는 경우가 대부분이다. 다행히도 미국 주식의 웬만한 우량주는 이런 허접한 작전 세력들이 가격을 움직일 재간이 없으니 안전하다고 할 수 있다.

게다가 리딩방에 진짜 실력자가 있을 리가 없다. 실력이 있다면 음성적으로 운영할 이유가 없기 때문이다. 또 실력이 있다면 그런 식으로 돈을 벌지 않아도 이미 부자가 되었을 것이며, 공식적으로 펀드를 만들어 투자를 받아도 되기 때문이다.

심지어 13년간 연 29%의 수익을 낸 전설적인 펀드매니저 피터 린치의 펀드 가입자도 절반 이상이 손해를 보았다. 쉽게 말해 피터 린치가 리딩하여 종목을 짚어주는 리딩방에 들어갔더라도 주식이 비쌀 때 많은 양을 매수하고 주식이 쌀 때 매도하다 보니 그렇게 많은 사람이 손실을 본 것이다. 그런데 추천해 주는 타인이 딱히 전문가도 아니라고? 그런데도 그 사람의 말대로 투자하고 싶다면 단지 '실패했을 때 남 탓'을 하고 싶은 마음이 있는 것일지도 모른다. 하지만 남 탓을 한다고 결과는 달라지지 않는다. 추천한 사람이 손실을 보상해 주지도 않는다. 차라리 내 선택이고 내 판단이어야 피드백이라도 제대로 받을 수 있다. 이것이 타인에게서 종목을 추천받아 투자를 시작하면 안 되는 이유다.

테마주, 급등주, 작전주

인간은 단기적 이익을 좇도록 설계된 슬픈 동물이다. 과거에는 이

본능이 생존에 아주 적합한 무기였을지 모르지만, 주식 투자에서만큼은 오히려 자신을 찌르는 무기가 될 수 있다. 이는 마치 다이어트를 계획한 사람이 눈앞에 있는 초콜릿의 유혹을 이기기 어려운 것과 같다. 정신을 바짝 차리지 않으면 테마주, 급등주의 유혹에 빠지기 십상이다. 테마주란 특정 주제와 관련 있는 주식으로 '메타버스 테마주', '바이든 테마주' 같은 식으로 최근 이슈나 정치인과 관계있는 주식을 뜻한다. 급등주는 순간적으로 가격이 많이 오른 주식을 말한다. 이를테면 '이틀간 100% 급등주' 이런 식이다. 혹은 레딧Reddit과 같은 특정 커뮤니티 사이트 세력이 이끄는 작전으로 주가를 이끄는 작전주도 있다. 실제로 하루 만에 100% 이상, 열흘 만에 10배 이상 폭등한 주식도 있었다(게임스탑GME이나 AMC엔터테인먼트AMC가 대표적인 사례다). 어떤가? 귀가 솔깃하지 않은가? 그렇다면 당신은 이 부분을 끝까지 읽어야 한다. 그렇지 않으면 '주식은 도박이다.'라는 명제에 찬성하는 개미로 전락할지도 모른다.

　이런 달콤한 주식들에 과감히 등을 보여야 하는 이유를 설명하겠다. 하루에 30% 수익을 올리고 싶은가? 아니면 욕심이 적으니 하루에 1%씩만 수익을 올리고 싶은가? 1달, 즉 20거래일간 매일 1%씩 복리로 수익을 올리면 총수익률은 22%(1.01^{20})가 된다. 이것을 1년간 반복하면 연평균 성장률은 1,089%(1.22^{12})가 된다. 1,000만 원을 투자하면 1년 뒤에 1억 원 정도를 벌게 된다. 1억 원을 투자하면 1년 뒤에는 10억 원 정도를 벌게 된다. 하루에 1%가 이 정도인데 하루에 5%, 30%를 노리겠다고? (한두 번은 가능할지 모르지만) 상식적으로 말도 안 되는 생각은 당장 집어치우자. 다시 말해, '단기간에 이런 행위를 몇 번만 하면 좋은 수익률을 거둘 수 있지 않을까?' 하는 생각은 그저 희망 사항에 불과한 것이란 말이다. 뒤집어 말하면 이런 도박성 베팅을 자주 성공시키지 못할 것이라면 안정적인 수익을 노리는 편이 장기적으로 더 높은 수익률을 보일 가능성이 훨씬 크다는 말이다. 워런 버핏도 연평균 성장률을 20% 정도밖에(?) 달성하지 못한다. 다시 말해 주식 초보라면 연수익률 10%만 달성해도 워런 버핏의 절반이나 되는 훌륭한 성과를 낸 것이다!

누군가는 이렇게 반문할 것이다. "내 주변에는 주식에 투자해 2, 3배씩 번 사람이 있는데?" 그런 사람이 있다는 사실을 부인하지는 않겠다. 5배, 10배도 있을 수 있다. 나도 5배 이상 오른 주식을 팔아본 적이 몇 번이나 있다. 이번에는 내가 묻겠다. 당신은 '로또에 당첨되었다.'라든지 '카지노에서 잭팟이 터졌다'라는 이야기를 들어본 적이 없는가?

오랜 손실과 빠른 이익 확정

앞에서 주식의 '모멘텀'이라는 특성을 다루었다. 쉽게 말해 주식은 오를 때 계속 오르고 내릴 때는 계속 내리는 경향이 있다. 그런데 초보 투자자들은 이 특성에 역행하는 투자를 한다. 주가가 오르기 시작하면 찰나의 이익에 기뻐하며 주식을 매도해 버리고, 이후 더 오르는 주식을 바라보며 배 아파한다. 반면 주가가 내려가기 시작하면 '언젠가는 오르겠지' 하면서 끊임없이 버틴다. 즉, 이익은 얼마 얻지도 못하고 손실은 무한정 가져가는 투자를 한다.

합리적인 투자자라면 장기적으로 오를 자산을 계속 들고 가고, 오르지 않을 자산을 과감하게 처분해야 한다. 이렇게 기본적인 주식의 특성도 이해하지 못한 채 이를 역행하는 선택을 하면 계좌는 손실로 가득할 수밖에 없다. 주식시장은 역사적으로 상승 기간이 하락 기간보다 항상 길었다는 점도 기억해 두자.

지금
들어가면 되나요

> "한 번에 모두 매수하지 마라. 항상 분할 매수하라."
> − 제럴드 로브

결론부터 말하자면 매수 시점을 예측하는 일은 무의미하다. 전 세계의 어떤 투자 전문가도 마켓타이밍Market Timing, 즉 매수 시점을 예측하지 말라고 한다. 오죽하면 월가의 전설인 피터 린치는 "시장을 예측하려고 정력을 낭비하지 마라."라고 했을까? 소설가 마크 트웨인도 비슷한 말을 했다.

"10월은 주식에 투자하기에 특히 위험한 달 중 하나다. 다른 위험한 달로는 7월, 1월, 9월, 4월, 11월, 5월, 3월, 6월, 12월, 8월 그리고 2월이 있다."

그렇다. 주식 투자를 하기에 위험하지 않은 달은 없다. 그렇다면 매수 시점을 예측하지 않고 어떻게 주식을 사라는 말이냐고 되물을 수 있겠다. 이번에도 결론부터 말하겠다. 매수 시점은 예측할 수 없다. 그러니 '지금이다'라는 생각에 한 번에 주식을 매수하지 마라. 주식은 부동산 같은 자산보다 변동성이 훨씬 크다. 부동산조차도 고점에서 사면 오래도록 본전도 못찾게 마련인데(이를 '물린다'라고 한다) 하물며 주식은 어떻겠는가?

매수 시점을 예측할 수 없는 이유

🔍 **닷컴 열풍** 인터넷이 태동하기 시작하던 1990년대 말~2000년 초반까지 IT 기업들이 쏟아져 나오던 시기에 일었던 '묻지마투자' 현상. 이 현상은 결국 '닷컴버블'을 이끌었고, 버블은 끝내 터졌다.

만약 당신이 닷컴 열풍* 시절에 '인터넷 시대의 미래는 밝다.'며 고점에 '시스코시스템스 CSCO '의 주식을 샀다고 가정해 보자(절대 극단적인 예시를 들려는 것이 아니다. 닷컴버블이 터진 이후 수많은 기업이 도산했지만 시스코시스템스는 그 시기를 버텨 지금까지 살아남은 기업이다). 2000년 3월에 주식을 샀다면 1년 뒤인 2001년 3월, 수익률은 −80%를 넘어섰을 것이다. 반토막도 버티기 어려운데 1년 만에 투자금을 80%나 잃은 사람의 심정을 상상할 수 있는가.

매수 시점에 집중하기 위해 개별 종목 대신 나스닥지수에 투자하는 것으로 예를 들어보겠다(나스닥지수와 나스닥100지수는 추이가 유사하다. 나스닥100지수에 투자하기 위해서는 ETF인 QQQ를 매수하면 된다). 닷컴 열풍 당시 내로라하는 기술 기업은 대부분 나스닥에 상장되어 있었으므로 나스닥지수를 벤치마킹하여 대장주라 불리는 주식에 골고루 투자했다면 어떻게 되었을까?

나스닥지수는 1998년의 최저점에서 2000년 최고점까지 2년도 채 안 되는 시기에 3배가 넘게 상승했다. 2000년 말에는 버블이 꺼지기 시작하여 대부분의 닷컴기업이 스스로 파산이나 도산의 길을 선택했다. 2001년에도 시장은 무너져 내렸고 2002년 10월에는 2000년 최고치에서 78%나 하락했다. 지금도 살아남은 기업인 시스코시스템스는 주가가 90%, 퀄컴 QCOM 은 86%나 하락했다. 참고로 주가지수로 주식시장의 동향을 판단할 때는 '생존자 편향'이라는 것이 생긴다. 상장폐지된 기업의 주가는 주가지수 산정 시 포함되지 않는다. 즉, 닷컴버블과 같은 시절에는 상장폐지되어 주가지수가 담지 못한 기업도 다수 존재하기 때문에 투자자들은 실제로 더 큰 손실을 보았을 것이다.

▌ **닷컴 열풍 시절의 나스닥지수**

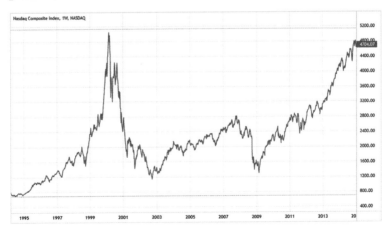

© 2021 Tradingview.com

아무튼, 2000년 시스코시스템스의 주식을 최고가에서 매수하기 시작한 투자자들은 안타깝게도 2015년까지 수익은커녕 본전조차 찾지 못했을 것이다. 무려 15년간. 그래도 15년을 기다려서 본전을 찾았으니 괜찮지 않냐고? 당신은 피땀 흘려 모아 투자한 돈이 15년 동안 마이너스 수익률을 기록하는 것을 마음 편히 지켜볼 수 있겠는가?

닷컴버블 때는 기술주들이 모여 있는 나스닥 시장이 당연히 안 좋았을 테니 다른 기준을 가진 지수는 다르지 않았냐고 물을 수도 있겠다. 물론 아주 다르다. 가장 오래되어 주식시장의 역사를 이야기할 때 흔히 사용되는 다우지수를 보자. 지수와 매수 시기, 그에 따른 결과에는 과연 어떤 연관이 있을까?

다우지수의 경우에는 2000년 고점에서 투자했을지라도 2006년 하반기에 본전을 찾을 수 있었다. 407쪽 상단 그래프를 보면 닷컴버블이 꺼진 2000년 이후 주식시장은 하락 추세였지만 2003년부터는 지속해서 성장하고 있음을 알 수 있다. 그래서 2007년 시장을 지켜보던 중 상승 추세가 충분히 확인되었다고 판단하여 상단 그래프의 끝자락인 1만 4,000포인트쯤에서 다우지수를 벤치마킹해 미국 주식에 투자했다고 생각해 보자(앞서 소개한 다우지수 추종 ETF인 DIA로 투자했다고 가정하자).

그렇다. 이후 세계 금융 위기인 서브프라임모기지 사태가 발발했다. 이로 인해 미국의 대표 투자은행이었던 베어스턴스와 리먼브라더스까지 파산하며 미국 경제가 크게 흔들렸고, 세계 경제마저 흔들리게 되었다. 이렇게 촉발된 세계 금융 위기로 주가가 엄청나게 하락했다. 다우지수는 2013년이 되어서야 1만 4,000포인트를 회복했다. 이 경우에

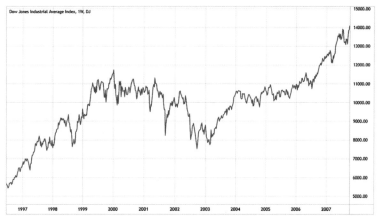

© 2021 Tradingview.com

▌2007~2013년 다우지수

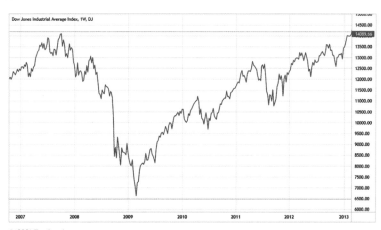

© 2021 Tradingview.com

도 투자자들은 무려 6년 가까이 원금조차 회복하지 못한 것이다.

이쯤 되면 눈치챘겠지만, 앞의 사례들은 모두 고점에서 투자해 물렸다는 공통점이 있다. 이를 통해 우리는 고점에서 물렸을 경우 오랜 기간 본전도 찾기 어려울 수 있다는 사실을 확인했다. 그렇다면 반대로 저점에서 주식을 매수했다면 엄청난 이득을 보지 않았겠는가? 정답이다. 하지만 앞의 그래프에서 볼 수 있듯 투자자는 현재와 과거밖에 볼 수 없다. 자, 이번에는 비교적 최근인 2015년을 현재로 가정하고 투자를 한다고 상상해 보자(405쪽 나스닥지수 차트의 마지막 시점이다).

앞의 사례들과는 반대로 아주 저가에 주식을 매수할 수만 있으면 괜찮지 않겠냐며 미래 주식시장의 상승에 대한 회의론자 입장(지금 주식시장은 거품이라는 입장)으로 접근해 보자. 다시 한번 나스닥지수로 도전한다면 어떨까? 2015년 1월 5일 나스닥지수는 현재 4,704포인트다. 2009년부터 2015년까지 거의 3.6배가 올랐다. 해도 해도 너무 오른 것 같다. 언젠가 한 3,500포인트까지는 떨어지지 않을까? 이것은 너무 회의론자 같으니 적당히 4,000포인트를 목표로 기다리면 어떨까?

자, 이제 다음의 나스닥지수를 보시라.

2015년에는 심지어 5,000포인트를 돌파해 버렸다. 그러다 예측한 시나리오와 맞는 듯 2016년 초에는 거의 4,200포인트까지 떨어졌다. 그런데 3,500포인트는커녕 4,000포인트조차 터치하지 않고 계속 상승하더니 결국 2020년에는 무려 10만 포인트를 돌파해 버렸다. 현재는 15만 포인트도 돌파했다. '나는 하락장을 기다리겠다.'라는 태도가 3배의 수익을 놓치게 한 것이다. 이처럼 매수 시점을 예측한다는 것은 정말 시간 낭비에 가깝다. 어떤 전문가도 어느 시점에 주식을 매수해야 할지

▌2015~2021년 나스닥지수

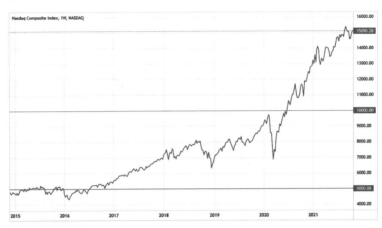

© 2021 Tradingview.com

예측할 수 없다. 심지어 신도 예측할 수 없다는 것이 주식시장이다.

물론 기술적인 관점에서 매수, 매도 타이밍을 노릴 수는 있지만, 이 것은 어디까지나 전략상 '대응'의 관점일 뿐, 시점 예측과는 의미가 다르다. 예를 들어 오늘 한 주식의 가격이 최근 20일간의 평균 가격을 넘어섰다고 하자. 주가가 상승 추세에 접어들었다고 판단해 매수했다면, 이 결정은 내일 주가가 상승하리라고 예측한다기보다는 이미 지난 일을 기준으로 하여 상승 추세로 넘어왔다고 판단하고 대응한 것일 뿐이라는 이야기다. 내일의 실제 주가는 신도 모른다.

물론 앞서 다룬 경기 사이클Business Cycle, 즉 '경기 순환'이라는 것이 존재하기는 한다. 예컨대 4년 주기의 '재고 순환•', 9년 주기의 '신용 순환•', 18년 주기

> 🔍 **재고 순환** 경기가 좋을 때는 판매량이 많아 재고가 부족하므로 재고를 늘리지만, 일정 시점이 되면 다시 판매량이 줄어 재고가 쌓이는 사이클을 뜻한다.
>
> **신용 순환** 판매량보다 생산량이 부족하면 기업은 설비투자를 늘리는데, 비용이 크므로 일반적으로 대출이 필요하다. 이렇게 기업의 설비투자와 신용에 따른 대출 관계로 발생하는 사이클을 뜻한다.

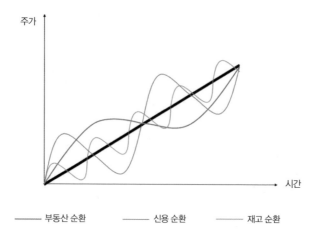

▌각종 사이클들의 합으로 이루어지는 주가의 추세

주가

시간

———— 부동산 순환   ———— 신용 순환   ———— 재고 순환

🔍 **부동산 순환** 공급 부족으로 인해 건물을 짓거나 재건축에 들어가 공급 과잉에 이르기까지의 사이클을 뜻한다.

의 '부동산 순환●' 등이 그것이다.[1] 주가는 위의 그래프처럼 긴 시간에 걸쳐 나타나는 사이클과 짧은 시간에 걸쳐 나타나는 사이클들의 상호 작용을 통해 흐름을 만든다. 또한 주가는 장기적, 큰 추세로 보았을 때 굵은 직선처럼 항상 꾸준하게 우상향해 왔지만 실제로는 (특히 단기 구간일수록) 그다지 규칙적으로 움직이는 것 같아 보이지 않는다. 또 다양한 경기 사이클들이 상호 작용을 하는 방식도 변화하기에 경기 사이클이란 것은 주가의 대략적인 흐름을 파악하는 수단밖에 되지 못한다. 결국 사이클이 존재할지라도 웬만한 전문가조차 사이클의 고점과 저점을 정확하게 예측할 수 없고, 그 사이클들의 조합으로 나타나는 주가를 예측하기란 더욱 어렵다.

그래서 주식을 매수하기에 좋은 타이밍은 없느냐고? 이번에는 다르다며 모두가 공포에 떨고, 주식시장은 끝을 모르고 하락하며, 주식으로 망했다는 사람들이 속출해 사방에서 곡소리만 들리며, 이제는 끝났다는 이야기가 들릴 때, 그때가 바로 주식을 매수할 타이밍이다. 반대로 주식시장이 끝없이 상승하고, 모두가 축배를 들고, 주식으로 부자가 된 사람들의 이야기가 넘쳐나며, 주변에서 너도나도 주식만 이야기하고 마지막 비관론자가 낙관론자로 돌아서는 그때. 그때는 주식을 매도할 타이밍이 맞다.

진짜 주식을 매도해야 하는 시점

주식은 기본적으로 기업의 이익을 반영하는 존재다. 만약에 기업의 이익이 늘어날 것이라고 생각해서 투자했는데, 더는 이익이 늘 것 같지 않다면 매도해도 된다. 또 기업의 꾸준한 배당성장이 마음에 들어서 투자를 시작했는데, 배당성장이 멈추면 매도해도 된다. 즉, 기업에 투자한 이유가 사라질 때가 진짜 매도해야할 시점이다(절대 가격이 오르고 있다는 이유만으로 매수해서는 안 되고, 가격이 떨어지고 있다는 이유만으로 매도해서도 안 된다).

그냥 테슬라 사면 되겠죠

"모두가 노리는 종목에 투자하면
아주 비싼 대가를 치러야 한다."
– 워런 버핏

주식의 매수 시점은 예측할 수 없다고 했다. 그렇다면 시점은 몰라도 종목은 고를 수 있지 않을까? 맞다. 주식시장에서는 좋은 종목을 고르면 10배 이상의 수익도 낼 수 있다. 그렇다면 무엇이 좋은 종목일까? 1년 만에 주가가 8배 이상 오른 '테슬라' 같은 종목이 최고 아닐까(책을 쓰는 동안에 테슬라는 고점 대비 30%가량 하락했다. 이런 것을 피하고 싶다면 이 장을 더욱 열심히 보시라. 다행히 2021년 11월 현재는 다시 고점 근처까지 회복했다)? 당연히 기존 투자자에게는 종래에 수익을 가장 많이 가져다준 종목이 좋은 종목이다.

'인기 있는 종목'이라는 함정

잠시 2000년으로 돌아가 보자. 2000년, 미국에 상장된 기업 중 시가 총액 1위 기업은 '제너럴일렉트릭'이었다. 현재의 '애플'이나 국내의 '삼성전자'와 같다고 보면 된다. 당시 제너럴일렉트릭의 주가는 아래와 같다. 심지어 1990년대부터 살펴봐도 이 주식의 가격은 꾸준히 상승했다. 이런 기업을 어느 누가 나쁜 기업이라고 할 수 있겠는가?

▌1990~2000년 제너럴일렉트릭의 주가

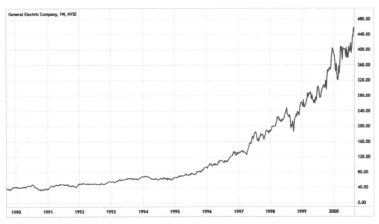

© 2021 Tradingview.com

2000년부터 어느 개인 투자자가 월 단위로 제너럴일렉트릭 주식을 분할해 모아가는 시나리오를 생각해 보자(많은 전문가가 삼성전자 주식을 조금씩 모아가기만 하면 부자가 된다고 하지 않았던가). 20년이 지난 지금, 이 투자자는 엄청난 부자가 되어 있지 않을까?

안타깝게도 그런 일은 일어나지 않았다. 심지어 20년간 제너럴일렉트릭의 주가는 거의 1/10까지 곤두박질쳤다. 20년간 열심히 주식을 분할 매수 한다고 해도 이러한 상황이라면 막대한 손실을 피할 방법은 없다.

'인기 있는 종목'이 아닌 '가치 있는 종목'을 노려라

도대체 시점도 예측할 수 없고, 남들이 다 사는 종목도 위험하다면 잘 투자하는 방법이 있기는 할까? 물론 있다. 그 대표적인 투자 방법이 바로 '가치투자'다. 가치투자는 '가치가 저평가되어 낮은 가격에 거래되고 있는 기업의 주식을 매수한 후 주식이 제 가치를 인정받았을 때 매도하여 시세 차익을 취하는 투자법'이다. 다시 말해 기업의 내재가치를 평가하여 그에 비해 주가가 저평가되었을 때 투자하고, 제 가격이 오기를 기다리며, 고평가라고 판단되면 매도하여 수익을 올리는 것이다. 즉, 가치에 비해 낮은 가격에 거래되고 있는 종목이 바로 '가치 있는 종목'이다. 기업의 성적표라고 할 수 있는 회계 장부인 재무제표가 탄탄하고, 진행 중인 사업의 전망과 수익성이 좋으며, 해당 기업의 훌륭한 서비스나 제품을 생활 속에서 발견할 수 있다면 이 기업의 주식이 '가치 있는 종목'일 것이다.

물론 이런 종목을 고르기란 쉽지 않다. 가치란 기업의 회계 장부에 적혀 있는 대로 매겨지지도 않고, 사람이 매기는 무형적 가치도 분명히 존재하기 때문이다(가치와 관계없는 군중 심리 때문에 주가 변동이 일어나기도 한다). 하지만 제너럴일렉트릭의 사례에서 알 수 있듯 단지 시가총액이 가장 크다거나 유명한 기업이라는 이유로 단순하게 종목을 선정하는 것은 주식시장이라는 적을 상대하기에 좋은 방법은 아니다.

'성장주 투자의 아버지'라 불리는 필립 피셔는 위대한 기업을 발굴해 집중 투자하면 투자금의 몇 배에 달하는 수익을 올릴 것이라고 말했다. 나도 이 말에 적극적으로 동의한다. 다만 여러분은 필립 피셔와 같이 위대한 기업을 고를 안목을 가지고 있는가? 그렇지 않다면 단지 그럴듯한 이유로 기업을 선정해서 집중 투자하는 우를 범하지 않기를 바란다.

**소신 투자자라면
공포에 사라**

"강세장은 비관 속에서 태어나, 회의 속에서 자라며, 낙관 속에서 성숙해, 행복 속에서 죽는다.
최고로 비관적일 때가 가장 좋은 매수 시점이고,
최고로 낙관적일 때가 가장 좋은 매도 시점이다."
– 존 템플턴

투자하기 좋은 타이밍(역사적 저점들)은 존재하지만, 재차 말하듯이 타이밍은 예측할 수 없다. 투자하기 좋은 타이밍이 있지만 예측할 수 없다면, 결국 좋은 타이밍을 노려서는 투자할 수 없다는 이야기다(나의 의견은 그렇다). 앞서 하향식 투자법에서도 미국 주식시장 버블의 역사와 함께 이야기한 적 있지만, 다시 한번 다음의 격언을 되새길 만하다.

"공포에 사서 탐욕에 팔아라."

2007~2008년 세계 금융 위기나 2020년 코로나19가 가져온 공포를

생각해 보라. S&P500지수 기준으로 금융 위기 때는 대략 1년 반 동안 하락장이 지속되었다. 하지만 이후 주식시장은 반등세를 보였고 결국은 2013년 3월에 전 고점을 돌파했다. 2020년 코로나19로 인한 증시 폭락은 겨우 1달에 지나지 않았다. 주식시장은 1달 만에 반등을 시작했고, 급기야 반년 만에 전 고점을 회복했다. 이러한 역사에서 무엇을 배울 수 있을까? 주식시장에는 반복적으로 공포가 찾아오지만 언제나 공포를 극복하고 이내 평정심을 되찾는다는 것이다. 그리고 언제나 최고점을 경신한다.

공포에 사서 탐욕에 팔아라

세계 금융 위기가 끝나갈 무렵, 2009년 거래 첫날인 1월 2일에 S&P500지수는 931.80포인트로 마감했는데 2010년 거래 첫날인 1월 4일에는 1132.99포인트로 21.5% 상승했다. 참고로 최저점은 2009년 3월 9일 676.53포인트였으니 만약 저점에서 S&P500지수를 추종하는 상품을 사서 다음해 거래 첫날에만 팔았어도 지수 기준으로 67.5%의 상승폭을 얻을 수 있었다. 세계 금융 위기 직전 2007년 10월 11일이 1576.09포인트로 S&P500지수 최고점이었는데 최저점은 고점 대비 57%나 하락했고, 2009년의 거래일 첫날은 고점 대비 28% 하락을 기록했다.

최저점까지는 예측하지 않아도 극심한 하락 구간이라는 추세만 알아차릴 수 있었다면 하락 장세 중 매수를 시작할 수도 있었다. 또 지수

반등을 확인한 뒤 몇 달 지나서라도 주가지수 ETF만 매수했어도 좋았을 터다. 그리고 역사적으로 미국 주식시장이 꾸준한 상승세를 보이고 있다는 점을 믿는다면 어렵지 않게 투자에 가담할 수 있었을 것이다. 주식시장에서 가장 값비싼 격언이 있다.

"이번에는 다르다."

만약 어떤 공포 상황이 찾아와 주식시장이 또 한 번 폭락했다고 치자. 이번에는 다르다고 믿는다면 투자에 가담하는 것은 옳지 않을 것이다. 어차피 투자에는 정답이 없다. 모든 책임은 본인이 지는 것이니 어떤 선택을 하든 책임만 지면 될 뿐이다. 즉, 주식을 안 샀을 때 주가가 날아가 버려도 아쉬워하지 말아야 하며, 매수 후 주가가 떨어져도 어쩔 수 없다는 말이다. 다만 역사적으로 미국 주식의 가격은 (긴 추세로 봤을 때) 언제나 상승해 왔다. 코로나 사태 때도 '이번에는 다르다'라는 예측이 난무했었는데, 어땠는가?

"이번에도 다르지 않았다."

10년 주기로 공황이 일어난다는 말도 있고, 약세장과 공황을 예측하는 기사와 분석은 항상 쏟아진다. 하지만 역사적으로 긴 약세장은 없었다. 백번 양보하여 제1차세계대전, 제2차세계대전 같은 역사를 포함한 지난 100년을 돌아보았을 때 긴 횡보장세는 존재했을지라도 10년 이상의 긴 하락장 같은 것은 없었다. 존 템플턴은 "약세장은 언제나 일시적이었다. 경기 사이클이 바닥을 치고 1개월 내지 12개월 후 주가는 상승 전환한다."라고 말했다.

이는 무엇을 말할까? 시장이 공포에 질려 주가가 급락할 때가 바로 주식을 매수하기에 가장 좋은 타이밍이라는 것이다. 또한 긴 추세로 보았을 때 주식시장이 항상 상승 추세라는 사실을 감안하면 큰 틀에서는 언제나 오늘이 역사적으로 가장 저렴한 시기라고 생각할 수도 있다.

거시경제학의 단순한 모델

그 누구도 시장의 매수 시점을 예측할 수 없지만, 지금 경기가 어떤 흐름을 타고 있는지는 대략적으로 판단할 수 있다. 고전적인 모델이지만 경기의 흐름을 이해하기 위해 유효한 것이 있으니 바로 '코스톨라니Kostolany의 달걀 모형'이다(3장에서 다룬 경기순환 이론과 유사하므로 함께 보면 유용하다). 코스톨라니의 달걀 모형은 위에서 아래로 크게 3부분, 즉 '주식 매도 구간', '기다림 구간', '주식 매수 구간'으로 나뉜다. 달걀의 맨 위는 금리 고점 시기를, 맨 아래는 금리가 저점인 시기를 말한다. 달걀 맨 아래의 금리가 (시계 방향으로) 고점으로 올라가며 경기가 회복되는 과정과 달걀 맨 위의 금리가 낮아지며 호황이 끝나가는 경우로 이해할 수 있다.

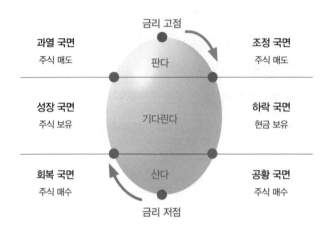

불황이 회복되는 시점인 '회복 국면'에서는 거래량도 적고 주식의 소유자도 적다. 바겐세일을 노리는 투자자는 이 시점에 시장에 진입한다. 경기가 회복되며 금리가 오르고, 주가가 바닥을 다지고 올라가다 보면 '성장 국면'에 도달한다. 이 시점에는 주식 거래량과 소유자 수가 모두 증가한다. 주가가 계속 상승하며 열기가 붙는다. '과열 국면'에 다다르면 거래량은 폭증하고 주식 소유자가 많아지며 주가는 엄청나게 상승하기 시작한다. 경기가 과열되자 중앙은행에서는 금리를 인상한다.

이제 주가가 고점에 다다랐다고 판단한 사람들이 주식을 매도하기 시작하며 '조정 국면'에 접어든다. 슬슬 거래량이 줄어들면서 주식 소유자가 줄어들기 시작한다. 그리고 이 시기부터 안전자산 선호현상이 증가하면서 채권으로 자금을 옮기는 투자자들이 늘어난다. 금리는 다시 내려가기 시작하고 '하락 국면'에 도달한다. 주식 거래량은 늘지만 주식 소유자는 계속 줄어들기 시작한다. 비관주의가 슬슬 고개를 내밀고 금리는 다시 내려간다. 그러던 어느 날, 대형 악재가 터지면서 주가가 폭락한다. 이제는 비관주의가 아니고 공포감이 조성된다. '공황 국면'에 돌입한 것이다. 주식 거래량은 폭증하고 주식 보유자 수는 급감한다. 주식시장은 우울 그 자체가 된다. 금리는 다시 최저점으로 내려왔다. 그리고 다시 앞의 사이클을 반복할 준비를 한다. 요약하자면, **금리가 최저점으로 떨어질 때가 주식 투자 적기이며, 금리가 최고점에 도달할 때는 주식을 매도하거나 방어적으로 투자해야할 시기다.**

코스톨라니는 이 달걀 모형과 같이 모든 투자시장은 부화뇌동파와 소신파의 손바뀜이 일어나면서 강세장과 약세장이 반복된다고 했다. 이 모형을 통해 현재 시장이 과매수* 상태인지 과매도* 상태인지 파악한다면, 그리고 당신이 소신파 투자자라면 모두가 공포에 떨고 있을 때 저렴한 가격에 주식을 매수할 수 있을 것이다.

> 🔍 과매수 주가가 폭등하여 투자자들이 주식을 적정수준 이상으로 사들이는 상황.
>
> 과매도 주가가 폭락하여 투자자들이 주식을 적정수준 이하로 파는 상황을 말한다.

FOMC에 주목하라

'연방준비제도^{Fed, 이후 '연준'}'는 1913년 연방준비법으로 설립된 미국의 '중앙은행제도'다. 연준은 미국 내 최대 수준의 고용과 물가 안정 달성을 목표로 기준금리를 설정한다. 이중 가장 중요한 역할은 달러화의 발행이며, 그 외에도 은행이 예금 인출에 대비해 보유해야 하는 현금 비율인 지급 준비율 변경, 각종 신용 규제 등을 결정한다. 달러화가 세계 기축통화로 쓰이는 만큼 연준의 결정은 미국과 세계 경제 전반에 영향을 미친다.

'연방공개시장위원회FOMC'는 연준 이사회와 연방준비은행Federal Reserve Banks 총재들이 참여하는 통화·금리 정책 결정 기구다. 법률에 의해 FOMC는 최소 연 4회 이상 회의를 개최해야 한다. 현재 연 8회의 정례 회의를 통해 미국의 기준금리를 결정하고 있다. 미국 증시뿐 아니라 세계 경제의 흐름을 살피기 위해서는 반드시 FOMC의 이야기에 주목해야 한다.•

🔍 FOMC 회의 일정과 내용은 아래 주소에서 확인할 수 있다. https://www.federalreserve. gov/monetarypolicy/fomccalen dars.htm

주식시장의 버블을 파악하는 법

> "버블은 몇 달 혹은 몇 년까지 지속될 수 있다. 기본적인 가치를 무시한 투자자들은
> 루머와 주변의 정보에 솔깃해져 어떤 가격이건 지불하고자 한다.
> 그러나 이들 역시 결국에는 진정한 가치를 깨닫기 마련이다.
> 그때가 되면 시장은 패닉에 빠지고 온통 팔자 주문이 쏟아지면서 거품은 붕괴되는 것이다."
> – 존 템플턴

주식 매수 시점을 예측할 수 없다고만 하니 조금 답답할 수도 있겠다. 그럼 언론이나 미디어에 등장해서 주가를 예측하는 전문가들은 무엇이며, 주가 전망만을 이야기하는 직업도 있는 것 같은데 전부 엉터리란 말인가?

그렇지는 않다. 다만 그 예측도 결국 확률의 문제일 뿐이며 그것이 50%의 확률로 맞을지, 40%의 확률로 맞을지, 60%의 확률로 맞을지는 알 수가 없다. 물론 여러분도 전문가들처럼 주식시장의 향방을 예측해 볼 방법은 있다. 이제 그 이야기를 해 보자.

시장 평균 P/B Ratio

앞서 가치주를 평가하는 지표로 P/B Ratio를 알아본 바 있다. 가치주에서만큼은 아주 뚜렷하게 저P/B소형주가 주식시장 전체 수익률을 초과하는 성적을 보였다. 이렇듯 시장 전체의 평균 P/B를 계산하여 오랜 기간 동안의 평균 P/B에 비해 현재 P/B가 낮다면 주식을 매수하기 좋은 타이밍이 아닐까? 이런 관점에서 시장의 평균 P/B를 살펴보자. 여기서 시장은 S&P500을 대상으로 했다.

▌ **S&P500의 평균 P/B(1999~2021년)**

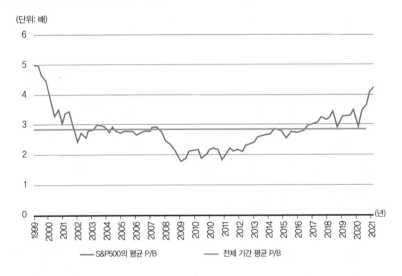

위 그래프를 보면 닷컴버블 붕괴 이후 S&P500의 평균 P/B가 가파르게 하락하고, 2007~2008년 세계 금융 위기 이후 1번 더 크게 하락한 것을 확인할 수 있다. 이 기간의 S&P500의 P/B 평균값은 2.9였고

최댓값은 5.06(닷컴버블이 터지기 전)이었다. 앞서 한 회사의 P/B가 1.5 이하일 때 주식이 저평가되었다는 기준을 제시한 바 있다. 여기에서는 S&P500의 모든 주식에 대한 수치인 만큼 2.9라는 평균값에 집중하는 편이 좋을 듯하다.

2.9라는 평균값에 집중해서 보았을 때, 2000년 초에는 P/B가 5를 넘어 평균값의 1.72배에 달하는 수준이었다. 결국 주가는 버블이었고, 버블은 꺼졌다. 심지어 금융 위기 전에는 P/B가 3도 채 되지 않았지만 부실 모기지로 인한 금융권 자체의 문제로 세계적인 신용 위기가 발생했고, 이후 2 미만으로 내려가기도 했다.

이후 꾸준히 평균 P/B가 상승했고, 주가는 제값을 찾아가는 듯 점점 더 높게 평가되기 시작했으며, 코로나 위기 때 단기적으로 P/B가 3 아래로 내려오긴 했지만 이내 4를 돌파해서 계속 상승하고 있는 것을 확인할 수 있다. 최소한 현재의 시장 P/B가 평균 수준을 한참 넘어선 것을 보았을 때 시장이 얼마나 고평가되어 있는지 추론해 볼 수 있다.[•] '이를 통해서만 판단한다면' 2021년 미국 주식시장은 P/B 4를 돌파했고 현재는 5를 향해 가고 있으니 버블이 끼었다고 평가해도 이상하지는 않다.

🔍 다음 주소에서 S&P500의 평균 P/B를 확인할 수 있다. multpl.com/s-p-500-price-to-book

버핏 지표

주식시장 전체의 시가총액을 국내총생산, 즉 GDP로 나누어서 현

주식시장의 위치를 확인하기도 한다. GDP 대비 주식시장이 얼마나 과

🔍 다음 주소에서 버핏 지표를
확인할 수 있다.
longtermtrends.net/market-
cap-to-gdp-the-buffett-
indicator/

열되었는지를 확인하는 것이다. 워런 버핏이 주식시
장의 현황을 살필 때 이 방식을 이용한다 하여 '버핏
지표Buffett Indicator'라고도 불린다.*

버핏 지표 = 미국 주식 전체 시가총액 ÷ GDP

버핏 지표는 100%, 즉, 1을 초과할 경우에 고평가로 판단한다. 데이
터를 한번 살펴보자. 버핏 지표로 보았을 때 현재는 닷컴버블 시절(약
1.6)보다도 수치가 높아 2를 넘어 달려가고 있다. 전체 기간 평균이 0.8
에도 못 미치는 것을 감안하였을 때, 이 지표만으로 본다면 지금 미국
주식시장에는 버블이 끼어 있다.

❚ 미국 주식시장 전체에 대한 버핏 지표(1947~2021년)

시장 전체 배당수익률

앞서 살펴보았지만 주가 대비 배당금이 얼마인지를 나타내는 지표가 배당수익률이다. 배당금이 고정되어 있을 때 주가가 높아진다면 배당수익률이 낮아지며, 주가가 고정되어 있을 때 배당금이 낮아지면 배당수익률은 당연히 낮아진다. 반대로 배당금이 고정되어 있을 때 주가가 낮아진다면 배당수익률은 오르고, 주가가 고정되어 있을 때 배당금이 오르면 배당수익률도 올라간다. 둘이 똑같이 오르거나 내리면 배당수익률은 그대로일 것이다. 이번에도 S&P500의 배당수익률 추이●를 1900년부터 살펴보겠다.

🔍 다음 주소에서 S&P500의 평균 배당수익률 추이을 확인할 수 있다.
multpl.com/s-p-500-divid
end-yield

그래프에서 빨간색으로 표시한 부분을 잠시 주목해 보자. 1929년 '검

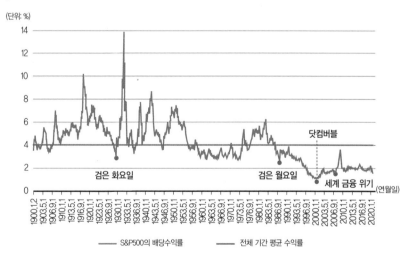

▌**S&P500의 배당수익률과 전체 기간 평균값(1900~2020년)**

(단위: %)

검은 화요일

닷컴버블

검은 월요일

세계 금융 위기

(연월일)

—— S&P500의 배당수익률   —— 전체 기간 평균 수익률

은 화요일Black Tuesday'은 '1929 월스트리트 대폭락Wall Street Crash of 1929'이라고도 불리는데, 10월 24일 목요일~10월 29일 화요일까지 지속해서 주식시장이 붕괴한 사건이다. 미국 역사상 손꼽히는 주가 대폭락 사건으로 이후 12년에 걸친 서구권 전체의 대공황이 시작되었다.

Q 레이거노믹스 미국 대통령 로널드 레이건이 1981~1989년까지의 임기 동안 수행한 시장 중심적 경제 정책. 레이건Reagan과 이코노믹스economics를 합쳐서 만든 말로 정부의 지출 축소, 노동과 자본에 대한 소득세 한계 세율 축소, 정부의 규제 축소, 인플레이션을 줄이기 위한 화폐 공급량 조절이 주요 정책이다.

다음은 '검은 월요일Black Monday'이라고 불리는 1987년 10월 19일 월요일에는 다우지수가 하루 만에 508포인트(22.61%) 하락했다. 1980년대 레이거노믹스Reaganomics●하에 호황을 넘어 금융시장이 과열 조짐을 보이더니 결국 주가가 폭락한 사건이다.

다음은 앞서 계속 등장했던 닷컴버블과 세계 금융 위기이다. 여기서 검은 화요일이 오기 전인 1929년 10월 이전 배당수익률이 거의 최저점을 찍고 이후 엄청나게 상승한 점, 검은 월요일이 오기 2달 전인 1987년 8월에 배당수익률이 이미 당시 최저점을 찍었다는 점을 주목할 만하다. 닷컴버블 때는 2000~2002년까지 주식시장 전체가 하락세를 보였고, 기술주의 낙폭이 도드라졌다. 기술주의 경우 2002년 말, 전체적으로는 2003년 초부터 다시 반등을 시작했다. 그래서 이 시기에는 2000년에 배당수익률이 저점을 찍고 계속해서 상승하다가 2002년 후반부터 주가가 반등을 시작하자 배당수익률은 다시 하강했다.

2007~2008년 금융 위기 때도 마찬가지로 시장이 하락세로 접어들기 직전인 2007년에 저점을 형성하며 배당수익률이 점차 상승하다가 2008년 리먼브라더스가 파산 신청을 한 이후 주가가 곤두박질치게 되었고 이에 따라 배당수익률이 치솟았다. 즉, 배당수익률이 지나치게 낮은 것은 버블에 대한 징조라고 볼 수 있다.

2020년에는 엄청난 주가 상승으로 주식시장 전체의 배당수익률은 대략 1.5% 수준이다. 제로금리 시대가 도래한 지금 배당수익률도 그만큼 기대수익률이 낮아진 상태라서 닷컴버블에 비해서는(당시는 배당수익률이 1.1%까지 낮아졌다) 버블이라고 칭하기에 약간 부족해 보인다.

시장 평균 P/E Ratio

다음은 가치주를 평가할 때 가장 많이 사용하는 지표이자, 기업의 이익과 직결되는 지표인 P/E Ratio로 시장의 추이를 살펴보자. 이번에도 S&P500의 평균 P/E를 살펴보도록 하겠다.* 세로축은 로그스케일*로 표현했다. 각 값의 편차가 커서 한눈에 파악하기 어려울 때 로그스케일을 사용한다.

다음 주소에서 S&P500의 평균 P/E Ratio를 확인할 수 있다. multpl.com/s-p-500-pe-ratio

로그스케일 로그 눈금Logarithmic scale으로도 불리며, 매우 광범위한 범위의 수치 데이터를 로그를 이용하여 간결하게 표시하는 눈금이다. 로그스케일로 그리게 되면 10, 100, 1000 사이가 같은 단위로 한 칸으로 보인다고 생각하면 된다.

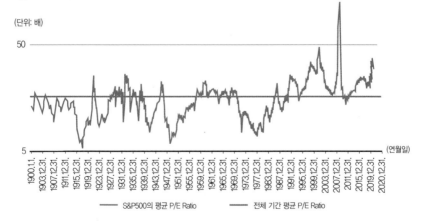

▌ S&P500의 평균 P/E Ratio(1900~2020년)

(단위: 배)

─── S&P500의 평균 P/E Ratio ─── 전체 기간 평균 P/E Ratio

P/E의 경우 역시나 닷컴버블이 한참 끼었던 1999년 말, 50에 가까운 수준으로 매우 높았으며, 2007~2008년 세계 금융 위기 당시에는 더욱 심각해서 120 가까이 치솟았다. 후자의 경우는 주가가 오른 것이 아닌 주가에 비해 이익이 너무 낮아져서 생긴 현상이다. 즉 닷컴버블 당시에는 주가^{P}가 높아서 해당 그래프의 경향이 나타난 것이고, 2007~2008년 금융 위기 이후에는 이익^{E}이 너무 낮아져서 2009년에 S&P500 전체의 P/E가 엄청나게 높아지는 결과가 나온 것이다. 이를 통해 보았을 때 P/E를 이용해 현재 주식시장에 버블이 끼었는지 아닌지를 평가하려면 이익이 낮은 것인지 주가가 높은 것인지를 잘 가려야 한다. 어쨌든 현재 시장도 평균 P/E를 한참 넘어서고 있는 것만은 틀림없다.

P/E Ratio의 역수를 이용하라

지금까지 P/B Ratio, P/E Ratio, 버핏 지표, 배당수익률 관점에서 미국 주식시장에 버블이 끼어 있는지를 살펴보았다. 지금까지로 보면 3:1로 미국 주식시장에 버블이 형성되어 있다는 의견이 지배적이다. 하지만 이대로 결론지을 수는 없지 않겠는가?

이번에는 앞서 살펴본 P/E를 다시 이용해 보려고 한다. 앞서 P/E 그래프는 시기에 따른 편차가 커서 일반 그래프로 표현하면 한눈에 보기가 어려웠다. 그래서 로그스케일로, P/E의 역수를 이용해 그려봤다. P/E의 역수는 해당 주식의 이익수익률$^{Earnings\ Yield}$, 즉 수익률이니 이 수치가 높을수록 투자하기엔 좋은 상황이다. 이를 그래프로 나타내보면 어떨까?

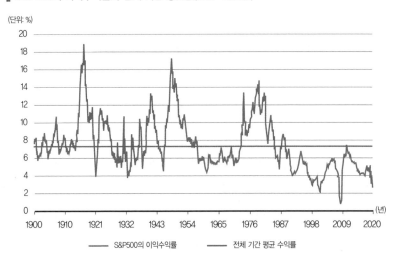

▌ S&P500의 이익수익률과 전체 기간 평균값(1900~2020년)

(단위: %)

— S&P500의 이익수익률   — 전체 기간 평균 수익률

P/E로 살펴보았을 때보다는 완만한 그래프로 바뀌었다. P/E를 역수로 취해주었을 뿐인데 말이다. 이익수익률*의 경우는 P/E의 결과와는 반대로 '이익/

🔍 S&P500의 이익수익률은 여기서 확인할 수 있다.
multpl.com/s-p-500-earnings-yield

주가'이기 때문에 주가가 높아질수록 이익수익률이 낮아진다. 단지 수익률의 절대치로만 보면 P/E 때와 다른 결론이 나오지는 않았다. 지금 시점은 닷컴버블이 터지기 직전의 수익률(약 3%)보다도 낮고, 세계 금융 위기 때보다도(약 1%) 조금 높은 수준에 불과하기 때문이다. 하지만 수익률의 상대적 관점에서 생각해 보면 결론은 앞서 배당수익률을 살펴볼 때와 유사해진다. 지금은 제로금리 시대인 데다가, 채권조차도 인

플레이션을 고려한 실질수익률이 마이너스로 향하고 있기 때문이다. 즉, 이익수익률을 금리나 채권수익률^{Treasury Yield}과 비교한다면 더욱 합리적인 선택을 할 수 있다.

이익수익률을 채권수익률과 비교하라

이번에는 최근 30년을 이러한 수익률의 관점에서 조금 더 자세히 살펴보자. 주식과 채권은 일반적으로 상호 보완적인 관계다. 주식이 오를 때 채권 가격이 하락하고, 채권이 오를 때 주식은 하락하는 경향이 있다. 즉 채권은 주식시장이 하락 국면으로 돌입했을 때 방어 자산으로 선호된다. 주식의 이익수익률이 낮은데 채권수익률이 그보다 높다면 으레 주식에서 채권으로 자금을 옮길 수밖에 없기에 채권수익률은 아주 좋은 비교 대상이다. 여기서는 대표적으로 활용되는 국채 10년물*의 수익률(국채금리)을 비교 대상으로 살펴보겠다.

Q 국채 10년물 국가에서 발행한 10년 만기 채권. 매년 이자를 지급하고 10년 뒤에 원금을 지급한다.

이번에는 1990~2020년까지 기간을 좁혀서 보았다. 이 시기 주식시장의 평균 이익수익률은 4.62%였다. 일반적으로 '주가 이익수익률 대비 국채수익률^{Bond Equity Earnings Yield Ratio, BEER}'이 1을 넘으면(채권수익률이 주식의 이익수익률보다 높을 때) 주식시장이 고평가, 1보다 낮으면 저평가된 것으로 여겨졌다.

우선 세계 금융 위기 이전의 시기부터 보자. 국채 10년물 금리가 주식의 이익수익률보다 높으면 높을수록 고평가라는 것이 확인되듯 닷컴버블이 터졌다. 이후 두 그래프의 편차가 줄어들다가 이내 관계가 역전되었으니 주식시장이 저평가된 것으로 볼 수도 있었다. 그런데 그 상태에서 2007년 금융 위기가 터졌고 기업들의 이익이 워낙 낮아지다 보니 이익수익률이 극도로 낮아져 오히려 국채수익률의 관점에서는 그렇게 주가가 하락해도 고평가로 보이는 상황이 아래 그래프의 2008~2009년의 상황이다.

▎ S&P500의 이익수익률과 채권수익률(1990~2020년)

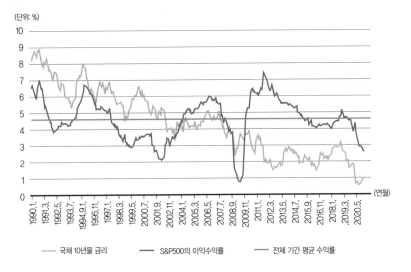

(단위: %)

— 국채 10년물 금리   — S&P500의 이익수익률   — 전체 기간 평균 수익률

하지만 금융 위기 때 미국은 대규모 양적완화*를 단행했고, 이후로 국채 10년물 금리가 계속해서 낮아지더니 예전과는 완전히 다른 상황이 되어버렸다. 2010년 이후 현재까지 주식의 이익수익률이 국채 10년물 금리를 항상 웃돌게 되어버린 것이다. 즉, 국채수익률 관점에서

🔍 **양적완화** 금리인하를 통한 경기부양 효과가 한계에 다다랐을 때 중앙은행이 국채를 매입하는 방법 등으로 통화의 유동성을 높이는 정책.

지금까지도 주식은 저평가 상태다(비록 이익수익률은 근 30년 평균보다 훨씬 하회하고 있지만 말이다).

▌주가 이익수익률 대비 국채수익률(1990~2021년)

P/E의 역수를 이용해 국채수익률과 비교함으로써 이번에는 미국 주식시장에는 버블이 끼어 있지 않다는 결론을 도출했다. 이 시장의 향방은 역시나 한 치 앞을 예상하기 어렵다. 하지만 여전히 3:2. 또 다른 지표는 없을까?

장단기 금리 역전: 가장 정확한 경기침체 예측 지표

장단기 금리 역전은 경제지표 중 경기침체에 대한 예측력이 가장 정확한 지표로 알려져 있다. 실제로 1960년 이후 미국에서 발생한 모든 경기침체에 앞서 장단기 금리 역전 현상이 나타났다. 일반적으로 미국 국채 10년 금리를 장기 금리, 3개월 금리를 단기 금리로 보아 장기 금리보다 단기 금리가 높아지는 경우를 장단기 금리 역전이라 부른다.

▎장단기 금리 차(미국 국채 10년-3개월 금리)와 기준금리 추이 그리고 장단기 금리 역전과 이후에 나타난 불황 시기

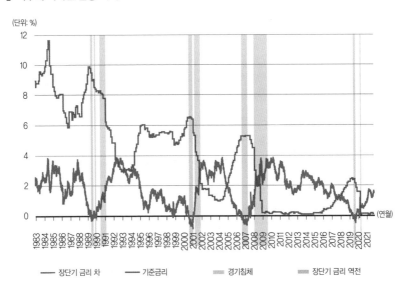

위 그래프를 보면 닷컴버블, 세계 금융 위기 그리고 최근의 코로나 19 때도 마찬가지로 장단기 금리 역전이 나타난 이후에 침체가 왔었다는 것을 알 수 있다. 또한 장단기 금리 역전시기는 일반적으로 기준금리가 근처 구간에서의 거의 최고점에 달한 시기에 일어났다. 즉, 기준금리가 고점에 달할 무렵 장단기 금리 역전이 일어나면 조만간 경기침체가 발생한다. 이를 기준으로 보았을 때 현재는 금리도 저점이고

장단기 금리 차도 1.6%로 아주 건강한 수준이다.

드디어 '거품 vs 정상' 의견이 3:3이 되었다. 미래는 아무도 모른다. 현재 주식시장이 만약 거품일지라도 계속 거품이 낀 채 갈 수도 있는 것 아닌가? 명품이 실제 생산 가치에 비해 매우 고가일지라도 계속 잘 팔리는 것처럼 말이다. 게다가 버블은 예측한다고 때에 맞추어 터지는 것도 아니다. 버블은 터질 수도 있고 터지지 않을 수도 있다. 자세한 건 버블이 터진 이후에 말씀드리겠다.

기준금리와 국채금리 그리고 장단기 금리 차 알아보기

1. 연준(Fed)에서 발표하는 기준금리는 FRED^{Federal Reserve bank Economic Data} 사이트의 'Federal Funds Effective Rate'에서 확인할 수 있다.
   https://fred.stlouisfed.org/series/FEDFUNDS

2. 미국 10년물 국채금리도 FRED 사이트에서 확인할 수 있다.
   https://fred.stlouisfed.org/series/DGS10

3. 장단기 금리 차(10년-3개월)도 FRED 사이트에서 확인할 수 있다.
   https://fred.stlouisfed.org/series/T10Y3M

4. 장단기 금리 차는 중단기쯤 되는 2년물 금리로 확인하기도 하는데 10년-2년 금리 차도 확인할 수 있다.
   https://fred.stlouisfed.org/series/T10Y2Y

'복리'라는
마법을 부리는 법

"복리야말로 인간의 가장 위대한 발명이다."
– 알베르트 아인슈타인

다들 '복리의 마법'이란 이야기는 수도 없이 들어보았을 것이다. 그런데 실질적으로 내가 어딘가에 투자했을 때 돈이 어떻게 마법같이 불어날 수 있는지는 감이 안 잡힐 것이다. 왜냐하면 다들 복리를 드라마틱하게 표현하기 위해 "매년 20% 복리로 성장하면 지금의 1억이 10년 뒤에는 6억 2,000만 원, 20년 뒤에는 38억 3,000만 원, 40년 뒤에는 1,470억"과 같이 말한다. 드라마틱하기는 하지만 뭔가 비현실적이다. 나는 지금 1억을 가지고 있지도 않고, 지금 50세인데 40년 뒤의 결과는 생각하고 싶지 않으며, 1달에 100만 원 모으기도 어렵고, 복리 20%는 투자의 현인이나 가능한 것 아닌가 싶다. 그래서 준비했다. 현실적인 투자 성과로 보는 복리의 마법.

월 200만 원을 투자하는 직장인 이야기

　이번에는 월 200을 투자하는 평범한(?) 직장인 투자자를 기준으로 투자법을 작성해 보았다(사실 평범하지 않은 투자 금액인 것은 이미 인지하고 있으니 귀엽게 봐주길 바란다). 현재 중소기업에 재직 중이고 세후 월 300만 원을 받는 임의의 30세 석근이 허리띠를 꽉 조여 매고 매달 돈을 거의 안 쓴다는 전제하에 투자금이 월 200이라고 가정해 보겠다. 석근은 매년 2,400만 원을 투자하고(적립식 투자), 희망적이면서도 가능해 보일 것도 같은 수익률인 대략 연 15%를 꾸준히 달성하고 있다(배당금도 재투자한 수익률이라고 가정하겠다). 매년 15%씩 복리로 자산이 증식한다고 가정했을 때 어떤 결과가 나올까? 그리고 이자가 붙지 않는 통장에 예금만 했을 때와 어떤 차이를 보일까?

　2020년에 2,400만 원을 투자하는 데 성공한 석근. 첫해는 투자금을 간신히 넣는 것만 성공했다. 석근의 포트폴리오는 다음 해부터 연 15%의 수익을 내기 시작했다. 착실히 예금만 한 친구 철수보다 360만 원밖에 더 벌지 못했다. 열심히 공부하려고 산 투자서 36만 원어치가 생각났다. 이 책 읽을 시간에 야근을 했으면 500만 원은 더 벌었을 텐데…. 하지만 복리의 마법은 이제부터 시작이다.

　33세가 되던 해 석근은 드디어 시드머니 1억 원을 초과 달성했다. 철수도 이야기 들어보니 대충 1억 원은 벌었다고 한다. 석근은 투자금이 5억 원으로 불어날 때까지는 결혼도 포기하고 버티기로 했다. 석근은 40세가 되기 직전이 2029년에 거의 5억 원을 달성했다. 이제 내 능력만으로 1인 가구에 알맞은 집을 살 수 있게 되었다. 반면 투자 없이 예금

438

복리의 마법

복리 수익률: 15%

매년 투자 금액: 2,400만 원(매달 200만 원)

▭▭▭▭▭ 석근의 터닝포인트들

(단위: 만 원)

연도	나이	현재 평가액	현금만 들고 있었을 경우	전략 간 차
2020	30	2,400	2,400	0
2021	31	5,160	4,800	360
2022	32	8,334	7,200	1,134
2023	33	11,984	9,600	2,384
2024	34	16,182	12,000	4,182
2025	35	21,009	14,400	6,609
2026	36	26,560	16,800	9,760
2027	37	32,944	19,200	13,744
2028	38	40,286	21,600	18,686
2029	39	48,729	24,000	24,729
2030	40	58,438	26,400	32,038
2031	41	69,604	28,800	40,804
2032	42	82,445	31,200	51,245
2033	43	97,211	33,600	63,611
2034	44	114,193	36,000	78,193
2035	45	133,722	38,400	95,322
2036	46	156,180	40,800	115,380
2037	47	182,007	43,200	138,807
2038	48	211,708	45,600	166,108
2039	49	245,865	48,000	197,865
2040	50	285,144	50,400	234,744

을 선택한 철수는 2억 4,000만 원을 모았다. 이제 석근의 자산은 철수 자산의 2배가 되었다.

이제부터 진정한 마법 구간이 시작되었다. 5억을 모은 지 얼마 되지도 않아 43세가 된 석근은 급기야 투자금이 10억 원으로 불어났다. 이제 투자수익이 월급보다 많다. 직장을 때려치울까 고민했는데 일단 회사 생활과 투자를 병행하는 석근. 이제는 결혼도 했고, 자녀도 키우면서 그냥 하던 대로 쭉 살기로 한다. 그리고 50세에 28억 5,000만 원의 자산을 가지게 되고 비로소 은퇴를 결심한다. 반면 철수는 통장에 찍힌 5억 원을 보며 석근을 부러움이 가득 담긴 눈으로 바라본다. 복리의 효과는 초반에는 미미해 보이지만 시간이 흐를수록 마법에 가까운 폭으로 증가한다.

앞에서 좌절할 만한 예시도 들었지만 이제 투자를 막 시작한 사람들에게 이 가상의 일화가 도움이 되었으면 좋겠다. 투자 수익률은 연 15%도 사실 매우 높지만 시간이 지나면 본인의 연봉도 더 오를 것이고, 그러다 보면 연 10%만 수익을 올려도 유사한 결과를 낼 수도 있다(연 10% 수익, 매년 3,600만 원 투자 시 20년 후 최종 23억 원). 그리고 무엇보다 중요한 점은 일찍 시작할수록 이 복리의 효과를 극대화할 수 있다는 것이다. 우리 모두 복리의 마법을 최대한 누려서 부자가 되면 좋겠다.

에필로그

상위 10%의 투자자를 위하여

막 미국 주식에 입문하는 초보 투자자를 위해 단 1권으로 바로 투자를 시작할 수 있는 책을 선물하고 싶었다. 너무 단순화하여 설명하다 보니 때로 내용이 곡해될 위험이 있어 보였고, 그것을 풀어 설명하려다 보니 다시 복잡한 지식을 나열해 놓은 것은 아닌가 하여 쓰는 내내 고민이 많았다.

책에서 전하고자 하는 핵심 메시지를 에필로그에서 적어보자면, 시장수익률을 달성하는 것은 생각보다 어렵다는 것이다. 만약 인간의 본성을 다스릴 수 있고 미래 계획을 완전히 통제할 수 있다는 가정하에 인덱스펀드만 사서 들고 가면 웬만해서는 실패하지 않는다. 가장 위험한 시나리오인 '가격이 아주 높을 때 주식을 사는 것'을 피하려면 적립식으로 나누어 사면 된다. 퇴직연금이나 국민연금은 이미 이런 방식으로 이루어져 있다. 이는 바로 투자에서 실패하기 어려운 방식이기 때문이기도 하다. 하지만 생각보다 인간의 본성은 다스리기 어렵고, 미래

계획도 통제하기 어렵다. 그렇기 때문에 조금은 수익을 포기하더라도 헤지와 자산 배분이라는 방법으로 최대한 손실을 피해야 한다.

극단적으로 갑자기 병원에 큰돈을 지출할 일이 생기거나, 집안의 대소사 등으로 큰 지출이 생길 때, 미국 주식시장에서 20년 안에 본전을 되찾을 확률이 100%일지라도 20년을 기다릴 수는 없을 것이다. 이 책에서는 자산 배분을 통해 리스크를 최소화해 적금처럼 마음 편히 주식에 투자할 수 있는 방법을 알려주되 이에 만족하지 않을 경우 다음 단계로 넘어가도록 방향을 제공하려 했다.

그리고 주식 투자는 기본적으로 기업에 투자하는 것이기 때문에 기업 분석에 대한 내용은 빼놓을 수가 없었다. 하지만 이 부분에 많은 내용을 할애하기에는 초심자에게 적절하지 않다고 생각했다. 그래서 실전에서 이 개념을 활용할 수 있도록 최소한만 설명했다. 또한 기업 분석까지는 어렵더라도 간단하게 기업들의 묶음인 ETF에 투자할 수 있도록 방향을 제시하려고 했다. 초심자에게 ETF만큼 좋은 상품은 없다고 생각한다.

주식시장에서는 단기간에 반짝했다가 사라지는 투기꾼들보다 오랜 기간 살아남아서 자산을 불려나가는 사람이 강한 투자자라고 생각한다. 강한 자가 살아남는 것이 아니라 살아남은 자가 강한 자인 곳이 바로 주식시장이다. 아무쪼록 본인의 성향을 돌아보는 것으로 시작하여 미국 주식의 긴 역사와 데이터를 기억하며 ETF를 통해 분산 투자로 미국 주식 투자를 시작해 보는 것은 어떨까? 이 책을 끝까지 읽었으니 아마 여러분은 상위 10% 내의 개인 투자자가 될 수 있으리라 확신한다.

부록

삶이 제안하는 단계별 전략

 부록 1

전략을 제안하기에 앞서 어떤 전략이든 한 번에 본인의 모든 투자 자금을 넣는 것을 추천하지는 않는다. 최소한 1년간은 천천히 증액하며 투자를 해보면서 본인에게 맞는 전략인지를 판단하는 시간을 갖기를 바란다. 1년간 검증이 되었다고 무리하는 것도 금지다. 무리한다는 것은 탐욕이 본인을 지배하고 있다는 뜻이고, 탐욕이 지배하는 순간 '주식시장님'은 여러분의 돈을 집어 삼켜버린다. 단순하게는 동일 금액으로 일정 기간마다 증액하는 방식을 추천한다. 절대 이 방식이 수익률이 더 높거나 안전해서가 아니다. 주식시장보다 더 무서운 투자자 자신에 대한 이해가 선행되어야 하기 때문이다.

1번 전략

추천하는 대상: 새가슴 투자자

1-1 전략: 영구 포트폴리오

앞서 소개한 영구포트폴리오에 투자하는 전략이다. 주식 25%, 채권 25%, 금 25%, 현금 25%를 무식하게 달성하기 위해 현금을 제외한 각각을 ETF로 구성하면 된다. 미국 주식 전체 ETF인 VTI, 장기채 ETF인 TLT나 EDV, 금 ETF인 IAU나 GLD에 투자하는 것이다.

1-2 전략: 올웨더(올시즌스) 포트폴리오

(올시즌스 기준) 미국 주식 전체 30%, 장기채 40%, 중기채 15%, 원자재 7.5%, 금 7.5%에 투자한다. ETF선택은 4장의 '포트폴리오비주얼라이즈닷컴'으로 백테스트하기를 참고하시라. EDV를 TLT로 바꾸어도 무방하다.

1-3 전략: RPAR

1-1이나 1-2는 ETF로 포트폴리오를 꾸려야 하는데, 이도 귀찮을 때 RPAR 하나만 사면 된다. 1번 전략 안에서는 노력 대비 가장 가성비가 좋은 전략이라고 생각한다.

1번 전략들은 새가슴 투자자에게 적합한 전략이다. 자산 배분을 잘 해둔 포트폴리오기 때문에, 오히려 한방에 투자 자금을 넣기에는 가장 좋은 전략이다. 한방에 투자 자금을 넣었을 때의 리스크를 가장 많이 고려한 포트폴리오라고 할 수 있겠다. 그만큼 가장 기대수익률은 낮은 전략이다.

2번 전략

> **추천하는 대상: 새가슴 투자자지만, 조금만 더 욕심을 내보겠다.**

2-1 전략: 병정개미 포트폴리오(made by 삵)

내가 직접 만든 전략이다. 주가지수 ETF 45%, 채권 45%(장기채 30%, 중기채 15%), 금 10%로 구성된다. ETF로는 SPY* 15%, DIA 15%, QQQ 15%, IEF 15%, EDV 30%, IAU 10%로 구성한다. 백테스트 결과상으로는 올웨더나 영구포트폴리오보다 수익이 높은 편이다. 수익이 높은 이유는 아무래도 QQQ를 통해 기술주 비중을 더 두었고, DIA와 SPY를 통해 적절히 대장주들을 분산한 결과도 한몫했을 것이며, 주식의 비중이 올웨더나 영구 포트폴리오보다 높기 때문이다. 2009년부터 2021년까지 연평균 성장률 11.2%에 최대 낙폭 −13.4%를 보였다. ETF 역사가 짧아 SPY+DIA+QQQ를 미국 대형주로 가정하고 미국 10년물 국채와 장기채 그리고 금으로 유사하게 1978년부터 2021년까지 백테스트를 진행했을 때도 연평균 성장률 10.2%에 최대 낙폭 −16.8%로 매우 훌륭한 성과를 보였다. 기대수익률

> **Q** SPY 대표적인 ETF로 설명하다 보니 SPY로 예시를 들고 있지만, 개인 투자자 입장에서는 IVV나 VOO가 수수료 면에서 더 유리하다. 수익률은 거의 동일하다. QQQ도 QQQM으로 대체하면 수수료를 절약할 수 있다.

이 높아진 것에 반해 리스크는 그다지 크지 않기 때문에 새가슴 투자
자보다 조금 더 욕심을 내기에는 적절한 포트폴리오라고 할 수 있다.
현재 직접 운용하고 있는 전략이기도 하다. 1번 전략과 유사하게 한방
에 투자 자금을 넣기에도 나쁘지 않다.

2-2 전략: 가치주, 성장주 듀얼 모멘텀(삶의 듀얼모멘텀 응용 전략)

일반적으로 가치주와 성장주도 사이클을 탄다. 이를 활용해, 가치주
ETF와 성장주 ETF를 듀얼모멘텀으로 투자하는 것이다. VTV와 VUG
를 선택하고(책에 있는 다른 가치주, 성장주 ETF들을 참조하며 변경해보기
를 바란다.) 매달 초에 어느 자산이라도 직전 1년 수익률이 마이너스라
면 투자를 하지 않는다. 1년 수익률이 모두 플러스라면 둘 중에 수익률
이 더 높은 자산에 투자한다. 이를 매달 초에 반복한다.

약간의 귀찮음을 감수할 수만 있다면 2번 전략은 1번 전략보다 높
은 수익률을 가져다 줄 가능성이 높다. 이 전략은 2006년 1월부터
2021년 9월까지 연평균 성장률^{CAGR} 11.1%에 최대낙폭^{MDD} 16.4%을 보
였다. 이는 같은 시기 동안 SPY보다도 수익률이 높았다. 게다가 SPY는
MDD가 −50.8%로 비교도 되지 않을만큼 높았다.

3번 전략

3-1 전략: SPY 매수(실제 투자 시에는 VOO, IVV로 대체)

미국의 500개 대장주를 추종하겠다는 전략이다. 미국이 앞으로도
잘나갈 것으로 믿는다면, 그리고 중간의 하락 구간이나 침체구간에 별
다른 영향을 받지 않을 수만 있다면 추천할 만한 전략이다. 가장 이해
하기 쉽고, 가장 투자하기도 쉬우면서, 준수한 수익률을 줄 가능성이
높은 전략이다. 추천하는 투자 방법도 단순하다. 꾸준히 적립해 가되,
뉴스에서 굉장한 공포감을 조성하고 있고, 주가가 많이 하락했을 때
집중적으로 투자하라. 그리고 오래도록 모아가면 된다. 정말 이것만 하
면 된다. 시간을 당신의 편으로 만들어라.

3-2 전략: VTI 매수

대장주만 사는 것은 왠지 모르게 불안하다. 그냥 미국 주식에 모조
리 분산 투자하고 싶다. 그렇다면 VTI 매수가 좋은 선택이 된다. 매수/
매도 전략은? SPY 때와 똑같이 하면 된다. 매도 전략은 무엇이냐고 묻
는다면 되도록 팔지 않는 것이고, 팔아야 된다면 시장에 낙관이 가득
한 분위기에 내가 현금이 필요할 때 필요한 만큼 팔면 된다. 그 외의
경우에는 팔아서 좋을 것이 별로 없다. 더 오를 거니까.

3번의 두 전략은 모두 출시된 이후로 배당재투자를 포함하여 연평균 성장률 10% 수준을 보이고 있으니, 이처럼 간편하고 쉬우면서도 준수한 수익률을 보이기는 어려울 것이다. 다만, 세계 금융 위기 같은 순간에 반토막이 날 수도 있으니 1, 2번 전략에 비해 강심장이 필요하다. 대신 반토막이 날 때를 기회로 살리면 더 극적인 수익률을 올릴 수 있을 것이다. 반토막을 버틸 자신이 없다면 다시 1번이나 2번 전략으로 돌아가시라.

4번 전략

추천하는 대상: 3번 전략보다 조금 더 욕심을 내고 싶은 사람

4 전략: SPY + QQQ 반반 투자

IT 업계 종사자로서, IT 쪽이 향후 10년간은 최고의 섹터일 것 같다. 이 흐름은 쉽게 변하지 않을 것 같다고 생각하기에, 잘나가는 섹터에 힘을 실어주는 전략이다. 그렇다면 XLK와 같은 섹터 ETF에 투자할 수도 있겠지만, 구글 같은 경우는 통신 서비스 섹터에 속해있다. 이때 나스닥 지수 추종 QQQ가 이를 해결해준다. 그럼 QQQ에만 투자하면 괜찮지 않느냐고? 그렇게 했다면 2000년부터 2002년 사이에는 −80%가 넘는 경이로운 수익률을 보았을 것이다. 이처럼 닷컴버블 같은 사태가 무서우니까 SPY와 QQQ를 반반 투자하는 전략, 후라이드 양념 반반을 좋아하는 사람들에게도 친숙할 수 있는 반반전략이다.

매년 1:1로 리밸런싱도 해주는 전략이다. 세계 금융 위기 이후로 이 전략은 현재까지 배당재투자를 포함하면 19%의 연평균 성장률로 워런 버핏과 어깨를 나란히 할 수 있는 수준이다. 투자 전략의 단순함은 말할 것도 없이 단순하다. 매수/매도 전략은 3번 전략과 궤를 같이 한다.

1-4번 전략은 모두 숲을 보는 투자에 가깝다. 이러한 투자 방식이 익숙해지면, 개별 종목을 심층 있게 분석하여 개별 종목도 투자해보면서 실력을 향상시키기를 바란다. 개별 종목은 배당주-가치주-성장주 순으로 접근하는 것이 정신 건강에 좋을 것이라 생각한다.

미국 주식 투자를 위한 기초 용어

미국 주식에 투자하기 위해서는 어쩔 수 없이 영어를 사용해야 한다. 한글로 적힌 자료일지라도 전문용어는 영어를 사용하는 경우가 많기 때문이다. 그런 의미에서 다음 용어들을 쭉 읽어보자. 한글로도 모르는 말이 있다면 더욱 도움이 될 것이다. 이 용어들은 책에서 반복해서 등장할 것이기 때문에 필요할 때마다 돌아와서 읽으면 도움이 될 것이다.

기본 용어

- 주식Share: 주식.
- 주가Stock Price: 주식의 가격.

- 주주Shareholder: 주식을 들고 있는 사람.

- 매매Trading: 주식을 사고파는 행위.

- 매수Buying: 주식을 사는 행위.

- 매도Selling: 보유한 주식을 파는 행위.

- 이익Profit: 주식을 매도해 얻은 금액.

- 손실Loss: 주식을 매도해 얻은 손실.

- 차익실현Profit Taking, Take Profit: 매수 가격보다 주가가 상승했을 때 주식을 매도하여 이익을 실현하는 것. '익절'이라고도 한다.

- 손절매Stop Loss, Loss Cut: 매수 금액보다 낮은 가격에 주식을 매도하는 것. 줄여서 '손절'이라고도 한다.

- 매수 후 보유Buy&Hold: 주식을 매수하고 보유하는 전략.

- 변동성Volatility: 해당 주가가 움직이는 성질 및 그 정도.

- 추세Momentum: 주식은 대개 가격이 오를 때는 더 오르는 상승 압력을 받고, 떨어질 때는 더 떨어지는 하강 압력을 받는다. 이러한 특성을 뜻하는 말. '모멘텀'이라고도 한다.

- 호재Good News: 주가에 좋은 영향을 주는 재료가 되는 소식 등.

- 악재Bad News: 주가에 악영향을 미치는 재료, 시세 하락의 원인이 되는 소식 등.

- 조정Correction: 버블이 끼어 주가가 과도하게 상승했거나 시장이 공포 국면으로 접어들어 과도하게 하락한 경우 주가가 정상 수준으로 돌아오는 것.

- 불마켓Bull-Market: 강세장이거나 강세장이 예상되는 장.

- 베어마켓Bear-Market: 약세장이거나 약세장이 예상되는 장.

- 티커^{Ticker Symbol}: 미국 증권사에서 주식을 표기할 때 사용하는 기호.

- 유가증권^{Security}: 일반적으로 증권시장에 상장되어 있는 주식과 채권, 어음 등을 가리킨다.

- 채권^{Bond}: 돈을 빌릴 때 받는 일종의 차용증서. 채권 발행자는 채권 보유자에게 계약 기간 동안 빚을 지는 것으로 만기일에는 보유자에게 원금과 이자를 지불해야 한다.

- 신흥시장^{Emerging Market}: 개발도상국 같은 신흥 국가들의 주식시장.

- 실적 초과^{Outperform}: 해당 주식의 수익률이 시장수익률보다 높은 상황.

- 실적 미달^{Underperform}: 해당 주식의 수익률이 시장수익률보다 낮은 상황.

- 성과^{Performance}: 특정 기간의 수익률. '수익률^{Return}'이라고도 함.

- 롱포지션^{Long Position}: 주식 매수 후 가격이 오르는 것을 목표로 하는 상황.

- 숏포지션^{Short Position}: 주식 매도 후 가격이 떨어지는 것을 목표로 하는 상황.

- 공매도^{Short Selling}: 주식을 다른 사람에게서 빌려 먼저 팔고 추후 주식을 사서 갚는 방식. 주가가 떨어질 것을 예상하여 시세 차익을 노리는 전략이다.

매매 및 차트 관련 용어

- 시가^{Opening Price}: 주식시장이 열린 시점의 주가.
- 종가^{Closing Price}: 주식시장이 마감한 시점의 주가.
- 고가^{High Price}: 당일 장 중 가장 높았던 주가.
- 저가^{Low Price}: 당일 장 중 가장 낮았던 주가.
- 매수호가^{Bid}: 주식을 사려고 하는 사람이 지불하려는 최고 가격.
- 매도호가^{Ask}: 주식을 팔려고 하는 사람이 내놓은 최저 가격.
- 스프레드^{Spread}: 매수호가와 매도호가의 차이. '호가 스프레드'라고도 한다.
- 거래량^{Volume}: 거래소 안에서 당일 매매된 주식 수.
- 이동평균선^{Moving Average}: 5일, 20일, 60일 등 특정 기간의 평균 주가를 나타낸 선. 휴일에는 주식시장이 열리지 않기 때문에 '5일 이동평균선', '20일 이동평균선', '60일 이동평균선'은 각각 '1주', '1달', '3달'이라는 단위로 해석하면 된다.

기업 펀더멘털 관련 용어

- 펀더멘털^{Fundamentals}: 수익성, 수익, 자산, 부채, 성장 잠재력과 같은 정보. 기업의 재무제표가 탄탄할 때 '펀더멘털이 튼튼하다'라고 한다.
- 시가총액^{Market Cap}: 'Cap'은 '총자본'을 뜻하는 'Capitalization'의 약

어. 주가에 총주식 수를 곱한 값으로 기업이 어느 정도의 규모인지를 나타내는 지표이기도 하다.

- 대형주$^{Large\ Cap}$: 시가총액이 100억 달러 이상인 기업, 혹은 그러한 기업의 주식. 2,000억 달러는 '메가캡$^{Mega\ Cap}$'으로 따로 분류하기도 한다.

- 중형주$^{Mid\ Cap}$: 시가총액이 20억~100억 달러 사이의 기업, 혹은 그러한 기업의 주식.

- 소형주$^{Small\ Cap}$: 시가총액이 3억~20억 달러 사이의 기업, 혹은 그러한 기업의 주식. 그 이하인 5,000만~3억 달러 사이의 기업은 '마이크로캡$^{Micro\ Cap}$', 5,000만 달러 미만 기업은 '나노캡$^{Nano\ Cap}$'이라고 부른다.

- 기업가치$^{Enterprise\ Value,\ EV}$: 기업의 이론적인 인수 가격이라고 할 수 있다. 시가총액에 대차대조표상의 현금과 부채를 고려하여 평가한 가치로 현금이 많고 총부채가 적은 회사는 시가총액보다 기업가치가 더 낮고, 반대로 대차대조표에 현금이 적고 부채가 많은 회사는 시가총액보다 기업가치가 더 높다. 기업가치는 회사를 인수하는 입장에서 생각해 보는 것으로, 부채가 많다면 이 회사를 살 때 갚아야 할 빚이 많으므로 시가총액보다 인수금액이 늘어난다. 반면 빚은 없고 현금이 많다면 반대의 상황이므로 기업가치가 낮아지는 것이다.

- 보유 주식 수$^{Number\ of\ Shares}$: 기업이 보유한 총주식 수.

- 자본^{Equity}: 회계학적 순자산$^{Net\ Worth}$. '자기자본$^{Shareholder's\ Equity}$'이라고도 한다.

- 부채^{Debt, Liability}: 기업이 진 빚. 회계상의 부채는 현실에서 흔히 사용하는 부채보다 더 넓은 의미를 가진다.

- 자산^{Asset}: 회계학적 자본에 부채를 합한 기업의 총자산.

- 이익^{Earnings}: 기업이 영업활동을 통해 실제 벌어들인 금액.

- 어닝서프라이즈^{Earning Surprise}: 기업의 이익이 애널리스트의 전망치보다 매우 높게 발표되는 경우.

- 어닝미스^{Earning Miss}: 기업의 이익이 애널리스트의 전망치보다 낮게 발표되는 경우. 국내에서 '어닝쇼크'로 흔히 사용된다.

- 컨센서스^{Consensus}: 기업에 대한 애널리스트들의 이익 전망치와 목표가 및 매수 매도 의견. 추정치만을 지칭하여 '컨센서스 에스티메이츠^{Consensus Estimates}'라고 부르기도 한다.

- 배당^{Dividend}: 기업이 일정 기간 영업활동으로 벌어들인 이익금의 일부를 주주에게 나누는 것. 'Dividend'는 그 자체로 배당금을 뜻하기도 한다.

- 배당 가격^{Dividend Rate}: 'Rate'는 '비율' 외 '가격'이나 '시세'라는 뜻도 있다('배당 가격'은 임의로 번역했다. '배당률'이라고 번역하는 경우도 많으나 그렇게 번역하는 것은 적절하지 않다). '배당'과 같은 뜻으로 쓰인다.

- 배당수익률^{Dividend Yield}: 주가 대비 배당금의 비율을 뜻한다. 배당수익률이 1%라면 주가가 100달러일 때 배당금이 1달러라는 뜻이다.

- 배당성향^{Dividend Payout Ratio}: 'Payout Ratio'라고만 쓰기도 한다. 기업이 1년 동안 벌어들인 순이익 중 배당금으로 얼마를 쓰는지를 나타내는 지표로 배당성향이 높을수록 주주들이 받는 배당금이

많아진다. 주당배당금^{Dividends Per Share, DPS}를 주당순이익^{Earnings Per Share, EPS}으로 나눈 값이다.

- 배당기준일^{Dividend Record Date}: 배당을 받을 권리가 주주명부에 확정되는 날. 배당기준일에 주주명부에 기재되어 있는 사람에게만 배당을 준다.

- 배당락일^{Ex-Dividend Date}: 주식을 매수하더라도 배당을 받을 권리가 제외되는 날. 실제 주식을 매수하고 보통 3거래일 후 주주명부에 기록된다. 즉 배당락일 전에 주식을 매수해야 배당을 받을 수 있다.

재무제표 관련 용어

재무상태표(대차대조표)

- 자산: Assets

- 부채: Liabilities

- 자본(순자산): Equity(Net Assets)

- 유동자산: Current Assets

- 비유동(고정)자산: Non-Current Assets, Fixed Assets

- 유동부채: Current Liabilities

- 비유동(고정)부채: Non-Current Liabilities

- 순유동자산(또는 운전자본): Net Current Assets(Working Capital)

손익계산서

- 매출액: Total Revenue
- 매출원가: Cost of Revenue
- 매출총이익: Gross Profit
- 판매 및 관리비: Operating Expense
- 영업이익: Operating Income
- 영업외손익: Non-operating Income(Expense)
- 세전이익: Earnings Before Tax(EBT), Pretax Income
- 이자: Interest
- 이자와 세금 전 이익: Earnings Before Interest, Tax(EBIT)
- 이자비용: Interest Expense
- 감가상각: Depreciation
- 감모상각: Amortization
- 이자 세금 감가상각 감모상각 전 이익: Earnings Before Interest, Tax, Depreciation and Amortization(EBITDA)
- 법인세비용: Income Tax Provision
- 당기순이익: Net Income, Income after Tax
- 최근 분기: Most Recent Quarter(MRQ)
- 최근 12개월: Trailing Twelve Months(TTM)
- 전달 대비: Month over Month (MoM)
- 전 분기 대비: Quarter over Quarter (QoQ)
- 전년 대비: Year over Year(YoY)
- 월간 누계: Month To Date(MTD)

- 분기 누계: Quarter To Date(QTD)

- 연간 누계(연초 대비): Year To Date(YTD)

현금흐름표

- 영업활동 현금흐름: Operating Cash Flow

- 투자활동 현금흐름: Investing Cash Flow

- 재무활동 현금흐름: Financing Cash Flow

1장

1. Akerlof, George A, 'The market for 'lemons': Quality uncertainty and the market mechanism', Uncertainty in economics. Academic Press, 1978. 235–251.
2. 켄 피셔 · 라라 호프만스 저, 이건 · 백우진 역, 《주식시장은 어떻게 반복되는가Markets Never Forget》, 에프엔미디어, 2019년 6월 10일.
3. 켄 피셔 · 라라 호프만스 저, 이건 · 백우진 역, 《주식시장은 어떻게 반복되는가Markets Never Forget》, 에프엔미디어, 2019년 6월 10일.
4. https://www.msci.com/gics

2장

1. Weber, Martin, and Colin F. Camerer, 'The disposition effect in securities trading: An experimental analysis', Journal of Economic Behavior & Organization 33.2 (1998): 167–184.

3장

1. The Business Cycle Approach to Equity Sector Investing, 2021, Fidelity Investments
2. 존 보글 저, 이은주 역, 《모든 주식을 소유하라The Little Book of Common Sense Investing》, 비즈니스맵, 2019년 4월 8일.
3. Svenson, Ola, 'Are we all less risky and more skillful than our fellow drivers?', Acta psychologica 47.2 (1981): 143–148.
4. Oppenheimer H. 1986, 'Ben Graham's Net Current Asset Values: A Performance Update', Financial Analysts Journal, 42(6): 40–47.

5. James O'Shaughnessy, 'What Works on Wall Street 3rd Edition,' McGraw-Hill.

6. 피터 린치 · 존 로스차일드 저, 이건 역, 《전설로 떠나는 월가의 영웅One Up on Wall Street》, 국일증권경제연구소, 2017년 4월 17일.

7. 짐 슬레이터 저, 김상우 역,《줄루 주식 투자법The Zulu Principle》, 부크온, 2016년 7월 30일.

8. 켈리 라이트 저, 홍춘욱 · 한지영 역, 《절대로! 배당은 거짓말하지 않는다Dividends Still Don't Lie》, 리딩리더, 2013년 9월 13일.

4장

1. Harry Browne, 《Fail-Safe Investing》, St. Martin's Press, 2001

2. 김동주(김단테), 《절대수익 투자법칙》, 이레미디어, 2020년 7월 20일.

3. 김동주(김단테), 《절대수익 투자법칙》, 이레미디어, 2020년 7월 20일.

4. Kahneman, Daniel, Jack L. Knetsch, and Richard H. Thaler, 'Anomalies: The endowment effect, loss aversion, and status quo bias', Journal of Economic perspectives 5.1 (1991): 193-206.

5장

1. sec.gov/news/speech/roisman-keynote-society-corporate-governance-national-conference-2020

2. 자본시장포커스, 〈미국의 ESG 규제 동향과 최근 이슈〉, 자본시장연구원, 2020년 8월 17일.

3. newyorker.com/magazine/2005/12/05/everybodys-an-expert

6장

1. 홍춘욱, 《돈 좀 굴려봅시다》, 스마트북스, 2012년 6월 20일.

2. 앙드레 코스톨라니 저, 김재경 역, 《돈, 뜨겁게 사랑하고 차갑게 다루어라Die Kunst uber Geld nachzudenken》, 미래의 창, 2015년 9월 30일.